Y0-DXB-259

Description and Meaning in Three Novels by Gustave Flaubert

Currents in Comparative Romance Languages and Literatures

Tamara Alvarez-Detrell and Michael G. Paulson
General Editors

Vol. 43

PETER LANG
New York • Washington, D.C./Baltimore
Bern • Frankfurt am Main • Berlin • Vienna • Paris

Corrada Biazzo Curry

Description and Meaning in Three Novels by Gustave Flaubert

PETER LANG
New York • Washington, D.C./Baltimore
Bern • Frankfurt am Main • Berlin • Vienna • Paris

Library of Congress Cataloging-in-Publication Data

Curry, Corrada Biazzo.
Description and meaning in three novels
by Gustave Flaubert/ Corrada Biazzo Curry.
p. cm. — (Currents in comparative Romance languages and literatures; vol. 43)
Includes bibliographical references and index.
1. Flaubert, Gustave, 1821-1880—Technique. 2. Flaubert, Gustave,
1821-1880. Madame Bovary. 3. Flaubert, Gustave, 1821-1880. Salammbô.
4. Flaubert, Gustave, 1821-1880. Education sentimentale. I. Title. II. Series.
PQ2250.C87   843'.8—dc20   95-53005
ISBN 0-8204-3116-8
ISSN 0893-5963

Die Deutsche Bibliothek-CIP-Einheitsaufnahme

Curry, Corrada Biazzo:
Description and meaning in three novels by Gustave Flaubert/
Corrada Biazzo Curry. – New York; Washington, D.C./Baltimore; Bern;
Frankfurt am Main; Berlin; Vienna; Paris: Lang.
(Currents in comparative Romance languages and literatures; Vol. 43)
ISBN 0-8204-3116-8
NE: GT

The paper in this book meets the guidelines for permanence and durability
of the Committee on Production Guidelines for Book Longevity
of the Council of Library Resources.

© 1997 Peter Lang Publishing, Inc., New York

All rights reserved.
Reprint or reproduction, even partially, in all forms such as microfilm,
xerography, microfiche, microcard, and offset strictly prohibited.

Printed in the United States of America.

For Chris

Acknowledgements

I would like to thank two Flaubertian scholars, Nathaniel Wing and Ross Chambers, for their inspiration to explore the relationship between description and signification in Flauberts' works.

On a more personal note, I would like to thank my parents, Antonino and Concetta Biazzo, who have always encouraged my academic endeavors.

Most importantly, I want to express profound gratitude to my husband Chris, who has supported me in every way, from the early stage of shaping the ideas, to the final stages of the construction and proofreading of this book. Without him this work would not have been possible.

Contents

Chapter III

Preface

This study explores the relationship between description and meaning in three masterworks by Gustave Flaubert: *Madame Bovary, Salammbô*, and *L'Education sentimentale*. Description generally tends to create digressions and gratuitous accumulations that break the narrative development. However, in the classical realist text descriptive details represent a global image and are available to a possible interpretative recuperation that could be mimetic and establish the basic story line, or symbolic, in primarily connoting the themes of the novel or the characters' feelings.

Nevertheless, the descriptive "list effect," as defined by Philippe Hamon, sometimes runs the risk of becoming opaque, unintelligible, and it acquires a degree of autonomy from a mimetic or symbolic function: details attain significance independent of the plot and the lives of the characters, and the relationship to a global aesthetics of homogeneity appears to be lost. Using Flaubert's works as examples, this study investigates the continuous tension of these two tendencies of literary description. Contrary to normative, thematic, or structuralist criticism, and different from the common interpretation that integrates descriptive passages into the finality of narrative in Balzac's novels, this study argues that Flaubert's images reflect an ambiguous wavering between the possibility of meanings that are functional to the narrative continuity, and the impossibility of any certain interpretation of the modern self-referential novel.

On the one hand, in the passages analyzed, adequate signs offer a basis for mimetic or symbolic interpretation; on the other hand, a critical reading identifies the presence of stylistic elements that disrupt a thematic or mimetic integration. Examples include excess of detail; fluid and vague shapes; geometric and exotic landscapes; petrifying features, such as colors or adjectives which stop the narrative temporal progression; disorder of space; excessive rhetoric; confusion of forms; insistence on the proliferation of the ornamental to the detriment of the human traits; and accumulations of objects that exceed the limits of verisimilitude and lead to the uninterpretable.

Therefore, this study indicates that language continuously fails to sustain a stable semiology, because Flaubert's literary work is subject to various possibilities of meaning and 'non-meaning' that disorient the reader. In the three novels, the writer's style exhibits the tensions of the transition from the readable novel to the self-referential text that expresses only the means of its own fabrication.

This book explores the major issue of the perpetual undecidability, among the endless play of meanings, that emerges from the reading of the descriptive passages, so that any finality of organization and totalization in the literary text is nothing more than an illusion. Thus, Flaubert exposes the readers to dubious and unexpected forms of fictional discourse, and he forces them to become active participants in the production of the literary world.

Introduction

Description and Meaning

> La description est le lieu où le récit s'arrête, où il se suspend, mais aussi l'endroit indispensable où il se met en conserve, où il stocke son information, où il se noue et se redouble, où personnages et décor entrent en redondance; le décor confirme, précise ou dévoile le personnage comme faisceau de traits significatifs simultanés, ou bien il introduit une annonce pour la suite de l'action. ... On peut donc dire que la description joue d'une part le rôle d'un organisateur du récit, et d'autre part le rôle de sa mémoire (Philippe Hamon).[1]

Nevertheless, is it always true that description conveys a message necessary for the development of the narrative and the focalization of the characters? Do descriptive techniques always correspond to a global aesthetics of homogeneity? This study explores these questions by focusing on the relationship between literary portrayal and signification in three masterworks by Gustave Flaubert: *Madame Bovary, Salammbô,* and *L'Education sentimentale.*

Contrary to narrative sequences, descriptive passages are based upon the semeiotic and stylistic structures of the text, rather than on its logical semantic structure. In a narrative sequence the reader expects deducible contents and chronological relationships of cause and effect, while in a description he/she expects the declination of a lexical stock.[2] As a result, this type of text appeals to the lexical competence of the reader rather than to his/her syntactical deduction. By calling our attention to the relation of subsequent words, the descriptive text is organized and divided in taxonomic parts, or fragments, which create an "effect of list," as Philippe Hamon defines it: these components must be arranged in a coherent sequence in order to convey a homogeneous image that contributes to the narrative plot. For Hamon, description frames the narrative chain of events, thus reinforcing their logical organization; or it could represent a mental image of the character charged with the vision, by revealing his/her feelings.[3]

The traditional realist novel, as defined by Philippe Hamon, Roland Barthes and others, implies a contract between the narrator and reader, in which the former speaks to the latter and the discourse is presumed to be relevant: the text is inscribed in a cultural code that assures the coherence and sense of the literary work; characters, themes, and narration are made intelligible for the reader, and the meaning of descriptive passages appears to be accessible in its sustaining narrative verisimilitude. Details are necessary and transparent, and they are subject to interpretive recuperation that determines different functions of description: the mimetic, the symbolic, and the demarcating function. In a transparent mimetic description details are conveyed in a congruous manner, and spatial relations are precisely defined in order to give an impression of the 'real,' necessary for the understanding of the narrative. Instead, in a transparent symbolic description details are presented in a coherent order that directly relates to the themes of the novel or to the characters' moods: in this case, the primary importance is reality as viewed by a character, or by the narrator himself.[4] A specific principle of interpretation offered by an omniscient narrator often stimulates a symbolic integration into the narrative text. In addition, description may have a demarcating function that underlies the articulations of the narrative, and prepares or reinforces the action.

In the realist text, the reader presupposes the author's omniscience and knowledge of the special significance of each minor detail in description; he/she introduces only the details that contribute to his/her goals for the final solution, and for the final revelation of the characters. The reader takes confidence in the author's omniscience and feels at home in the fictional world. Therefore, reading a novel requires the reader to establish the sense of a text on the basis of models familiar to him/her from life and literature. Although in *L'Analyse structurale des récits* Barthes implies that descriptive signs are inferior units *(catalyses),* which only fill the narrative space between *noyaux,* he also states that descriptive signs can be superior units of meaning when considered on the paradigmatic level as *indices* that perform the integrative function necessary to produce narrative meaning.[5] Novelists such as Balzac not only invite this treatment, they do much of the reader's work for him/her by developing causal theories of the relationship between environment or appearance and personality.

Balzac's universe aims to communicate a message to the reader, by making the literary work a set of sentences that become a shared and expressed experience. According to Peter Brooks, Balzacian description "reiterates the mental effort of optical vision to become moral vision and to create moral figurations."[6] This type of imagery prepares the reader for the action to come, so that at the appropriate moment the drama may be understood and appreciated to the fullest extent. Description in Balzac appears to be metaphorical in relationship to both the character and the *milieu,* and integrated into the finality of narrative.

However, the relationship between description and sense frequently appears to be problematic and unstable, and even the 'readable text,' as defined by Roland Barthes, may lose its logical structure: in its attempt to create a consistent and understandable fictional world for the reader, the text may express an incoherence that reveals the inability of language to create any sense of cohesion. For Barthes the 'writerly text' represents a literary work that unceasingly defers and deflects meaning, and in this context the reader is no longer a passive consumer; instead, he/she is an active producer of meaning.[7] The *effet de liste* may become disordered, cumulative, and excessive, or it may contain vague terms that make the selections unintelligible, or almost a subversive element within literary texts.[8] Description tends to dissociate from its mimetic or symbolic function, and to acquire a degree of autonomy that disturbs its presumed secondary role. In these cases, the reader realizes that, instead of being transmitters of concrete aspects of the action, the descriptive components attain significance independent of the plot and of the lives of the characters, and they disrupt any artistic relationship to the composition as a whole. This process represents the 'poetic function of description,' because the elements of the imagery act to create a focus on the message for its own sake.

As Barthes claims:

> Il semble pourtant que, si l'analyse se veut exhaustive ... en cherchant à atteindre, pour leur assigner une place dans la structure, le détail absolu, ... elle doive fatalement rencontrer des notations qu'aucune fonction ne permet de justifier: ces notations sont scandaleuses ou, ce qui est encore plus inquiétant, elles semblent accordées à une sorte de luxe de la narration, prodigué au point de dispenser des détails inutiles et d'élever ainsi par endroits le coût de l'information narrative.[9]

Although writers achieve an extraordinary artistic competence, the description of things no longer relates to the characters' lives: "The very epic relationship disappears in the descriptive style. Lifeless, fetishized objects are whisked about in an amorphous atmosphere."[10]

Flaubert's Paradoxes: Between Tradition and Modernity, Transparency and Opacity

Gérard Génette distinguishes between two functions of literary description:

> La première est d'ordre en quelque sorte décoratif. On sait que la rhétorique traditionnelle range la description au même titre que les autres figures du style, parmi les ornements du discours: la description étendue et détaillée apparaît ici comme une pause et une recréation dans le récit, de rôle purement esthétique. La seconde ... est d'ordre à la fois explicatif et symbolique: les portraits physiques, les descriptions d'habillements et d'ameublements tendent, chez Balzac et ses successeurs réalistes, à révéler et en même temps à justifier la psychologie des personnages, dont ils sont à la fois signe, cause et effet. La description devient ici, ce qu'elle n'était pas à l'époque classique, un élément majeur de l'exposition.[11]

In a transparent descriptive text details are provided according to a logical and congruous order that aims to communicate a message that is either mimetic and functional to the narrative plot, or symbolic in relationship to the characters' emotions. Instead, an opaque descriptive passage displays disordered and excessive stylistic features that call into question the possibility of mimetic or symbolic interpretations.

Using Flaubert's works as examples, this critical analysis explores the ceaseless tension between these two tendencies of literary description. E. L. Ferrère claims that Flaubertian imagery is neither an end in itself nor a stylistic digression, but a necessity for emphasizing the action and the character.[12] On the contrary, this study shows how in many of Flaubert's images the reader is left undecided between the possibility of drawing a meaning that is transparent and functional to narrative continuity, and the difficulty of critical interpretation undermined by opacity of detail.

This critical analysis focuses on *Madame Bovary, Salammbô,* and *L'Education sentimentale* because they contain a larger number of descriptive passages subject to interpretative tension between transparency and opacity, when compared with Flaubert's other works, such as *Trois Contes* or *Mémoires d'un fou*. In addition, we purposely chose to follow a chronological order in examining the novels, because with the passing of time Flaubert's style tends to break away from classical realism, and, increasingly, to fluctuate between expressiveness and pure art.

On the one hand, in the three novels under consideration a large number of mimetic descriptions create multiple *effets de réel,* while numerous depictions have symbolic overtones that reflect the themes and the characters of the story. On the other hand, various descriptive digressions appear to be cut off from any illusion of referentiality or symbolic integration into the fictional space, and they seem to refer to the movement of the text itself. Objects are described without reference to the lives of the characters, and they attain an independent significance unrelated to the totality of the novel; instead, the very manner in which they are described sets them in an entirely different sphere from that of the characters. Rather than the significant imagery proposed by Balzac or Stendhal, description becomes a redundant process, closed upon itself, that multiplies the elements of empty rhetoric.[13]

Different signs show resistance to thematic integration in description, such as excess and accumulation of detail that goes beyond narrative verisimilitude: *La cheminée avait une étagère pyramidale, offrant sur ses gradins toute une collection de curiosités: de vieilles montres d'argent, des cornets de Bohème, des agrafes en pierreries, des boutons de jade, des émaux, des magot;*[14] heterogeneity of detail in images made of multiple unrelated elements that fail to give a totality of representation. For example: *De l'autre côté, il y avait des baraques de toile où l'on vendait des cotonnades, des couvertures, et des bas de laine, avec des licous pour les chevaux et des paquets de ruban bleus;*[15] exaggeration of forms that provoke an explosion of sense, such as: *Les pains saupoudrés d'anis alternaient avec les gros fromages plus lourds que des disques;*[16] lifeless objects that seem to be cut off from any realist or symbolic referent, such as the description of Charles Bovary's cap, or Salammbô's cultic objects; comic displacements of monstrous, polymorphous, and useless elements: *une infinité de bêtes, efflanquées, haletantes, hérissant leurs griffes, et confondues les unes par-dessus les autres dans un désordre mystérieux qui épouvantait;*[17] disjoined descriptions of urban landscapes that block the observer from reaching a definite and total representation of space, or vague descriptive components in which the combination of foggy and liquid shapes makes the scenery indistinguishable: *la rivière était bordée par des grèves de sable ... Puis les brumes errantes se fondirent;*[18] cliché-imagery that emphasizes its conventional nature; static images as pictorial fragments, independent of a temporal succession. For example: *une masse d'ombre énorme s'étalait devant eux, et qui semblait contenir de vagues amoncellements, pareils aux flots gigantesques d'un océan noir pétrifié.*[19] All of these signs allude to the problematic of opacity in description.

While Balzac's works primarily focus on the reconstruction of causal chains, and their messages are easily subject to thematic recuperations, several Flaubertian selections conceal or mask the causal connections that lead to the formulation of laws. The absence of an omniscient narrator, who controls and offers grounds for meaning, contributes to the disorientation of the reader. Furthermore, this study explores the limits of a topology of description when it is confronted with certain passages that appear to elicit both mimetic and symbolic meanings, simultaneously; and other passages that make the reader waver between the possibility of a symbolic or representational interpretation, and the undermining of that pattern, due to the gratuitousness of style.

In this respect, Flaubert's work is based on a radical form of uncertainty and his statement about the *Dictionnaire des idées reçues* summarizes this tension and ambiguity in his own writing. In fact, according to the novelist, the book is written, *"de sorte que le lecteur ne sache pas si on se fout de lui, oui ou non."* (*Corr.* II, 238) As Barthes indicates, Flaubert constantly challenges his readers:

> Flaubert ... en maniant une ironie frappée d'incertitude, opère un malaise salutaire de l'écriture: il n'arrête pas le jeu des codes, en sorte que ... on ne sait jamais s'il est responsable de ce qu'il écrit. (S'il y a un sujet derrière son langage.)[20]

This raises additional general questions concerning meaning and interpretation. A critical reading inspired by the problematic of *bêtise* emphasizes the impossibility of deciding exactly who, or what, is fooling whom: it stresses how everybody and everything, including author and reader, are called into question by the text. Frequently, the reader is trapped in a state of disorientation, even though he/she becomes actively involved in the creation of meaning in the literary work.

Style and Ambiguity

Important to this study are the continuous contradictions that characterize the art of Gustave Flaubert. The novelist was obsessed with style. Antoine Albalat refers to him as *le Christ de la littérature.*[21] Nonetheless, what is style? Is it pure form? Is it combination of form and thought? Flaubert considers the writing experience as a sexual conquest and seduction. He finds his *jouissance* by exploiting the capacity of language to sustain illusion. Simultaneously, the images that emerge in his maniacal search for *le mot juste* show a potential for excess that may produce anxiety and doubt.[22] The mystique of Art is, for Flaubert, a true religion in which values are placed above the common notion of happiness; however, he is aware of sterility and silence. In spite of his struggle with words and forms, he is convinced of the *aporia* of language, and of the agony of the creative act. The drama of incommunicability is at the heart of Flaubert's creation.

Tension exists in the novelist between the necessity of representing *le vrai* and the exigency of *faire du beau* that implies his continual preoccupation with a style that liberates Art from any social or moral function. As Stephen Heath indicates, "to insist on impersonality, was to insist on the work as self-sufficient, separate from the artist's particular life and beliefs."[23] Flaubert's ideal is a novel that refuses any expression of an original truth related to a *signifié transcendental,* exterior to its discourse; instead, it is a novel that is generated and sustained only by its own internal textual activity, "as play of forms and relations in a ceaseless movement of construction and deconstruction, movement that is never concluded, but which remains forever suspended over an absence."[24]

The tension between the conception of a meaningful style reflecting the Idea, and a style that is self-sufficient, emerges in the contradictory statements contained in Flaubert's *Correspondance.* In fact, the writer might have dreamed of writing "a book about nothing," but he insisted that a novel should be considered as a *seconde nature.* The following selections represent the Flaubertian artistic ideal that comprises a union between form and thought:

> Pourquoi dis-tu que j'aime le clinquant, le chatoyant, le pailleté? Poète de la forme! C'est là le grand mot que les utilitaires jettent aux vrais artistes. Pour moi, tant qu'on ne m'aura pas, d'une phrase donnée, séparé la forme du fond, je soutiendrai que ce sont là deux mots vides de sens. Il n'y a pas de belles pensées sans belles formes, et réciproquement. La Beauté transude de la forme dans le monde de l'Art, comme dans notre monde à nous il en sort la tentation, l'amour. De même que tu ne peux pas extraire d'un corps physique les qualités qui le constituent, c'est-à-dire couleur, étendue, solidité, sans les détruire à un mot, de même tu n'ôteras pas la forme de l'Idée, car l'Idée n'existe qu'en vertu de sa forme. Supposer une idée qui n'ait pas de

forme, c'est impossible; de même qu'une forme qui n'exprime pas une idée. (*Corr.* I, p. 157)

Quel art factice et quelle absence de véritable forme que cette prétendue forme extérieure! Ah! C'est que ces gaillards-là s'en tiennent à la vieille comparaison: la forme est un manteau. ... Mais non, la forme est la chair même de la pensée. (*Corr.* II, 181)

The goal of Art is the accomplishment of 'beauty' represented in the above statements as expressive form and harmony of style. The effort of the search for the perfect expression, *le mot juste,* is at the same time an effort to form the being: *tout doit parler dans les formes, et il faut qu'on voie toujours le plus possible d'âme. (Corr.* III, 23) The sensual style attempts to capture the 'world soul,' through a perfect synthesis of the 'true' and the 'beautiful': *Il faut avoir avant tout du sang dans les phrases et non de la lymphe, et quand je dis du sang, c'est du coeur. Il faut que cela batte, que cela palpite, que cela émeuve. (Corr.* IV, 62)

A force de chercher, je trouve l'expression juste, qui était la seule et qui est, en même temps, l'harmonieuse. Le mot ne manque jamais quand on possède l'idée. (*Corr.* VII, 290)

Art transfigures the things observed, and it reveals a new truth, *d'une façon différente à celle des autres hommes. (Corr.* III, 33) Flaubert struggles for the perfect style that is unseparated from the Idea. The search for Beauty is the search for Truth, and the union of form and thought allows communication. Therefore, the writer attempts to accomplish:

Un style qui serait beau ... rythmé comme le vers, précis comme le langage des sciences, et avec des ondulations, des ronflements de violoncelles, des aigrettes de feu; un style qui vous entrerait dans l'idée comme un coup de stylet et où votre pensée voguerait sur de surfaces lisses, comme lorqu'on file dans un canot avec bon vent arrière. (*Corr.* II, 399)

In another passage the novelist clearly manifests the impossibility of separating form from content:

Je crois que l'arrondissement de la phrase n'est rien, mais bien écrire est tout, parce-que "bien écrire, c'est à la fois bien sentir, bien penser et bien dire" (Buffon). Le dernier terme est donc dépendant des deux autres, puisqu'il faut sentir fortement afin de penser, et penser pour

exprimer. ... Enfin je crois la forme et le fond deux subtilités qui
n'existent jamais l'une sans l'autre. (A G. Sand, 14 mars 1876)[25]

Particularly referring to the role of description in his works, Flaubert writes
in a letter to Sainte-Beuve: *Il n'y a point dans mon livre une description isolée,
gratuite; toutes servent à mes personnages et ont une influence lointaine ou
immédiate sur l'action. (Corr.* V, 60–61) Style is the search for a perfectly
expressive form through which Art attains both harmony and beauty,
simultaneously. However, is Art, for Flaubert, always a form of knowledge and
a method to attain Truth? Or, is this endless search for *le mot juste* an incessant
desire that may lead to emptiness and frustration? As Flaubert remarks:

> Je n'ai rien écrit qui me satisfasse pleinement. J'ai en moi, et très net, il
> me semble, un idéal (pardon du mot), un idéal de style, dont la
> poursuite me fait haleter sans trève. Aussi le désespoir est mon état
> normal. (*Corr.* IV, 215)

The duplicity of Flaubert's style exhibits this tension. In contrast with the
selections mentioned above, various statements in the *Correspondance* sustain
the desire for an autonomous, self-referential style:

> Ce qui me semble beau, ce que je voudrais faire, c'est un livre sur rien,
> un livre sans attache extérieure ... un livre qui n'aurait presque pas de
> sujet ou du moins où le sujet serait presque invisible, si cela se peut.
> ... C'est pour cela qu'il n'y a ni beaux ni vilains sujets, et qu'on
> pourrait presque établir comme axiome, en se posant au point de vue de
> l'art pur, qu'il n'y en a aucun, le style étant à lui seul une manière
> absolue de voir les choses. (*Corr.* II, 345–346)

Flaubert emphasizes a fundamental aspect of the impersonality: the work must
stand on its own, "dependent on nothing external and so free from any ties with
its author's person."[26]
    The theory of art as pure form is related to the illegibility and opacity of
various descriptive passages in the sense that the stylistic features may question
a possible content, and they are to be considered only formal stylistic devices. In
other words, instead of communicating a message to the reader, the text is self-
referential, and the endless search for an origin and meaning ends with the
fiction's dispersion in the empty and rhetorical imagery of textuality.[27]
    Paradoxes and contradictions dominate Flaubert's art. If some of the
author's pronouncements proclaim the subject's centrality, other statements
deflate the importance of the subject and affirm the complete autonomy of style:

Je me demande si un livre, indépendemment de ce qu'il dit, ne peut pas produire le même effet (que L'Acropole). Dans la précision des assemblages, la rareté des éléments, le poli de la surface, l'harmonie de l'ensemble, n'y a-t-il pas une vertu intrinsèque, une espèce de force divine? (*Corr.* VII, 294)

Je voudrais faire des livres où il n'y eût qu'à écrire des phrases (si l'on peut dire cela), comme pour vivre il n'y a qu'à respirer de l'air. (*Corr.* II, 292)

Further contradictions are evident. Flaubert states that form should be completely self-sufficient, and that it should have a value in itself:

Je veux ... te voir t'enthousiasmer d'une coupe, d'une période, d'un rejet, de la forme en elle-même, enfin abstraction faite du sujet, comme tu t'enthousiasmais autrefois pour le sentiment, pour le coeur, pour les passions. (*Corr.* III, 21)

Ce qui nous manque c'est le principe extrinsèque, c'est l'âme de la chose, l'idée même du sujet. Nous prenons des notes, nous faisons des voyages, misère, misère! Nous devenons savants, archéologues, historiens, médecins, gnaffes et gens de goût. Qu'est-ce que tout ça y fait? Mais le coeur, la verve, la sève? D'où partir et où aller? (*Corr.* II, 202)

As a result, is Flaubert's love for matter a mystical wish for union with the very principle of life; or in contrast, is it a nihilistic desire for self-destruction?[28] The novelist calls into question the possibility of the descriptive enterprise:

Il n'y a de si fatiguant que de faire une perpétuelle description de son paysage, et d'annoter les plus minces impressions que l'on resent; à force de tout rendre et de tout exprimer, il ne reste plus rien à vous; chaque sentiment qu'on traduit s'affaiblit dans notre coeur, et dédoublant ainsi chaque image, les couleurs primitives s'en altèrent sur la toile qui les a reçues.[29]

According to Jean Paul Sartre, pure art represents the post-romantic ideology of Flaubert and his generation for whom romantic ideals were hopelessly compromised and bourgeois realities entirely unlivable. Proponents of pure art were, for Sartre, "Knights of Nothingness."[30] The purpose of pure art is a systematic derealization of reality and an impossible attempt to realize the imaginary. Literary expression reveals the mechanisms of its own fabrication and the anguish of the silent, self-referential text.[31]

Notwithstanding, Sartre's interpretation of Flaubertian art as neurotic and completely deprived of sense ignores the continuous tension between transparency and opacity of language in Flaubert. In fact, does the writer's obsession with style always lead to emptiness and destruction of sense? Could some images be given symbolic meanings related to the plot and to the characters' emotions? How does one establish criteria for interpretation of description? Does the passion for detail always lead to totality of representation and meaning, or does it make the sense invalid? Does metaphor invariably express an image, or is it incongruous and artificial? Does beauty reveal a perfect synthesis of form and thought, or the death of a literary message? Will the writer remain in a state of unfulfilled desire? These are questions for consideration in the present study.

Much work has been done on Flaubert. Normative criticism called him a realist; thematic criticism considered him an idealist; structuralist and post-structuralist criticism referred to him as a writer who resists conclusions. Earlier studies by Brombert, Thibaudet, Demorest, Sherrington, Richard, Descharmes, Dumesnil, Bart, Danger, Ferrère, Naaman, and Bollème, analyzed his novels following thematic or symbolic meanings: through a careful anaysis of linguistic patterns, these critics attempted to decipher the hidden subject of the work. Contemporary critics such as Sarraute, Ricardou, Culler, Gaillard, Felman, Donato, Bersani, Porter, Duquette, Bernheimer, La Capra and Reid, point out the anti representational elements contained in Flaubert's writings, and they consider him an apostle of a formalistic, self-referential literature devoted to the problematic of its own textuality.[32] Instead, Flaubert's works exemplify both the old and the new approaches to writing and interpreting a literary work, in that Flaubert may call into question the act of writing as a communicative process, even though in many ways he remains a traditional nineteenth-century novelist.

The tension emerges in various descriptive passages that achieve a thematic and symbolic integration useful to the understanding of the characters, while other descriptions undermine a thematic recuperation, and they form an objective and separate discourse by slowing down and suspending the story line. In addition, while several descriptive passages contain adequate signs that offer the bases for mimetic or symbolic readings, simultaneously a critical approach identifies the presence of stylistic elements that may disrupt a thematic integration into the narrative sequence. As Graham Falconer indicates:

> S'il y a une problématique spécifiquement flaubertienne, celle-ci ne doit pas être envisagée comme un choix entre deux approches (traditionelle ou moderniste); on devrait plutôt parler de lecture double, de la nécessité étrange de lire simultanément de deux façons incompatibles, tantôt en profondeur, tantôt à la surface d'un texte à la fois opaque et transparent.[33]

Instead of considering the literary work as a stable object or a delimited structure that claims scientific objectivity, this study explores the endless play of meanings that emerge from the reading of the descriptive selections, in which any finality of organization and totality is an illusion. The process of signification is dispersed, divided, escapes our control, and undecidability becomes an inevitable fact of language. According to Jacques Derrida, in opposition to the concept of self-present meaning or essence, the continuous fluctuating of signifiers in the process of writing challenges the idea of a structure that presupposes a center, or fixed principle. The concept of writing is related to the elements of dissemination that Derrida develops from Saussure's basic principle of linguistic difference. This conception of difference finds its application in what Barthes calls *textes scriptibles,* in opposition to the *textes lisibles.* In contrast with the readable texts, the writerly books do not contain a definite signified, instead they are plural and open to varied interpretations: for Barthes, this galaxy of signifiers constitutes the pleasure of the text.[34] As soon as there is meaning, there is difference:

> En vérité le signifiant 'graphique' renvoi au phonème à travers un réseau à plusieurs dimensions qui le relie, comme tout signifiant, à d'autres signifiants écrits et oraux, à l'intérieur d'un système total, disons ouvert à tous les investissements de sens possibles.[35]

This idea of an opening up of all possible senses calls the critic's attention to the question and value of critical theory. This study shows how Flaubert plays with the reader, by simultaneously inviting and concealing interpretation, how his works refuse the hierarchy of discourses of classic realism, and how no authorial discourse indicates any single position representing a unity of meaning. As a result, interpretation is an activity continuously threatened by its possible gratuitousness. To a larger extent, just as description is problematic in Flaubert, the function of language becomes questionable, and its resistance to any single interpretation is a result of its precarious instability.[36]

The first chapter interprets the tension between transparency and opacity in the descriptive passages of *Madame Bovary*. In this text the semeiotic organization leads to the possibility of interpreting many descriptions as the subjectivity of a given protagonist, including the narrator. Thus, several images serve as metaphors of Emma's ideals and the disappointing reality of her life, and as projections of her hopes, her dreams, and her failures.

However, in the same novel, passages, such as the description of Charles' cap, block the forward movement of the narrative. Jonathan Culler clearly indicates, "the attempt at precision gets nowhere, and the hat becomes increasingly stupid as the reader progresses, because of the lengthy description."[37] Other curious passages in the book, such as the description of the toy of Homais' children, the wedding cake, and the figuration of Emma's tomb, disrupt any principle of coherence, and manifest themselves as stylistic digressions. Also, chapter one identifies those descriptions that fluctuate between the possibility of several functional integrations into the plot, and the self-.referentiality of the portrayals.

Chapter two explores the same problematic of interpretation in description in *Salammbô* considered by many critics as a masterwork of literary aesthetics. On the one hand, it is true that the Punic space offers the basis for symbols and myths. For example, the description of the plain during the mercenaries' departure for Sicca sustains the narrative, and it may be read as a mental projection of their emotions and sense of mystery and the sacred associated with Carthage. Defending *Salammbô* in a letter to Sainte-Beuve, Flaubert insisted that there was not a single gratuitous portrayal; rather, he stated that all the descriptions served to emphasize the character and to influence the action. However, some passages are ambiguous, such as the description of Hamilcar's treasure, which mirrors his growing anger about the vandalism of the Barbarians and motivates his decision to assume the command of the Carthaginian forces; or, the passage could be closed in an autonomous rhetorical system that offers the reader no hold. In fact, this section of chapter two deals with a maniacal stylistic intention that reduces the human and the subjective to variegated enumerations of decontextualized objects. Furthermore, the chapter examines numerous exotic spaces—including city, temples, planes, and mountains—that suggest a double reading. In fact, they encourage a thematic meaning, and they produce a structural immobility, open a silence and fixity of time, and destroy any reference to a historical dimension. For example, this study shows how the geometric forms and the use of colors immobilize the pictorial images, and dissociating them from any temporal succession. The difference between the descriptive features in this novel and *Madame Bovary* is the presence of a geographical, historical, and exotic dimension in the imagery of space; and objects that further disrupts the interpretive recuperation.

Chapter three investigates the problematic of tension in description in *L'Education sentimentale,* often defined as an open-ended novel of passivity and emptiness. As many critics have indicated, it is possible to relate some of the images of Paris to Frédéric's contemplative activity, to his impressions, and to his feelings of hope and despair. Notwithstanding, one identifies select descriptive passages, such as fluid and foggy images of the city and the landscape, that leave the reader undecided between a thematic recuperation, and resistance to interpretation. In fact, as Brombert notes, if these selections evoke, "the erosive quality of time as well as a sense of dissolution and loss,"[38] they make of description something indistinguishable, confused, and give the reader the impression of a shapeless world. In addition, the insistence on the accumulation of material objects may exceed the procedures of narrative verisimilitude, and disrupt the relationship between man and *milieu.* Chapter three demonstrates how the fetishist desire for material details—including the glove, handkerchief, slipper, and *bibelot*—culminates in the emptiness of an endless enumeration that causes anxiety and desire on the part of the writer.

The ambivalence of meaning in Flaubert's descriptions implies the problem of putting human action and motive into significant form, and lays bare the anguish of the literary genius in his struggle to write a novel that aims to draw meaning from disorganized reality. As Flaubert states, language is never able to fulfill the aims of the writer; rather, it is a persisting desire for an unattainable essence:

> Avec des mots, des phrases, et du style, faites-moi la description, bien exacte, d'un de vos souvenirs, d'un paysage, d'une mesure quelconque! C'est là ce qui me désole. Savez-vous que j'ai rêvé longtemps à cette superbe orgie, et que je suis lassé de voir que je n'ai avancé à rien, et que je ne peux pas vous dire le moindre mot de cette pensée ou de cette chose transparente, si fine, si légère, une vapeur insaisissable dans laquelle flotille l'âme toute oppréssée et toute confuse.[39]

Notes

1. Philippe Hamon, "Qu'est-ce qu'une description?" *Poétique* 12 (1972):483–484.

2. For the definition of description see Philippe Hamon, *Introduction à l'analyse du descriptif* (Paris: Hachette, 1981), p. 44: "Le descriptif est focalisé sur les structures sémiotiques de surface, sur les structures lexicales du texte plutôt que sur son armature logico-sémantique fondamentale, sur la manifestation et l'actualisation de champs lexicaux ou stylistiques."

3. Ibid., p. 192: "La mise en scène de la description peut servir à noter la psychologie du regardant, le factice de l'objet décrit pouvant servir à indiquer indirectement le factice du regardant."

4. See Gyorgy Lukàcs, "Narrate or Describe?" in *Writer and Critic, and Other Essays* (New York: Grosset and Dunlap, 1970), pp. 128–129; R.J. Sherrington, *Three Novels by Flaubert* (Oxford: Clarendon Press, 1970), pp. 80–84: "Ferrère, and, more recently Bart and Moreau, have pointed out how not only descriptions, but also images, in Flaubert's work, are usually based upon things directly experienced by the characters and are intimately connected, either in content or in tone, with the character's personality or state of mind."

5. See Roland Barthes, *Introduction à l'analyse structurale des récits* (Paris: Seuil, 1977), p. 9.

6. Peter Brooks, *The Melodrammatic Imagination* (New York: Columbia University Press, 1985), p. 125. See also Christophers Rivers, *Face Value: Physiognomical Thought and the Legible Body in Marivaux, Lavater, Balzac,*

Gautier and Zola (Madison: The University of Wisconsin Press, 1995), p. 6: "The will to create meaning, order and coherence through the complementary processes of signification and narration leads authors such as Balzac and Zola to ascribe an inordinate power of signification to the human body."

7. For the difference between the readable and the writerly text see Roland Barthes, *S/Z* (Paris: Seuil, 1970), pp. 9–23, and *Le plaisir du texte* (Paris: Seuil, 1980), p. 24: "Lisez lentement, lisez tout, d'un roman de Zola, le livre vous tombera des mains; lisez vite, par bribes, un texte moderne, ce texte devient opaque, forclos à votre plaisir: vous voulez qu'il arrive quelque chose, et il n'arrive rien. [...] Ne pas dévorer, ne pas avaler, mais brouter, tordre avec minutie, retrouver pour lire ces auteurs d'aujourd'hui, le loisir des anciennes lectures: être des lecteurs aristocratiques."

8. For the definition of *effet de liste,* see Hamon, *Introduction à l'analyse du descriptif,* p. 10.

9. Roland Barthes, "L'effet du réel," in *Littérature et réalité* (Paris: Seuil, 1982), quoted by Naomi Schor, "Details and Decadence: End-Troping in *Madame Bovary,*" *Substance* 26 (1980):29.

10. Lukàcs, "Narrate or Describe?," p. 133.

11. Gérard Génette, *Figures II* (Paris: Seuil, 1969), pp. 58–59.

12. See E. L. Ferrère, *L'Esthétique de Gustave Flaubert* (Paris: Conard, 1913), p. 179: "Il n'y a point dans l'oeuvre de Flaubert de descriptions formant hors-d'oeuvre, de pure virtuosité. Ce que l'on a pu juger fantaisistes sont en général justifiées par le nécessité de nous montrer les conséquences d'un fait, la progression d'un caractère." See also Emile Zola's judgement on Flaubert's role of description: "C'est dans l'oeuvre de Flaubert que je conseille d'étudier la description, la peinture nécessaire du milieu, chaque fois qu'il complète ou qu'il explique le personnage." *Le Roman Expérimental* (Paris: E. Fasquelle, 1923), p. 23.

13. See Hamon, "Qu'est-ce qu'une description?," p. 485: "On voit donc que la caractéristique fondamentale du discours réaliste est de nier, de rendre impossible le récit. Car plus il se sature de descriptions, plus également il est contraint de multiplier thématique vide et redondances, plus aussi il s'organise et se repète, donc se referme sur soi. De référentiel il devient purement anaphorique; au lieu de citer le réel (choses, événements) il se cite lui-même."

14. Gustave Flaubert, *L'Education sentimentale* (Paris: Editions Garnier, 1984), p. 257–258.

15. Gustave Flaubert, *Madame Bovary* (Paris: Garnier Flammarion, 1966), p. 158.

16. Flaubert, *Salammbô,* in *Oeuvres Complètes,* Bernard Masson ed. (Paris: Editions du Seuil-L'Intégrale, 1964), p. 694.

17. Ibid., p. 718.

18. *L'Education sentimentale,* p. 4.

19. *Salammbô,* p. 699.

20. Barthes, *S/Z* (Paris: Seuil, 1970), p. 146.

21. See Albert Albalat, *Le travail du style d'après les corrections des grands écrivains* (Armand Colin, 1913), pp. 64–95; Stephen Heath, *Madame Bovary* (Cambridge: Cambridge University Press, 1992), p. 3: "I am a pen-man, declares Flaubert soon after beginning *Madame Bovary* (31 January 1852, C), and indeed he is, living in and through and for words, the right words, suffering in solitude a whole martyrdom of creation."

22. See Beryl Schlossman, *The Orient of Style* (Durham and London: Duke University Press, 1991.

23. Heath, p. 3.

24. Christopher Prendergast, "Flaubert: Writing and Negativity," *Novel* 9 (1975):213.

25. Quoted by Pierre Cogny, *L'Education sentimentale de Flaubert: le monde en creux* (Paris: La Rousse, 1975), p. 218.

26. Heath, p. 7.

27. The term 'textuality' indicates those writings that one cannot refer to any truth other than their own way of fabrication: they possess a quality of verbal excess that renders the designation of specific meaning problematic, but which instead invites the reader to participate in the sensuous play of the text, as Roland Barthes indicates in *Le Plaisir du texte*.

28. Charles Bernheimer, *Flaubert and Kafka: Studies in Psychopoetic Structure* (New Haven: Yale University Press, 1982), p. 56.

29. Gustave Flaubert, *Par les champs et par les grèves* (Paris: Club de l'Honnête Homme, 1973), p. 381.

30. See Dominique La Capra's summary on Sartre's psychoanalytic interpretation of Flaubert, *Madame Bovary on Trial* (Ithaca and London: Cornell University Press, 1974), pp. 67–97.

31. Flaubertian language is defined by Sartre as empty: "La profondeur historique du signe, la présence en lui de la langue comme totalité mettent en question la signification elle-même qui semble surajoutée et n'avoir qu'un rapport de convention avec le corps verbal qui la signifie." Jean Paul Sartre. *L'idiot de la famille* (Paris: Gallimard, 1971), II, p. 1977.

32. For a study of the thematic approach to Flaubert see Victor Brombert, *The Novels of Flaubert* (Princeton University Press, 1966); D. L. Demorest, *L'expression figurée et symbolique dans l'oeuvre de Gustave Flaubert* (Paris: Conard, 1931); E. L. Ferrère, *L'esthétique de Gustave Flaubert* (Paris: Conard, 1913); Pierre Danger, *Sensations et objets dans le roman de Flaubert* (Paris: Seuil, 1973); Jean-Pierre Richard, *Littérature et Sensation* (Paris: Seuil, 1954); R.J. Sherrington, *Three Novels by Flaubert* (Oxford: Clarendon Press, 1970). On the problematic of language and representation see Jonathan Culler, *Flaubert: The Uses of Uncertainty* (New York: Ithaca, 1974); Eugenio Donato, "A Mere Labyrinth of Letters: Flaubert and the Quest for Fiction—A Montage," *Modern Language Notes* 89 (1974):885–909; Leo Bersani, "Flaubert and the Threats of Imagination," in *Balzac to Beckett: Center and Circumference in French Fiction* (New York, 1970); Charles Bernheimer, *Flaubert and Kafka: Studies in*

Psychopoetic Structure (New Haven: Yale University Press, 1982); Shoshana Felman, *La folie et la chose littéraire* (Paris: Seuil, 1978); Dominick La Capra, *Madame Bovary on Trial* (Ithaca and London: Cornell University Press, 1974); James H. Reid, *Narration and Description in the French Realist Novel: The Temporality of Lying and Forgetting* (Cambridge: Cambridge University Press, 1993).

33. Graham Falconer, "L'effet parodie chez Flaubert," *Etudes littéraires* 19 (Spring-Summer, 1986):109.

34. See Barthes, *Le plaisir du texte.*

35. Jacques Derrida, "Linguistique et grammatologie," in *De la grammatologie* (Paris: Editions de Minuit, 1967), p. 67. For a historical study of the concept of language as difference, see also Dereck Attridge, *Peculiar Language: Literature as Difference from the Renaissance to James Joyce.* (London: Methuen & Co. Ltd., 1988).

36. On this subject, see Timothy Reiss, *The Uncertainty of Analysis* (Ithaca: Cornell University Press, 1988).

37. Culler, pp. 92–93.

38. Brombert, p. 149.

39. Gustave Flaubert, *Smarh,* in *Oeuvres de jeunesse* (Paris: Club de l'Honnête Homme, 1973), p. 96.

Chapter I

Madame Bovary and the Anguish of Meaning: Interpretative Attempt and Indeterminacy of Images

> Ce livre, tout en calcul et en ruses de style, n'est pas de mon sang, je ne le porte pas en mes entrailles, je sens que c'est chose voulue, factice. Ce sera peut-être un tour de force qu'admireront certaines gens (et en petit nombre). D'autres y touveront quelque vérité de détail et d'observation. Mais de l'air! De l'air! Les grandes tournures, les larges et pleines périodes, se déroulant comme des fleuves, la multiplicité des métaphores, les grands éclats de style, tout ce que j'aime enfin n'y sera pas; seulement j'en sortirai peut-être préparé à écrire ensuite quelque chose. (*Corr.* II, p. 269)

The genesis of *Madame Bovary,* published in 1857, reveals the ambiguity of Flaubert's ideal of Style. During the years of composition of the book, the artist recorded in his *Correspondance* his torments as a writer, his conception of Style, and his problems with the novel. In affirming his conviction that style is "an absolute way of seeing things," the novelist anticipates some important achievements of the self-referential modern novel. Flaubert's ideal was to write a *livre sur rien,* composed of the objects of language, with almost no subject, and containing an internal value for the beauty of its construction and the polish of its surface.

If *Madame Bovary* is a *texte lisible* in which the reader may easily identify a message, on the other hand some selections paradoxically deflect the reading away from the text's meaning to a recognition of its originality as an aesthetic object.[1] On the surface, Flaubert's novel is a book about the monotonous bourgeois life of his times, about the frustration of dreams and the failure of the heroine's attempt to find a world ordered according to her romantic expectations. For Eric Gans, Flaubert intends to reveal in this work the feminine nature of modern self, of its "Otherness": in this sense, Emma is not the symbol of oppressed womanhood, instead she is a model of the human condition.[2] For many critics, *Madame Bovary* is the model expression of nineteenth-century realism.[3] However, Robbe-Grillet considers it "a *nouveau roman* before its time, unsettling our assumptions of realism and beginning a whole practice of writing."[4]

A tension of signification marks the novel's descriptive imagery that simultaneously implies a symbolic recuperation—the imagery leads from desire to frustration and failure, and ultimately to death—and a self-referential value. "On a related level of composition, symbols and images raise problems in providing agencies of unification or coherent organization that, in some instances, tend to break down and become questionable."[5]

Even though there are indexes of a possible thematic interpretation, descriptions of objects, food, interiors and crowds, frequently show an explosion of style, due to the excess and enlargement of detail useless for the story. The effect represents a constituent ambiguity of language, rather than a positive signifying intention on the part of the narrator. Thus, the text is composed of contradictions and it is no longer restricted to a single, harmonious, and authoritative reading; instead, no longer an object for passive consumption, it opens itself to re-reading and becomes a work in which the reader produces the meaning.

The Interpretative Attempt: Symbolic Description

> Gustave Flaubert est le romancier qui jusqu'ici a employé la description avec le plus de mesure. Chez lui, le milieu intervient dans un sage équilibre: il ne noie pas le personnage et presque toujours se contente de le déterminer. (Emile Zola)[6]

Numerous descriptive selections in *Madame Bovary* offer bases for interpretative recuperation and make Flaubert a traditional novelist engaged in a communicative process with the reader. In various descriptions of landscapes, urban spaces, and interiors a progressive presentation of the subjective way in which the observer looks at a scene establishes an intimate connection between witness and witnessed. Scenes and actions are viewed through the eyes of the characters and highlight their personalities and emotions, revealing the main themes of the novel. Several images are intimately connected with the characters' state of mind.

Early critics, including Brombert, Sherrington, Demorest, and Ferrère, contributed valid thematic studies on Flaubertian descriptive imagery.[7] In the selections considered in this section, descriptive components form a coherent image that gives the reader an impression of reality, or elicits a symbolic integration into the narrative text, either by reflecting the themes of the novel and connoting the characters's moods, or through sustaining the narrative by preparing the action to come. However, while thematic criticism generally tends to be univocal and dogmatic, the approach of this study takes into consideration the various possible meanings of the passages. As Roland Barthes points out, to interpret a text is not to give it a sense, but to appreciate the plurality of signifiers of which it is composed.[8]

In the text of *Madame Bovary,* details contained in the description of the flat fields around the Bertaux's farm give place to various possibilities of thematic recuperation. They connote the themes of boredom, stagnation, and immobility that frequently appear throughout the novel:

> Le jour commençait à venir, et, sur les branches des pommiers sans feuilles, des oiseaux se tenaient immobiles, hérissant leurs petites

plumes au vent froid du matin. La plate campagne s'étalait à perte de vue, et les bouquets d'arbres autour des fermes faisaient, à intervalles éloignés, des taches d'un violet noir sur cette grande surface grise qui se perdait à l'horizon dans le ton morne du ciel. (*Madame Bovary*, p. 47)

The flat fields stretching their great surfaces until they fade into the gloom of the sky represent the monotonous existence to which Emma is condemned.[9] Moreover, the space represents Charles' mixed emotions about life (memories of his school-days, his marriage, etc.) The landscape is idealized and integrated into the main theme of the novel in the contrast between dream and reality. The colors connote a sense of monotony and moral emptiness: *taches d'un violet noir, surface grise, le ton morne du ciel.* Reality is transformed and acquires a symbolic value. In addition, the passage has a demarcating function, inasmuch as it contributes to the dramatic development of the action by preparing the reader for the presentation of the main character, Emma.

The farm at the Bertaux, where Charles Bovary meets Emma for the first time, represents another description of space open to various possibilities of interpretive recuperation:

C'était une ferme de bonne apparence. On voyait dans les écuries, par le dessus des portes ouvertes, de gros chevaux de labour qui mangeaient tranquillement dans des râteliers neufs. Le long des bâtiments s'étendait un large fumier; de la buée s'en élevait, et, parmi les poules et les dindons, picoraient dessus cinq ou six paons, luxe des basses-cours cauchoises. La bergerie était longue, la grange était haute, à murs lisses comme la main. Il y avait sous le hangar deux grandes charrettes et quatre charrues, avec leurs fouets, leurs colliers, leurs équipages complets, dont les toisons de laine bleue se salissaient à la poussière fine qui tombait des greniers. (pp. 47–48)

The objects in the kitchen have a mimetic function and they are idealized by Charles, who sees in them a reflection of abundance, comfort, and security:

Des vêtements humides séchaient dans l'intérieur de la cheminée. La pelle, les pincettes et le bec du soufflet, tous de proportion colossale, brillaient comme de l'acier poli, tandis que le long des murs s'étendait une abondante batterie de cuisine, où miroitait inégalement la flamme claire du foyer, jointe aux premières lueurs du soleil arrivant par les carreaux. (p. 48)

The descriptive details orient the narrative continuity by introducing the character of Le père Rouault and the simplicity of his country-life. Details express a totality of meaning, inasmuch as they are not enumerated in a scattered or excessive manner.

Again, the description of the external space where Emma greets Charles at the farm announces the event, as she appears to him in a certain way, seducing him. The components suggest an impression of reality, and they are based on the construction of symbolic relations that are integrated into the narrative and related to Charles' feelings. Emma is the mental projection of his desires, and the description of the trees, the yard, and the snow on the top of the building emphasizes Emma's character, or rather, the way Charles views her:

> On s'était dit adieu, on ne parlait plus; le grand air l'entourait, levant pêle-mêle les petits cheveux follets de sa nuque, ou secouant sur sa hanche les cordons de son tablier, qui se tortillaient comme des banderoles. Une fois, par un temps de dégel, l'écorce des arbres suintait dans la cour, la neige sur la couvertures des bâtiments se fondait. Elle était sur le seuil; elle alla chercher son ombrelle; elle l'ouvrit. L'ombrelle, de soie gorge-pigeon, que traversait le soleil, éclairait de reflets mobiles la peau blanche de sa figure. Elle souriait là-dessus à la chaleur tiède; et on entendait les gouttes d'eau, une à une, tomber sur la moire tendue. (p. 51)

The entire scene mirrors Charles'emotions and emphasizes Emma's sensuality through the liquid images *(les gouttes d'eau)*. The gaze transforms the objects viewed, in order to strengthen the emotion and the memory of it.[10]

The following passage represents an additional example of the way Flaubert descriptively reveals the emotions of the character:

> Elle commençait par regarder tout alentour, pour voir si rien n'avait changé depuis la dernière fois qu'elle était venue. Elle retrouvait aux mêmes places les digitales et les ravenelles, les bouquets d'orties entourant les gros cailloux, et les plaques de lichen le long de trois fenêtres dont les volets toujours clos s'égrenaient de pourriture, sur leurs barres de fer rouillées. (p. 78)

In general, Emma's surroundings are linked with universal, and powerfully evoked, emotions of ecstasy, despair, and fear. Here the details suggest her sensation of decay, *ennui,* and of monotonous repetition in the seasons of a life in which nothing actually happens. The closed shutters, and the *barres de fer rouillées* could represent the degradation of Emma's life, the mud of her existence, devoid of meaning. Furthermore, the description could be simply the representation of a typical country garden.

In the manner in which details are conveyed, the description of the castle at La Vaubyessard constitutes a mimetic and cultural function: the edifice depicts a characteristic nineteenth-century castle belonging to the nobility and integrated into the narrative by preparing Madame Bovary's entrance into the aristocratic society of her dreams:[11]

> Le château, de construction moderne, à l'italienne, avec deux ailes avançant et trois perrons se déployait au bas d'une immense pelouse où paissaient quelques vaches, entre des bouquets de grands arbres espacés, tandis que des bannettes d'arbustes, rhôdodendrons, seringas et boules-de neige bombaient leurs touffes de verdure inégales sur la ligne courbe du chemin sablé. Une rivière passait sous un pont; à travers la brume on distinguait des bâtiments à toit de chaume, éparpillés dans la prairie, que bordaient en pente douce deux coteaux couverts de bois, et, par derrière, dans les massifs, se tenaient, sur deux lignes parallèles, les remises et les écuries, restes conservés de l'ancien château démoli. (p. 81)

In opposition to the preceding rotten image of the countryside in Tostes, the landscape surrounding the castle suggests Emma's sensual languor. Pierre Danger emphasizes the idea of the curve as sexual index, by concentrating his attention upon the prairie that descends *en pente douce* and *la ligne courbe du chemin sablé*. All of the details—*a ligne courbe, les arbustes à la verdure inégale, les bâtiments à toit de chaume*—connote a total vision of mildness and calm, and an illusion of happiness that is destined to collapse when faced with the mediocrity and monotony of provincial life.[12] The strange plants rising in pyramids under hanging vases evoke an atmosphere of pure sensuality: *Les plantes bizarres, hérissées de poils, s'étageaient en pyramides sous des vases suspendus, qui, pareils à des nids de serpents trop pleins, laissaient retomber de lourds bords, de longs cordons verts entrelacés.* (p. 88)

Similarly, the components in the description of the stable at the castle are organized in an ordered and plausible manner that offers bases for a thematic reading:

> Le marquis, pour amuser la jeune femme, la mena voir les écuries. Au-dessus des râteliers en forme de corbeille, des plaques de porcelaine portaient en noir les noms des chevaux. Chaque bête s'agitait dans sa stalle quand on passait près d'elle en claquant de la langue. Le plancher de la sellerie luisait à l'oeil comme le parquet d'un salon. Des harnais de voiture étaient dressés dans le milieu sur deux colonnes tournantes, et les mors, les fouets, les étriers, les gourmettes, rangés en ligne tout le long de la muraille. (p. 88)

The description could be a metaphor of 'gracious living,' and it contrasts with the image of the garden in Tostes that appears to be an ironic repetition of the garden around the castle at La Vaubyessard:

> La rosée avait laissé sur les choux des guipures d'argent avec de longs fils clairs qui s'étendaient de l'un à l'autre. On n'entendait pas d'oiseaux, tout semblait dormir, l'espalier couvert de paille et la vigne comme un grand serpent malade sous le chaperon du mur, où l'on voyait, en s'approchant, se traîner des cloportes à pattes nombreuses. (p. 97)

The elements of the passage, such as the metaphor of the vineyard compared to a sick snake, connote a sense of internal decay. Throughout the novel "the images of escape are brought into contropuntal tension with an underlying metaphoric structure suggesting limits, restriction, contraction and immobility."[13] The descriptions of Emma's houses, for example, connote a perverted relation to space in the way the *milieu* reflects her despair and boredom, her frustration and the impossibility of escape. The houses are prisons: *jardin rectangulaire* in Tostes, closed between *deux murs de bauge* that becomes *jardinet* after the ball at La Vaubyesssard; (p. 67) while at Yonville the house is a miserable domain, and the daylight penetrating through the windows is *blanchâtre*.

Madame Bovary perpetually contrasts her actual surroundings with the ideal ones in her imagination: *Les murs étaient neufs et les marches de bois craquèrent. Dans la chambre, au premier, un jour blanchâtre passait par les fenêtres sans rideaux.* (p. 119) The components may be integrated, metaphorically, into the novel's main theme: the dichotomy between illusion and reality, presented as immobility and repetition. The space is organized by a *regard descripteur* who binds it to the global unity of the story. In these cases, the descriptions of environment, which feature the character in its fullness, recall a similar process found in Balzac's novels. As Philippe Hamon points out:

> Dans le discours lisible-réaliste la conjonction personnage-description peut être placée sous le signe général de la motivation: le personnage signifié par le signifiant descriptif est dans une relation de resemblance avec le non-personnage, de redondance avec le milieu.[14]

Several other passages are likely to be subject to symbolic or realistic recuperation. The view of the countryside surrounding Yonville-L'Abbay, during the walks of Emma and her lovers, for example, is internalized by the heroine whose gaze transforms the objects around her:

Ils s'en revinrent à Yonville en suivant le bord de l'eau. Dans la saison chaude, la berge plus élargie découvrait jusqu'à leurs base les murs des jardins, qui avaient un escalier de quelques marches descendant à la rivière. Elle coulait sans bruit, rapide et froide à l'oeil; de grandes herbes minces s'y courbaient ensemble, selon le courant qui les poussait, et comme des chevelures vertes abandonnées s'étalaient dans sa limpidité. Quelquefois, à la pointe des joncs ou sur la feuille des nénufars, un insecte à pattes fines marchait ou se posait. Le soleil traversait d'un rayon les petits globules bleus des ondes qui se succédaient en se crevant. (pp. 127–128)

The image of the river frequently recurs throughout the novel. Many critics consider the water-imagery in *Madame Bovary* to be an index of Emma's sexual desire, her aspiration to freedom and joy.[15] However, the river simultaneously offers signs of happiness *(le soleil dans l'eau, les insectes gracieux)* and hostility (coldness of the water, grass similar to *des chevelures vertes abandonnées)*. The description is not a digression; rather, it echoes the narrative, and the various details reveal the correlative changes taking place in Emma, therefore defining a temporal succession. The metaphor of the *chevalures vertes abandonnées* emphasizes Emma's libidinal desire.

The scene with Rodolphe in the forest during Emma's seduction is functional to the narrative and revealing of the heroine's feelings:

Emma fermait à demi les paupières pour reconnaître sa maison, et jamais ce pauvre village où elle vivait ne lui avait semblé si petit. De la hauteur où ils étaient, toute la vallée paraissait un immense lac pâle, s'évaporant à l'air. Les massifs d'arbres de place en place saillissaient comme des rochers noirs; et les hautes lignes des peupliers, qui dépassaient la brume, figuraient des grèves que le vent remuait. (p. 187)

This passage connotes Emma's boredom and stifling sensations, because the village appears to be too small in contrast with the height of her dreams. In contrast with this gloomy landscape, the following description reveals Emma's desire to give herself completely to love and passion:

Le ciel était devenu bleu. Les feuilles ne remuaient pas. Il y avait de grands espaces pleins de bruyères tout en fleur; et des nappes violettes s'alternaient avec les fouillis des arbres, qui étaient gris, fauves ou dorés, selon la diversité des feuillages. Souvent on entendait, sous les buissons, glisser un petit battement d'ailes, ou bien le cri rauque et doux des corbeaux, qui s'envolaient dans les chênes. (p. 188)

The descriptive constituents mirror Madame Bovary's desire for sensual *douceur* and happiness: *les bruyères en fleur, le cri rauque des corbeaux.* In general, the color blue is associated with Emma's romantic *rêveries,* and her longing for a beautiful and exciting world. Instead, for D. M. Demorest, the entire scene in the forest is composed of both poetic and pantheistic evocations, and indications of *mauvais augure*:

> Si d'une part il y a des images qui mettent en relief ce premier côté, telles que celles du sang qui circule dans la chair comme un fleuve de lait, de ce quelque chose doux qui semble sortir des arbres et des montagnes qui se déplacent, on a vu qu'une ombre sinistre se glisse à travers cette belle image de plumes de colibris, et celle du cri vague et prolongé qui se retrouve dans la première rencontre de l'Aveugle et dans la scène de la mort.[16]

One may view the scene of the *clair de lune,* during the last night Emma and Rodolphe spend together, as an example of beautiful style that, at the same time, reveals of the two characters' emotions. The description is a *rêverie,* and this is a development of the intimate relationship between external appearances and the working of a mind:

> La lune, toute ronde et couleur de pourpre, se levait à ras de terre, au fond de la prairie. Elle montait vite entre les branches des peupliers, qui la cachaient de place en place, comme un rideau noir, troué. Puis elle parut, éclatante de blancheur, dans le ciel vide qu'elle éclairait; et alors, se relentissant, elle laissa tomber sur la rivière une grande tache, qui faisait une infinité d'étoiles, et cette lueur d'argent semblait s'y tordre jusqu'au fond à la manière d'un serpent sans tête couvert d'écailles lumineuses. ... La nuit douce s'étalait autour d'eux; des nappes d'ombre emplissaient les feuillages. ... La tendresse des anciens jours leurs revenait au coeur, abondante et silencieuse comme la rivière qui coulait, avec autant de mollesse qu'en apportait le parfum des seringas, et projetait dans leurs souvenirs des ombres plus démesurées et plus mélancoliques que celles des saules immobiles qui s'allongeaient sur l'herbe. (pp. 225–226)

Flaubert emphasizes a perfect concordance between both sensations and memories, as well as the lovers and their surroundings. Thus, the setting materializes a tenderness that both Emma and Rodolphe have reason to doubt, even though the former continues to dream about escaping, while the latter is tired and nostalgic as he contemplates *la tendresse des anciens jours.* Further, the insistence on the image of the moon expresses a sense of immobility and absence: *La lune, toute ronde et couleur de pourpre, se levait à ras de terre, au fond de la prairie.*

In the representation of the Cathedral in Rouen, where Léon meets Emma, the details are provided in a cohesive and congruous manner that reflects Léon's desires and plays an important role in the explosion of the drama:

> L'église, comme un boudoir gigantesque, se disposait autour d'elle; les voûtes s'inclinaient pour recueillir dans l'ombre la confession de son amour; les vitraux resplendissaient pour illuminer son visage, et les encensoirs allaient brûler pour qu'elle apparût comme un ange, dans la fumée des parfums. (p. 265)

This image connotes a combination of the sacred and the profane, since the church is likened to a bedroom: *l'église, comme un boudoir gigantesque, se disposait autour d'elle.*

Another interiorized space is the view of Rodolphe's castle when the hopeless Emma asks him for money:

> Elle monta le large escalier droit, à balustrades de bois, qui conduisait au corridor pavé de dalles poudreuses où s'ouvraient plusieurs chambres à la file, comme dans les monastères ou les auberges. (p. 329)

The space may represent a typical rich house of the period, or it may be distorted by Emma's vision and lead to the future explosion of the drama, symbolizing the concept of the house as a prison, no longer the center of love-happiness, but common and dispersed space: *plusieurs chambres à la file, comme dans les monastères ou les auberges.*

The imagery of the surroundings when Le Père Rouault returns to the Bertaux after Emma's burial is another example of the psychological significance of description:

> Les fenêtres du village étaient tout en feu sous les rayons obliques du soleil qui se couchait dans la prairie. Il mit sa main devant ses yeux, et il aperçut à l'horizon un enclos de murs où des arbres, çà et là, faisaient des bouquets noirs entre des pierres blanches, puis il continua sa route, au petit trot, car son bidet boitait. (p. 357)

The tone reveals Le Père Rouault's sad feelings: *les rayons obliques* not only announce the end of the day, they signal the end of the earthly joys, and they give a sinister light to the scene of Emma's funeral. The passage has a moral significance, and it is integrated into the main theme of the book: the failure of impossible dreams faced with the absurdity of human existence.

These space-images in *Madame Bovary* are less likely to be formal digressions, and they are easily subject to a functional interpretive recuperation that reflects the characters' emotions and prepares the narrative drama. However, thematic criticism finds its limits when faced with the complexity and duplicity of Flaubert's art. In fact, *Madame Bovary* contains numerous descriptions of space that waver between possibilities of meaning and self-referentiality. Jacques Derrida questions the validity of the thematic critical approach:

> Et si le sens du sens c'est l'implication infinie? Le renvoi indéfini de signifiant à signifiant? Si sa force est une certaine équivocité pure et infinie ne laissant aucun répit, aucun repos au sens signifié, l'engageant, en sa propre économie, à faire signe encore et différer?[17]

Uncertain Shapes: Mist and Water in Landscapes

> Et la joue enflée, le cou congestionné, le front rouge, tendant ses muscles comme un athlète qui lutte, il se battait désespérément contre l'idée et contre le mot, les saisissant, les accouplant malgré eux, les tenant unis d'une indissoluble façon pour la puissance de sa volonté, étreignant la pensée, la subjugant peu à peu avec une fatigue et des efforts surhumains et l'encageant, comme une bête captive, dans une forme solide et précise. (Guy De Maupassant)[18]

Maupassant's view of Flaubert indicates an artist who is in perpetual struggle with words in order to attain a perfect stylistic form that aims to be expressive. The composition of the *tableaux* is important to Flaubert, and the *décor* is chosen by the author to focus on the characters and the narrative plot. Yet, in *Madame Bovary* some shapes are decomposed and reduced to the undifferentiated similarity of their components. The vagueness in these particular passages is stressed by the presence of fog and water.

In the description of the countryside in Yonville, that precedes Emma's seduction, the vapor associated with mist and water makes the forms indistinct, and suggests an impression of mystery and strangeness:

> Il y avait du brouillard sur la campagne. Des vapeurs s'allongeaient à l'horizon, contre le contour des collines; et d'autres, se déchirant, montaient, se perdaient. Quelquefois, dans un écartement des nuées, sous un rayon de soleil, on apercevait au loin les toits d'Yonville, avec les jardins au bord de l'eau, les cours, les murs et le clocher de l'église. (p. 187)

Mist and water are found in the following passages, the *contours* of which are indefinite and imprecise:

> On entrevoyait des cimes d'arbres, et, plus loin, la prairie, à demi noyée dans le brouillard, qui fumait au clair de lune, selon le cours de la rivière. (p. 119)

> Descendant tout en amphithéâtre et noyée dans le brouillard, elle s'élargissait au delà des ponts, confusément. La plaine campagne remontait ensuite d'un mouvement monotone, jusqu' à toucher au loin la base indécise du ciel pâle. (p. 287)

The details of these landscape descriptions are scattered in an *ensemble* with vague delineations: *on entrevoyait, plus loin, le brouillard.* The adverbs *au-delà,* and *plus loin* make the imagery increasingly indistinct. Thus, are these passages to lose any sense of reality or possibility of symbolic integration into the pattern of the story? Or do they remain transparent? Both readings are possible, since, as Tony Tanner has indicated, mist and water may represent the disintegration of Emma's being: the *brouillard, vapeurs,* and the activities *s'allongeaient* and *se déchirant,* here described as climatic phenomena, are internalized in Emma when she begins to participate in disintegrative and diffusive processes operative in the realm of nature.[19] One may view the landscape as an analogue of Emma's feelings of loss and disintegration, as she passes from a distinct corporeality to a shimmering vagueness, disappearing ontologically.[20] Therefore, the description of Emma's journey back from Rouen after her meeting with Léon reflects her melting and dissolution:

> A chaque tournant, on apercevait de plus en plus tous les éclairages de la ville qui faisaient une large vapeur lumineuse au-dessus des maisons confondues. (p. 291–292)

Simultaneously, one may read this passage as an example of indeterminacy of forms that appear confused and fail to reach a totality of meaning for both Emma and the narrator.

The ambiguity of interpretation on the reader's part becomes evident in several water images. Thus, the sequence of Emma's movements in relation to water are made to suggest the heroine's progressive involvement in erotic experience.[21] Critics have emphasized the double connotation of water in Emma's life: in contrast with the pure waters of her romantic-erotic fantasies, she is continually encountering a polluting sediment, the dirty water that represents the degradation of love and sexuality. The *sinuosités vagabondes,* drawn by the river in the prairie and connoting a sense of lasciviousness, contrast with the muddy water that flows on the grass and in the puddles:[22]

> La terre, à un endroit, se trouvait effondrée par le pas des bestiaux; il fallut marcher sur de grosses pierres vertes, espacées dans la boue. Souvent, elle s'arrêtait une minute à regarder où poser sa bottine, et, chancelant sur le caillou qui tremblait, les coudes en l'air, la taille penchée, l'oeil indécis, elle riait alors, de peur de tomber dans les flaques d'eau. (p. 128)

Although many of the water images in the novel are related to a powerful current of sexual desire, frequently water is associated with mud, moral degradation *(l'eau sale, les flaques d'eau)* and the failure of Emma's dreams:[23]

> Embracing the polarities of pleasure and pain, life and death, the water imagery points to the fundamental ambivalence of erotic experience which is the source of delight with Rodolphe but leads inevitably to self-destruction. It is also correlated with the central opposition of illusion and reality.[24]

Nonetheless, this frequent insistence on vapors, fog and liquid imagery runs the risk of rendering the descriptions formless. This is the very core of Flaubert's principle of uncertainty and disorientation of the reader. The process is stressed in *L'Education sentimentale* where the fluid *contours* appear less defined and less available to symbolic or mimetic integration.

Static Images or Functional Spaces?

> Le plus beau dans son roman, c'est ce qui ne ressemble pas à la littérature romanesque usuelle, ce sont ces grands espaces vacants; ce n'est pas l'événement, qui se contracte sous la main de Flaubert, mais ce qu'il y a entre les événements, ces étendues stagnantes où tout mouvement s'immobilise. (Jean Rousset)[25]

Several frozen and immobile images in *Madame Bovary* suspend time and narrative continuity, and they remain isolated from the narrative schema. Notwithstanding, one may interpret this imagery thematically. Thus, the description of the storm after Léon's departure is metaphorical of Emma's emotions, of her internal trouble and storm:

> Madame Bovary avait ouvert sa fenêtre sur le jardin, et elle regardait les nuages. Ils s'amoncelaient au couchant, du côté de Rouen, et

roulaient vite leurs volutes noires, d'où dépassaient par derrière les grandes lignes du soleil, comme les flèches d'or d'un trophée suspendu, tandis que le reste du ciel vide avait la blancheur d'une porcelaine. (pp. 152–153)

In addition to the possibility of a functional integration into the story of Emma Bovary, the passage simultaneously represents a pause in the *récit*, almost a pictorial pause that designates its own figuration. The space is fixed, *figé*, composed of frozen images: *les flèches d'or d'un trophée suspendu ... a blancheur d'une porcelaine*. In this case, *la description constitue alors une nouvelle mènace pour le récit, proposant non plus seulement une pure et simple description, mais, scandale majeur, une description de la description.*[26] Another motionless image is the landscape that Emma contemplates from the attic, when she is thinking about suicide after receiving Rodolphe's letter of farewell:

En face, par-dessus les toits, la pleine campagne s'étalait à perte de vue. En bas, sous elle, la place du village était vide, les cailloux du trottoir scintillaient, les girouettes des maisons se tenaient immobiles. (p. 232)

On the one hand, the description reflects one of the novel's major themes of the conflict between Emma's desire for freedom and love: *la pleine campagne s'étalait à perte de vue,* and the empty reality of her life: *la place du village était vide.* The details stress the theme of immobility and absence, and they reflect the heroine's perceptive activity. On another level, the elements are fixed in a contemplative dimension that petrifies everything: *les girouettes des maisons se tenaient immobiles.*[27] This reflects a double immobility: a block of the narrative and a static emotive state.

The following passage focuses on Emma as she contemplates the Yonville landscape from the window, while she is engrossed in her memories and dreams:

La vapeur du soir passait entre les peupliers sans feuilles, estompant leurs contours d'une teinte violette, plus pâle et plus transparente qu'un gaze subtile arrêtée sur leurs branchages. Au loin, des bestiaux marchaient; on n'entendait ni leurs pas, ni leurs mugissements; et la cloche, sonnant toujours, continuait dans les airs sa lamentation pacifique. (p. 143)

One may consider this description as a metaphor of the contrast between illusion and reality: Emma's sensual desires and dreams (expressed in the subsequent paragraph) are stifled by the presence of the vapors of the evening and the pale leafless trees; at the same time, the narrative movement and time are suspended, leaving place to an immobile and silent dimension.

Furthermore, the following image offers a basis for a double reading:

> Dans l'avenue, un jour vert, rabattu par le feuillage, éclairait la mousse
> rase qui craquait doucement sous ses pieds. Le soleil se couchait; le ciel
> était rouge entre les branches, et les troncs pareils à des arbres plantés
> en ligne droite semblaient une colonnade brune se détachant sur un
> fond d'or. Une peur la prenait, elle appelait Djali. (p. 80)

The description may be related to the character's feelings and serve the
global legibility of the plot.[28] However, the scene presents the static properties
of a frozen picture that refers to its own textual pattern rather than to a
representational content.[29] In *Salammbô* there are numerous silent spaces that
have symbolic significance, even though they produce structural immobility
through the sculptural suspension of chronological or causal narrative sequences.

Between Transparency and Opacity: Incongruous Details in the Descriptions of Space

> Flaubert: une manière de couper le discours, de trouer le discours sans
> le rendre insensé. ... Il s'y ajoute un plaisir de performance: la prouesse
> est de tenir la mimesis du langage (le langage s'imitant lui-même),
> source de grands plaisirs, d'une façon si radicalement ambigue ... que
> le texte ne tombe jamais sous la bonne conscience (et la mauvaise foi)
> de la parodie (du rire castrateur, du comique qui fait rire). (Roland
> Barthes)[30]

Various descriptions of space in *Madame Bovary* contain fragmentary,
cumulative, or incongruous details that may disrupt the possibility of a mimetic
or figurative interpretation. For instance, the long description of Yonville-
L'Abbaye shows the tension between transparency and opacity:

> La prairie s'allonge sous un bourrelet de collines basses pour se
> rattacher par derrière aux paturages du pays de Bray, tandis que du côté
> de l'est, la plaine, montant doucement, va s'élargissant et étale à perte
> de vue ses blondes pièces de blé. L'eau qui court au bord de l'herbe
> sépare d'une raie blanche la couleur des prés et celle des sillons, et la
> campagne ainsi ressemble à un grand manteau déplié qui a un collet de
> velours bordé d'un galon d'argent. (p. 105)

The passage offers grounds for various thematic interpretations: it prepares
the following events by accentuating a landscape containing the sexual
connotations that will characterize Emma Bovary. Doris Y. Kadish views the

selection as an example of the symbolic function of description. Certain features may apply both to the countryside and to the human form: the valley is presented in terms of *physionomie;* the hills as forming a *bourrelet* on the prairie; the plain, as spreading out its wheat, like blond hair; the water, as forming a *raie blanche;* and the countryside as resembling an outstretched coat. The prairie connotes, with *bourrelet,* a backward stretch of the head. Through association with this movement of the head, the reader may read in *étale à perte de vue ses blondes pièces de blé,* the connotation of a sensuous and feminine shaking of the head and hair.[31]

In addition, the Norman landscape constitutes a bridge between the theme of *ennui* and the motif of escape, as the plain extends to the horizon à *perte de vue.* Thus, this image "will not be corroborating a sensory representation: but it will interpret it, thereby shifting the description from mimesis to semiosis."[32] Albert Thibaudet views the entire description of Yonville, including the notary's house, the church, the city-hall, and the cemetery, as an expression of human misery.[33] The various details underline the themes of negativity, immobility and absence. The town is built *sur les confins de la Normandie, de la Picardie et de l'île de France, contrée batarde* (p. 105), and it shows the mediocrity, the monotony, and the deadly dreariness of everyday life. Moreover, the image of Yonville is presented as the ugly province opposed to the beautiful city of Rouen. Furthermore, it is possible to interpret this long descriptive passage as mimetic, that is, as conveying a particular illusion of reality in the precise presentation of the geographic details:

> Yonville-L'Abbaye (ainsi nommé à cause d'une ancienne abbaye de Capucins dont les ruines n'existent même plus) est un bourg à huit lieues de Rouen, entre la route d'Abbeville et celle de Beauvais, au fond d'une vallée qu'arrose la Rieule, petite rivière qui se jette dans l'Andelle. (p. 105)

Yet, as the description continues, the interpretative task becomes increasingly difficult:

> Les toits de chaume, comme des bonnets de fourrure rabattus sur des yeux, descendent jusqu'au tier à peu près des fenêtres basses, dont les gros verres bombés sont garnis d'un noeud dans le milieu, à la façon des culs de bouteille. Sur le mur de plâtre, que traverse en diagonale des lambourdes noires, s'accroche parfois quelque maigre poirier, et les rez-de-chaussée ont à leur porte une petite barrière tournante pour les défendre des poussins, qui viennent picorer, sur le seuil, des miettes de pain bis trempé de cidre. (p. 106)

Here the components are incongruous and excessively enlarged. *Les toits de chaume* are compared to *bonnets de fourrure* or the windows are *bombés garnis dans le milieu, à la façon des culs de bouteille.* Jonathan Culler notes how the point of arrival has nothing to do with the point of departure and how the details are strained to hold themselves together: "That is almost a by-product of the spectacle mounted by a prose style determined to show how grammatical devices enable it to link together a set of disparate and trivial facts."[34] The sentences have no apparent function: according to Culler, they are not dealing with recognizable categories that would locate and tell us something about the village. A symbolic interpretation is undermined by the way the sentences arrange and parody the classical description of common places. The details are neither reflections of a character's emotions, nor observations that characterize a particular speaker.

The description of the notary's house and surroundings displays, as well, a disparate mixture of strange objects that strive to create a sense of totality for both the narrator and the reader:

> Un fagot de fougères se balance sous une fenêtre au bout d'une manche
> à balai; il y a la forge d'un maréchal et ensuite un charron avec deux ou
> trois charrettes neuves, en dehors, qui empiètent sur la route. Puis, à
> travers une claire-voie, apparaît une maison blanche au-delà d'un rond
> de gazon que décore un Amour, le doigt posé sur la bouche; deux vases
> en fonte sont à chaque bout du perron; des panonceaux brillent à la
> porte; c'est la maison du notaire, et la plus belle du pays. (p. 106)

Scattered details such as *un fagot de fougères, la forge d'un maréchal, un Amour, le doigt posé sur la bouche* are dissociated from the narrative. Likewise, the objects in the description of the city hall are completely useless for the comprehension of the events, and they parody the critical enterprise:

> La mairie, construite sur les desseins d'un architecte de Paris, est une
> manière de temple grec qui fait l'angle, à côté de la maison du
> pharmacien. Elle a, au rez-de-chaussé, trois colonnes ioniques et, au
> premier étage, une galerie à plein cintre, tandis que le tympan qui la
> termine est rempli par un coq gaulois, appuyé d'une patte sur la Charte
> et tenant de l'autre les balances de la justice. (p. 107)

The four pages written in the present escape the fictional temporality that inspired the use of the past tense in the first part. In addition, there is no mention of the Bovarys as though they have not arrived yet. This undermines the possibility of considering the description as a means of emphasizing the characters.

Furthermore, the reader's expectations are disappointed by the abrupt observation of the impersonal narrator that nothing has changed in Yonville after the events narrated. Instead of the representation of logical sequences, the reader is left with a mixture of incongruities that underline a non-narrative state of repetition; and the power of narrative ordering as a means to fulfill desire and attain knowledge is called into question. "The narrative signified is cut as ultimately insignificant, denying the closure of the story about to be told even before it is narrated:"[35]

> Depuis les événements que l'on va de raconter, rien, en effet, n'a changé à Yonville. Le drapeau tricolore de fer-blanc tourne toujours au haut du clocher de l'église; la boutique du marchand de nouveautés agite encore au vent ses deux banderoles d'indienne; les foetus du pharmacien, comme des paquets d'amadou blanc, se pourrissent de plus en plus dans leur alcool bourbeux, et, au-dessus de la grande porte de l'auberge, le vieux lion d'or, déteint par les pluies, montre toujours aux passants sa frisure de caniche. (p. 108)

In the image of Rouen, viewed by Emma from l'Hirondelle, a symbolic integration into the narrative order is blurred by a disorder of representation:

> Descendant tout en amphithéâtre et noyée dans le brouillard, elle s'élargissait au delà des ponts, confusément. La pleine campagne remontait ensuite d'un mouvement monotone. ... Ainsi vu d'un haut, le paysage tout entier avait l'air immobile comme une peinture; les navires à l'ancre se tassaient dans un coin; le fleuve arrondissait sa courbe au pied des collines vertes, et les îles, de forme oblongue, semblaient sur l'eau de grands poissons noirs arrêtés. Les cheminées des usines poussaient d'immenses panaches bruns qui s'envolaient par le bout. On entendait le ronflement des fonderies avec le carillon clair des églises qui se dressaient dans la brume. (p. 287)

Miekie Bal considers this description as a fictional space incorporated into the chain of events that constitute the plot of the story: on the one hand, the city *descendant en amphithéâtre* offers a wide aspect that responds to Emma's desire of escaping from her narrow existence; at the same time, the sky is pale, *a pleine campagne remonte d'un mouvement monotone, le paysage a l'air immobile*. All of these details reflect the monotony of Emma's life and the impossibility of changing it. The reader notes an alternation between immobility and movement in the contradictory aspects of the city imagery. For Bal, the city represents an ideal, an illusion and, at the same time, the disappointing reality of Emma's life.[36] Thus, the sense of the description is integrated into the global sense of the novel: the theme of the unattainable happiness. Yet, the presence of vague and confused *contours,* such as the city *noyée dans le brouillard,* may disrupt the possibility of identifying clear patterns and themes. In addition, the image is motionless, almost detached from the narrative continuity: *le paysage entier avait l'air immobile comme une peinture.*

The description of the outside of the Cathedral in Rouen shows a de materialization of objects that may challenge the attribution of this description to a functional space:

> La nef se mirait dans les bénitiers pleins, avec le commencement des ogives et quelques portions de vitrail. Mais le reflet des peintures, se brisant au fond du marbre, continuait plus loin sur les dalles, comme un tapis bariolé. (p. 265)

This passage reveals an interesting overflowing of framework, inasmuch as Léon sees the font as containing space, yet the reflection overflows. According to Leo Bersani:

> The luminous reflections could be symptomatic of Flaubert's sense of the elusive teasing nature of the real. Shimmering points of light and color partially dematerialize objects. … The recurrent reflections are less significant as thematic images than as one of the short cuts by which Flaubert substitutes the repetition of few patterns or formulas of perception and expression for the development of a personal style.[37]

The description of the coach scene during the first love encounter between Emma and Léon in Rouen is an endless list of streets and names that becomes a convulsive stylistic digression. By laying bare the narrator's compulsive desire, this excessive precision disorients the reader:

> Mais, tout à coup, elle s'élança d'un bond à travers Quatremares, Sotteville, la Grande-Chaussée, la rue d'Elbeuf, et fit sa troisième halte devant le Jardin des Plantes. … Elle remonta le boulevard Bouvreuil, parcourut le boulevard Cauchoise, puis tout le Mont-Riboudet jusqu'à la côte de Deville. Elle revint. Et alors, sans parti pris ni direction, au hasard, elle vagabonda. On la vit à Saint-Pol, à Lescure, au mont Gargan, à la Rouge-Mare et place du Gaillard-bois; rue Maladrerie, rue Dinanderie, devant Saint-Romain, Saint-Vivien, Saint-Maclou, Saint-Nicaise,—devant la Douane,—à la Basse-Vieille-Tour, aux Trois-Pipes et au Cimitière Monumental. (p. 269)

In this passage there are no verbs, and the movement is a succession of names: the reader is undecided between the possibility of interpreting the description as a metaphor of a sensual day that marks the beginning of Emma's second adultery,[38] and the undermining of the significant structures through a maniacal convulsive insistence on the detail. In addition, the indeterminacy of point of view blurs the scene that is viewed by the omniscient narrator; Léon; the coachman; people on the street; and the reader. Even though the reader assumes that this is a love scene, he/she has no knowledge of the characters' action inside the cab. The couple is depersonalized and their gestures are mechanical and dehumanized: *Une main nue passa sous les petits rideaux de toile jaune, et jeta des déchirures de papier.* (p. 270) "Violence is on the verge of breaking out in this passage, and its verbal equivalents at times erupt from the coach in impersonal commands that seem to lead nowhere."[39]

The aimless multiplication of place names functions as an effective but frustrating mechanism of displacement in relation to what is happening inside the cab: instead of orienting an itinerary, the street names disorient. The excessive prolixity obviates any possibility of recognizing a definable sequence. As Debray-Génette indicates: *La description est saisie concomitante de l'ordre et du désordre, de la fixité et de l'agitation, de l'unité et de la dissonance.*[40] The process could be compared to the art of cinematography in the way the novelist provides a juxtaposition of images without causal relations. This convulsive description shows how Flaubert's obsession for *le mot juste* and the beauty of style as a synthesis of form and thought may acquire a value independent of the content and the characters' feelings. Both *Salammbô* and *L'Education sentimentale* evidence numerous selections in which the disorder of space reveals the separation between figures of desire and signified.

Meaningful or Non-Functional Objects?

> Information, l'objet renseigne sur un monde hors-texte auquel il donne forme et consistance. Signe, il instaure le sens, profile une idéologie ou une vision du monde. Valeur, il bascule dans l'espace romanesque à la fois comme support de signification et comme matière phonique. A ce niveau, il ne cesse d'être information et signe, mais acquiert la plénitude de son statut esthétique. (Claude Duchet)[41]

As many critics have indicated, innumerable objects in *Madame Bovary* have a sociological significance in the way they reveal a particular personality and are functional to the plot. Others become fetishes, or images of the secret desires of the character who contemplates them and wants to possess them; object-substitutes for the loved person representing the dream. According to the particular setting, the objects reveal the characters' lives and their social status:

> Aisance ritualisée chez les Homais, où chaque chose a sa place, négligence affectée chez Rodolphe, soulignée par les objets de classe:

fusil à crosse incrustée, horloge de Boulle, sifflets de vermeil, boutons de manchettes en or; confort anglais chez Maître Guillaumin, un peu redondant et satisfait.[42]

Thus, the objects at the Bertaux reveal the sense of comfort and security offered by the simple country-life of Le Père Rouault: *La pelle, les pincettes et le bec du soufflet, tous de proportion colossale, brillaient comme de l'acier poli.* (p. 48) The objects surrounding Rodolphe indicate a life dedicated to the contemplation of himself, and a character who embodies both luxury and sensuality. The first things that Emma sees when she moves to Charles' house in Tostes are symbolic of the lifestyle of a country doctor:

La façade de briques était juste à l'alignement de la rue, ou de la route plutôt. Derrière la porte se trouvaient accrochés un manteau à petit collet, une bride, une casquette de cuir noir, et, dans un coin, à terre, une paire de houseaux encore couverts de boue sèche. … De l'autre côté du corridor était le cabinet de Charles, petite pièce de six pas de large environ, avec une table, trois chaises et un fauteuil de bureau. Les tomes du Dictionnaire des sciences médicales, non coupés, mais dont la brochure avait souffert dans toutes les ventes successives par où ils avaient passé, garnissaient presque à eux seuls les six rayons d'une bibliothèque en bois de sapin. (p. 66)

This description creates a realist *vraisemblance* in the details that refer to a spatial dimension.

In the enumeration of the furniture at Madame Bovary's house details are conveyed in a coherent way that encourages a symbolic interpretation:

Les meubles à leur place semblaient devenus plus immobiles et se perdre dans l'ombre comme dans un océan ténébreux. La cheminée était éteinte, la pendule battait toujours, et Emma vaguement s'ébahissait à ce calme des choses, tandis qu'il y avait en elle-même tant de bouleversements. (p. 147)

The furniture described symbolizes the immobility and indifference of things before Emma's confusion and trouble: *Emma vaguement s'ébahissait à ce calme des choses, tandis qu'il y avait en elle-même tant de bouleversements.*

The objects, in the Rouen hotel where Emma and Léon meet, connote the lovers' desire for passion mixed with a sense of luxury. Here the narrator provides the reader with a principle of symbolic interpretation:

Le tiède appartement, avec son tapis discret, ses ornements folâtres et sa lumière tranquille, semblait tout commode pour les intimités de la passion. Les bâtons se terminant en flèche, les patères de cuivre et les grosses boules de chenets reluisaient tout à coup, si le soleil entrait. Il y avait sur la cheminée, entre les candélabres, deux de ces grandes coquilles roses où l'on entend le bruit de la mer quand on les applique à son oreille. (pp. 288–89)

The representation of La Mère Rollet's hovel conveys an impression of reality:

La chambre, au rez-de-chaussée, la seule du logis, avait au fond, contre la muraille, un large lit sans rideaux, tandis que le pétrin occupait le côté de la fenêtre, dont une vitre était raccomodée avec un soleil de papier bleu. Dans l'angle, derrière la porte, les brodequins à clous luisant étaient rangés sous la dalle du lavoir, près d'une bouteille pleine d'huile qui portait une plume à son goulot; un Mathieu Laensberg traînait sur la cheminée poudreuse, parmi des pierres à fusil, des bouts de chandelle et des morceaux d'amadou. (p. 126)

The numerous prepositions in the passage clearly establish a spatial relationship among the objects mentioned. In addition, Flaubert's precision is reflected in the relative clauses that conclude each sentence and give the reader the impression of the real world *(effet de réel)*:

Supprimé de l'énonciation réaliste à titre de signifié de dénotation, le réel y revient à titre de signifié de connotation. Dans le moment même où ces détails sont réputés dénoter directement le réel, ils ne font rien d'autre que le signifier.[43]

Objects, such as the cigar-case that Emma notices at La Vaubyessard, could symbolize dreams:

C'était peut-être un cadeau de sa maîtresse. On avait brodé cela sur quelque métier de palissandre, meuble mignon que l'on cachait à tous les yeux, qui avait occupé bien des heures et où s'étaient penchées les boucles molles de la travailleuse pensive. Un souffle d'amour avait passé parmi les mailles du canevas; chaque coup d'aiguille avait fixé là une espérance ou un souvenir, et tous ces fils de soie entrecelés n'étaient que la continuité de la même passion silencieuse. (p. 91)

The item becomes a textual and symbolic means of the communication of values: it is an object-fetish containing a magic interiority that awakens Emma's dreams and takes the place of the *vicomte*.[44]

The depiction of the destruction of Emma's wedding-bouquet contains ordered elements that concur to express calculating symbolic images:

> C'était un fil de fer de son bouquet de mariage. Les boutons d'oranger étaient jaunes de poussière, et les rubans de satin, à liseré d'argent, s'effiloquaient par le bord. Elle le jeta dans le feu. Il s'enflamma plus vite qu'une paille sèche. Puis se fut comme un buisson rouge sur les cendres, et qui se rongeait lentement. Elle le regarda brûler. Les petites baies de carton éclataient, les fils d'archal se tordaient, le galon se fondait; et les corolles de papier, racornies, se balançant le long de la plaque comme des papillons noirs, enfin s'envolèrent par la cheminée.
> (p. 101)

According to Martin Turnell, the detailed description of the manner in which the wedding bouquet is entirely burned, "is a sign that morally and psychologically her marriage will come to an end through the loss of all marital feelings for her husband and the wrecking of her life by two disastrous love affairs."[45] The passage suggests three elements in particular: the fixed abstract space of the habitual day-dreamer—*Elle le regarda brûler;* the end of an unhappy phase of marriage; and the hope of departure from Tostes that marks the beginning of a new interest in life.

In these selections, Flaubert conforms to the tradition of the classical realist novel in which descriptions of objects are generally adapted to the reader's task of semantic integration: they are guided by authorial interventions that explain to the reader what has been shown. Most of the time the reader reads into a description only what the author directs him/her to read. For instance, in the opening of *Le père Goriot,* Balzac explicitly accentuates the multiple solidarities between material life and moral characters.[46]

However, in some instances, Flaubert breaks away from this tradition by maniacally describing heterogeneous objects to the excess, with an extraordinary precision that annuls a totality of representation and leaves the reader in dismay. In these cases, the absence of a controlling narrative voice adds to the uncertainty of meaning. The artist's obsession with matter leads to an excess of derisory and self-referential forms, isolated from the narrative sequences, that manifest a material parodic saturation, and connote the problematic of textuality. J. Barbey d'Aurevilly said of Flaubert's maniacal insistence on material details: *Il fait des inventaires ... Qu'on me passe le mot! Ce n'est somme toute qu'un faiseur de bric-à-brac ... sa littérature retombe à l'état d'enfance en peignant les objets pour eux-mêmes, en soi.*[47] Thus, it is not possible to single out a particular use or function of the dusty objects Emma finds when she first arrives at the house in Tostes:

Venait ensuite, s'ouvrant immédiatement sur la cour, où se trouvait l'écurie, une grande pièce délabrée qui avait un four, et qui servait maintenant de bûcher, de cellier, de garde-magasin, pleine de vieilles ferrailles, de tonneaux vides, d'instruments de culture hors de service, avec quantité d'autres choses poussiéreuses dont il était impossible de deviner l'usage. (p. 66)

In this passage objects are enumerated in a disordered and excessive manner that annuls any illusion of reality or focalization of the character, apart from connoting the movement of the description itself:

Au milieu de l'appartement, pêle mêle, il y avait des tiroirs de commode, des bouteilles, des tringles, des bâtons dorés avec des matelas sur des chaises et des cuvettes sur le parquet,—les deux hommes qui avaient apporté les meubles ayant tout laissé là, négligemment. (p. 119)

When Emma sees Rodolphe for the first time, she views the market from the window in a fragmentary way:

De l'autre côté, il y avait des baraques de toile où l'on vendait des cotonnades, des couvertures, et des bas de laine, avec des licous pour les chevaux et des paquets de ruban bleus, qui par le bout s'envolaient au vent. De la grosse quincaillerie s'étalait par terre, entre les pyramides d'oeufs et les bannettes de fromages, d'où sortaient des pailles gluantes; près des machines à blé, des poules qui gloussaient dans des cages passaient leurs cous par les barreaux. (p. 158)

Flaubert's sentences are expanded in a rhythm of gratuitous accumulation. The description is a list of heterogeneous details that are not functional to the unfolding of the story (Emma's first view of Rodolphe); instead, the elements are placed in a different dimension other than the context of the characters. The objects appear as an incoherent mixture, as separate entities in an unstable collage: *Des cotonnades, des couvertures et des bas de laine avec des licous pour les chevaux et des paquets de rubans bleus.* As Raymonde Debray-Genette notes:

L'ordre se lit en morceaux et les objets se multiplient, comme si chacun tirait de son existence même de nombreuses existences possibles prêtes à être crachées par la bouche d'un diable. Il semble que ce type de description permet de freiner la tendance à l'interprétation symbolisante que suscite d'ordinaire toute description.[48]

The description of Homais' pharmacy is an assemblage of disparate names, caught in the emptiness of a 'stupid and parodic enumeration' that increases the writer's desire:

> Sa maison, de haut en bas, est placardée d'inscriptions écrites en anglaise, en ronde, en moulée: "Eau de Vichy, de Seltz et de Barèges robs dépuratifs, médicine Raspail, racahout des Arabes, pastilles Darcet, pâte Regnault, bandages, bains, chocolats de santé, etc." Et l'enseigne, qui tient toute la largeur de la boutique, porte en lettres d'or: *Homais, pharmacien.* Puis, au fond de la boutique, derrière les grandes balances scellées sur le comptoir, le mot *laboratoire* se déroule au-dessus d'une porte vitrée qui, à moitié de sa hauteur, répète encore une fois *Homais,* en lettres d'or, sur un fond noir. (pp. 107–108)

The repetition of apparent representational elements (labels) deconstructs mimetic representation. Therefore, critical interpretation is an activity always threatened by its possible gratuitousness: for Flaubert, the act of writing is *l'acte pur de bêtise* (*Corr.* VIII, p. 294). Instead of addressing a reader, the book about nothing is merely a blank wall, a model of stupidity. *Bêtise* is a matter of language, as such, "of the inescapable entry of the subject into a inherited system of categories and meanings and, as a refusal to understand, negates ordinary meaning to replace it with an open and exploratory *reverie.*"[49]

The description of Charles' cap is a monument of *bêtise:*

> C'était une de ces coiffures d'ordre composite, où l'on retrouve les éléments du bonnet à poil, du chapska, du chapeau rond, de la casquette de loutre et du bonnet de coton, une de ces pauvres choses, enfin, dont la laideur muette a des profondeurs d'expression comme le visage d'un imbécile. Ovoide et renflée de baleines, elle commençait par trois boudins circulaires; puis s'alternaient, séparés par une bande rouge, des losanges de velours et de poil de lapin; venait ensuite une façon de sac qui se terminait par un polygone cartonné, couvert d'une broderie en soutache compliquée, et d'où pendait, au bout d'un long cordon trop mince, un petit croisillon de fils d'or en manière de gland. Elle était neuve; la visière brillait. (p. 38)

The details are conveyed to stimulate several thematic connotations: Victor Brombert states that the cap symbolizes Charles' stupidity;[50] for Martin Turnell, the military elements in the cap allude to Charles' father, and the hat suggests a society structured in layers, each one exemplifying a particular type of stupidity.[51] According to Thibaudet, *"avec ses profondeurs d'expression muette comme le visage d'un imbécile, la casquette contient déjà tout Yonville-L'Abbaye."*[52] For Pierre Danger, the theme of the oval is a metaphor of *bêtise:*

the cap *ovoide et renflée de baleines* is the perfect expression of the bourgeois pride and of the ambition that Charles' mother has instilled in her child.[53]

It is true that Charles' incongruousness is emphasized by the way the cap is described: a synthesis of all ugly and uncomfortable headgear in existence; *trois boudins circulaires, losanges de velours, un polygone cartonné.* However, the excess of detail parodies these symbolic readings and blocks the forward movement of the narrative. In fact, Charles' cap is a heteroclite monument in a text that stimulates a quest for meaning and marks its limits at the same time. Instead of presenting the cap as coordination, the description presents the cap as chaos: it is a juxtaposition of heterogeneous and incongruous fragments taken from other fields of reference such as the wild-animal kingdom and the military field. In addition, the passage evidences a dissonance between the amalgamation of elements in the aimless initial enumeration and the cutting denotativeness of the last sentence in the description: *Elle était neuve; la visière brillait.* The rigid words of shape and construction (oval, circular, lozenge, polygon) are mixed in with words referring to various soft material (velvet, cardboard, gold) just as the bones of the whale are conjoined with the fur of the rabbit. For Ricardou the cap represents the descriptive textual activity:

> De la casquette, la description déclare qu'elle commençait. Mais une casquette ne commence pas. Le verbe commencer ne renvoie nullement à la casquette: il n'a pas de fonction représentative. Ce à quoi il renvoie, c'est à la description qui, elle, présente bien un commencement: il a une fonction auto-représentative.[54]

Pertaining to the adverbs *puis* and *ensuite,* neither one is applicable to the described objects whose parts are simultaneously in a referential dimension.[55] The description of the wedding-cake may refer to the movement of the literary text itself:

> A la base, d'abord c'était un carré de carton bleu figurant un temple avec portiques, colonnades et statuettes de stuc tout autour, dans des niches constellées d'étoiles en papier doré: puis se tenait au second étage un donjon en gâteau de Savoie, entouré de menues fortifications en angélique, amandes, raisins secs, quartiers d'oranges; et enfin, sur la plate-forme supérieure, qui était une prairie verte où il y avait des rochers avec des lacs de confiture et des bateaux en écales de noisettes, on voyait un petit Amour, se balançant à une escarpolette de chocolat, dont les deux poteaux étaient terminés par deux boutons de rose naturelle, en guise de boules, au sommet. (p. 62)

The cake is composed of three layers: it has a blue cardboard base, an imitation of a temple complete with porticoes, colonnade, and stucco statuette;

on top of that there is a castle-keep in Savoy cake with fortifications of almonds and raisins; the top layer is a green meadow with lakes of jam and a Cupid on a chocolate swing. "One could say that this object through the different layers, is an implicit comment on the degeneration of society from the religious age, through the heroic age, finally evolving into the placid age of the pastoral bourgeois."[56] Or, it could be the description of a cake expressly made for special occasions. Yet, just as all the components of Charles' cap were rendered meaningless by their transposition into the context of the cap, so both the temple and castle are devoid of their genuine significance as they are reduced to a series of devourable references: the description mocks the idea that one 'consumes,' or 'digests' meaning.[57] The wedding-cake is a pyramide of artifices, and the character of the objects is entirely unnatural: *le carton bleu figurant un temple, le donjon, la prairie verte*. The fragments disrupt coherence and define a self-contained style, independent of the lives of Charles and Emma: the base of the cake appears at the beginning of the passage, while the top is found at the end. Furthermore, the parts of the *pyramide* are presented in temporal succession *(D'abord, puis, enfin)*, instead of the simultaneous order that they normally follow in a referential dimension.

The description of M. Guillaumin's house reveals the tension between transparency and opacity:

> Un large poêle de porcelaine bourdonnait sous un cactus qui emplissait
> la niche, et, dans les cadres de bois noir, contre la tenture de papier de
> chêne, il y avait la Esméralda de Steuben, avec la Putiphar de Chopin.
> La table servie, deux réchauds d'argent, le bouton des portes en cristal,
> le parquet et les meubles, tout reluisait d'une propreté méticuleuse,
> anglaise; les carreaux étaient décorés, à chaque angle, par des verres de
> couleur. (p. 322)

The depiction is a reflection of Emma's *regard,* of her desire for luxury projected in the golden objects that she sees in the notary's house; also, it highlights the ambiguous character of M. Guillaumin. Yet, the objects are described in a manner that calls into question a referential or symbolic interpretation: they emerge as a heterogeneous enumeration of things that are unreal and out of context, and they focus on a message for its own sake.

Binet's lathe is one of the rare examples in which the narrator points out the uselessness of the object described:

> Il était seul, dans sa mansarde, en train d'imiter, avec du bois, une de
> ces ivoireries indescriptibles, composées de croissants, de sphères
> creusées les unes dans les autres, le tout droit comme un obélisque et ne
> servant à rien; et il entamait la dernière pièce, il touchait au but!
> (p. 325)

The napkin rings are completely non-functional, and they merely encumber his house:

> They represent the ultimate fetishism when all the energy and passion that should find meaning in what is symbolized by the wedding ring transfers itself to focus on the napkin ring, it is a shift from the procreational relationship of human beings to the solitary manufacture of non-functional holes.[58]

It seems that the descriptive details cease to be transmitters of concrete aspects of the action, as they attain significance independent of the lives of the characters. What Binet is 'copying' is indescribable, an incoherent assemblage of shapes that resemble an obelisk, far from having the meaning of those ancient monuments. The wood-carving is an elaborate series of spheres with no practical application. Also, the configuration of M. Lheureux's *coffre-fort* is grotesque and non-functional: *Contre le mur, sous des coupons d'indienne, on entrevoyait un coffre-fort, mais d'une telle dimension, qu'il devait contenir autre chose que des billets et de l'argent.* (p. 307) As well, the description of the toy of M. Homais' children contains bizarre details *(hors-texte)* that may represent a stylistic digression:

> Un âne à poils de lapin qui porte des noyaux de prunes en guise de cantaloups, des blanchisseuses lavant un linge absent dans un bassin sans eau. (p. 158)

Likewise, Emma's tomb is described as:

> Un mausolée qui devait porter sur deux faces principales une génie tenant une torche éteinte. Quant à l'inscription, Homais ne trouvait rien de beau comme: *Sta Viator,* et il en restait là. (p. 363)

In these maniacal lists of empty and useless details, the desire to give signification and the passion for mastery is doomed to failure: in fact, *si l'être se montre incapable d'élever, de transfigurer les choses, celles-ci prolifèrent lourdes d'une indifférence que nous ressentons comme un mépris silencieux.*[59] Thus, in *Bouvard and Pécuchet,* the collection of enormous objects, and the derisory museum will lead to an explosion of matter. As all of these objects have the disconcerting habit of breaking free of their meanings in the text-continuum, the critic is left with a sort of *malaise* reading Flaubert, in contrast with the easily-interpretable fictional universe of Balzac. The reader cannot decide between two possibilities: either attributing the thematic integrations to the descriptions, or being disoriented by Flaubert's excessive use of stylistic devices that undermine the interpretative process.

The Enlarged and Incongruous Style in the Descriptions of Crowds and Meals

> Ce livre, au point où j'en suis, me torture tellement ... que j'en suis parfois malade physiquement. Voilà trois semaines que j'ai souvent des douleurs à défaillir. D'autres fois, ce sont des oppressions ou bien des envies de vomir à table. Tout me dégoûte. ... Il est certain, que je suis tenté parfois de foutre tout là, et la Bovary d'abord. Quelle sacrée maudite idée j'ai eu de prendre un sujet pareil! Ah! Je les aurai connues, les affres de l'Art! (A Louise Colet, 17–18 Oct. 1853)

Most of the descriptions of crowds and meals in *Madame Bovary* display an enlargement of stylistic features that reveals the incongruousness and artificiality of metaphors and the problematic of textuality. Art wavers between the traditional communication of a message and the annihilation of mimesis in order to allow an abstract and absolute transcendence toward pure formal beauty. The *dégoût* felt by Flaubert is the nausea and frustration that follow the desire of possessing the world and matter through the power of Art and Style. Recuperation is the process of making details into *signifiants* and naming their *signifiés*. The problem of the realist writer is to make something full out of the endless enumerations, so that description can have a decisive role in the narrative. While in Balzac's novels the drive towards meaning is extremely powerful, the ambiguity of Flaubert's style becomes manifest in instances such as the description of the guests at Charles and Emma's wedding:

> Suivant leur position sociale différente, ils avaient des habits, des redingotes, des vestes, des habits-vestes; ... redingotes à grandes basques flottant au vent, à collet cylindrique, à poches larges comme des sacs; vestes de gros drap, qui accompagnaient ordinairement quelque casquette cerclée de cuivre à sa visière; habits-vestes très courts, ayant dans le dos deux boutons rapprochés comme un paire d'yeux, et dont les pans semblaient avoir été coupés à même un seul bloc par la hache du charpentier. ... Et les chemises sur les poitrines bombaient comme des cuirasses! Tout le monde était tondu à neuf, les oreilles s'écartaient des têtes, on était rasé de près; quelques-uns même, qui s'étaient levés dès avant l'aube, n'ayant pas vu clair à se faire la barbe, avaient des balafres en diagonale sous le nez, ou, le long des machoîres, des pelures d'épiderme larges comme des écus de trois francs. (p. 61)

It is true that the order of details leads us to view the passage as elevating the characters of Charles and Emma above the vulgarity and mediocrity of the environment; yet, the enlarged style and the incongruousness of certain metaphors may undermine a mimetic or symbolic meaning: *les chemises sur les poitrines bombaient comme des cuirasses; des pelures d'épiderme larges comme des écus de trois francs*. As Marcel Proust has clearly indicated, serious objections could be directed against the ground of some of Flaubert's metaphors: expressiveness is achieved through doubtful analogies, and one notices "the alleged similarity between tenor and vehicle, or the odd manner in which the similarity is conveyed."[60] In the metaphors the beauty of the signifier establishes an ironic contrast with the emptiness of the signified.

The description of the wedding-meal is another example of excessive literariness:

> C'était sous le hangar de la charretterie que la table était dressée. Il y avait dessus quatre aloyaux, six fricassées de poulets, du veau à la casserole, trois gigots et, au milieu, un joli cochon de lait rôti, flanqué de quatre andouilles à l'oseille. Aux angles, se dressait l'eau-de-vie, dans des carafes. Le cidre doux en bouteilles poussait sa mousse épaisse autour des bouchons et tous les verres d'avance, avaient été remplis de vin jusqu'au bord. De grands plats de crème jaune, qui flottaient d'eux-mêmes au moindre choc de la table, présentaient, dessinés sur leur surface unie, les chiffres des nouveaux époux en arabesque de nonpareille. (p. 62)

This meal may be considered simply as a mimetic passage that represents the abundance of a Norman country feast; it is revelatory of the food theme, common in Flaubert: the appetite for the inaccessible, the voracious desire to possess experience, and the tragedy of indigestion. Additionally, the gastronomic sensations contain erotic connotations: *de grands plats de crème jaune, qui flottaient d'eux-mêmes*. According to Brombert, meals and digestive processes punctuate a monotonous existence that condemns Emma to an imprisonment.[61] However, some of the elements are described to the point of excess, so that the desire to possess matter might lead to the *vide absolu: Le cidre doux en bouteilles poussait sa mousse épaisse autour des bouchons et tous les verres d'avance avaient été remplis de vin jusqu'au bord*. There exists a continuous tension between the desire for signification and shape, and the inadequacy of the literary means.[62]

On the one hand, the description of the table and meal at La Vaubyessard exhibits an 'indigestion of style':

Emma se sentit, en entrant, enveloppée par un air chaud, mélange du
parfum des fleurs et du beau linge, du fumet des viandes et de l'odeur
des truffes. Les bougies des candélabres allongeaient des flammes sur
les cloches d'argent; les cristaux à facettes, couverts d'une buée mate,
se renvoyaient des rayons pâles; des bouquets étaient en ligne sur toute
la longueur de la table, et, dans les assiettes à large bordure, les
serviettes, arrangées en manière de bonnet d'évêque, tenaient entre le
bâillement de leurs deux plis chacune un petit pain de forme ovale. Les
pattes rouges des homards dépassaient les plats; de gros fruits dans des
corbeilles à jour s'étageaient sur la mousse; les cailles avaient leurs
plumes, des fumées montaient. (p. 82)

Paradoxically, on the other hand, the careful ordering of space in the description
gives the reader an impression of reality:

Les bougies des candélabres allongeaient des flammes; des bouquets
étaient en ligne sur toute la longueur de la table; les serviettes,
arrangées en manière de bonnet d'évêque; de gros fruits dans des
corbeilles à jour s'étageaient sur la mousse.

On the symbolic level, the long and precise enumeration is associated with
Emma's desire for luxury, in that it represents the aesthetic abundance of the
aristocratic order in contrast with the *petite bourgeoisie*.[63] Richard identifies a
hysterical appetite related to the sexual desire that provokes a sense of nausea, as
the mind becomes aware that to know everything is to know nothing. Therefore,
the insistence on the food theme reflects both the voracious desire to possess
experience, and the impossibility of mastering the object—this tension leads to
the dissolution of the being.[64]

Also, the scene of the ball and the guests at La Vaubyessard leaves us
undecided between transparency and opacity:

Sur la ligne des femmes assises, les éventails peints s'agitaient, les
bouquets cachaient à demi le sourire des visages et les flacons à
bouchon d'or tournaient dans des mains entr'ouvertes dont les gants
blancs marquaient la forme des ongles et serraient la chair au poignet.
Les garnitures de dentelles, les broches de diamant, les bracelets à
médaillon frissonnaient aux corsages, scintillaient aux poitrines,
bruissaient sur les bras nus. (p. 84)

The description of the aristocratic women is based on significant details
emphasizing Emma's desires and a space of pleasure and solemnity: *les
garnitures de dentelles, les broches de diamant, les bracelets à médaillon*. In
fact, the ball and meal unite solemnity and pleasure, even though they take place

in an atmosphere of aristocratic decadence. However, the passage evidences a fragmentation of bodies, and the manner in which the detail is detached from the entity or body it should represent.[65]

In the pictorial scene of the crowd in the Rouen theatre, the desire of Emma and the narrator manifests itself in images whose concreteness and irrelevance trivialize it:

> Il faisait beau; on avait chaud; la sueur coulait dans les frisures, tous les mouchoirs tirés épongeaient des fronts rouges; et parfois un vent tiède, qui soufflait de la rivière, agitait mollement la bordure des tentes en coutil suspendues à la porte des estaminets. Un peu plus bas, cependant, on était rafraîchi par un courant d'air glacial qui sentait le suif, le cuir et l'huile. C'était l'exhalaison de la rue des Charrettes, pleine de grands magasins noirs où l'on roule des barriques. ... La salle commençait à se remplir, on tirait les lorgnettes de leurs étuis, et les abonnés, s'apercevant de loin, se faisaient des salutations. ... On voyait là des têtes de vieux, inexpressives et pacifiques, et qui, blanchâtres de chevelure et de teint, ressemblaient à des médailles d'argent ternies par une vapeur de plomb. Les jeunes beaux se pavanaient au parquet, étalant, dans l'ouverture de leur gilet, leur cravate rose ou verte-pomme. (pp. 247–248)

In the first part of the portrayal the descriptive elements, such as *la sueur, les mouchoirs tirés, le suif, le cuir et l'huile,* represent Emma's sense of suffocation, while her desire for 'fresh air' is symbolized by *l'exhalaison de la rue de Charrettes.* The description may be functional inasmuch as it highlights Emma's neurotic nature. Instead, in the enumeration of the spectators the metaphors are incongruous and artificial: *des têtes de vieux, inexpressives et pacifiques, et qui, blanchâtres de chevelure et de teint, ressemblaient à des médailles d'argent ternies par une vapeur de plomb.* Here the metaphor is a radical instrument of a dehumanization of style: "the tendency toward a purification of art would effect a progressive elimination of the human elements predominant in romantic and naturalistic production."[66] Flaubert uses, and undermines the conventions, at the same time. For him, writing is nothing less than a heroic ideal, the pursuit of perfection in the face of impossible odds: at times form is dissociated from the idea, and becomes an empty rhetorical exercise.[67] Meanwhile, the impotent writer continues, knowing fully well his incapacity to reach a satisfactory end.

The enumeration of the animals at the *Comices Agricoles* is ambiguous:

> Les bêtes étaient là, le nez tourné vers la ficelle, et alignant confusément leurs croupes inégales. Les porcs assoupis enfonçaient en terre leur groin; les veaux beuglaient; des brêbis bêlaient; les vaches, en

jarret replié, étalaient leur ventre sur le gazon et, ruminant lentement, clignaient leurs paupières lourdes sous les moucherons qui bourdonnaient autour d'elles. Des charretiers, les bras nus, retenaient par le licou des étalons cabrés qui hennissaient à pleins naseaux du côté des juments. Elles restaient paisibles, allongeant la tête et la crinière pendante, tandis que leurs poulains se reposaient à leur ombre, où venaient les têter quelquefois; ... A l'écart, en dehors des lices, cent pas plus loin, il y avait un grand taureau noir muselé portant un cercle de fer à la narine, et qui ne bougeait pas plus qu'une bête de bronze. (p. 168)

The description creates an illusion of reality by giving the reader a comprehensive display of the social *milieu* of the farmers' life in the nineteenth century. Furthermore, it is a mental image of Emma's feelings of repulsion for that lifestyle. Nevertheless, the function of the meaningful detail is undone by the exacerbation of descriptive forms, and by an enumeration of inconsistent images that escape a coherent system of interpretative recuperation: *les bêtes, alignant confusément leurs croupes inégales ... les porcs assoupis enfonçaient en terre leur groin.*[68] For Michel Crouzet, the entire scene of the *Comices* is grotesque and insignificant: *Tout est grand et à son comble en cette fête, de l'éloge et du palmarès. ... L'hyperbole fixe l'idée de la bêtise.*[69]

In reality, Flaubert is doomed to remain in a state of tension between the possibility of representation through style, and the fog of indifferentiation that provokes a continuous state of desire.

Portraits and Meaning

La lecture du portrait 'réaliste' n'est pas une lecture réaliste: c'est une lecture cubiste: les sens sont des cubes, entassés, décalés, juxtaposés et cependant mordant les uns sur les autres, dont la translation produit tout l'espace du tableau, et fait de cet espace même un sens supplémentaire: celui du corps humain: la figure n'est pas le total, le cadre ou le support des sens, elle est un sens de plus: une sorte de paramètre diacritique. (Roland Barthes)[70]

In addition, portraits in *Madame Bovary* are subject to an interpretative ambiguity. For instance, a symbolic recuperation is apparently possible in the description of Emma's body, as viewed by Charles' masculine gaze:[71]

Elle ne répondit rien; mais, tout en cousant, elle se piquait les doigts, qu'elle portait ensuite à sa bouche pour les sucer. Charles fut surpris de la blancheur de ses ongles. Ils étaient brillants, fins de bout, plus nettoyés que les ivoires de Dieppe, et taillés en amande. Sa main pourtant n'était pas belle, point assez pâle, peut-être, et un peu sèche aux phalanges; elle était trop longue aussi et sans molles inflexions de lignes sur les contours. Ce qu'elle avait de beau, c'étaient les yeux: quoiqu'ils fussent bruns, ils semblaient noirs à cause de ses cils, et son regard arrivait franchement à vous avec une hardiesse candide. ... Son cou sortait d'un col blanc, rabattu. Ses cheveux, dont les deux bandeaux noirs semblaient chacun d'un seul morceau, tant ils étaient lisses, étaient séparés sur le milieu de la tête par une raie fine, qui s'enfonçait légèrement selon la courbe du crâne; et, laissant voir à peine le bout de l'oreille, ils allaient se confondre par derrière en un chignon abondant, avec un mouvement ondé vers les tempes, que le médecin de campagne remarqua pour la première fois. Ses pommettes étaient roses. (pp. 48–50)

Emma appears here as a projection of Charles' desire: her portrait connotes both a sense of feminine sensuality, and a maternal fluidity, at the same time. The sucking of the fingers, among numerous other details, reveals Emma's sensual nature.[72] Details are integrated in the themes of the novel (Emma's sensual desire that can never be satisfied): the fleshy lips that she has a habit of biting when she is silent; the small beads of perspiration that the wind seems to caress *on voyait sur ses épaules nues de petites gouttes de sueur,* (p. 55) suggest a strong erotic potential that finds its symbolic awakening during the dance at La Vaubyessard. The water drops could be the metaphorical expression of her life in its measured profusion and intimate languor, a description of a woman ready for sensuality and erotic encounters:

Et la tête en arrière, les lèvres avancées, le cou tendu, elle riait de ne rien sentir, tandis que le bout de sa langue, passant entre ses dents fines, léchait à petits coups le fond du verre. (p. 56)

The description has a subjective value, in revealing Charles' emotions. As Eric Gans claims, Charles may not understand Emma's actions as well as the reader; nonetheless, he is attracted by them as they stimulate his desire.[73] Yet, though a few details are given about her face and body, she is not precisely described; she is *morcelée* by Charles' eye, and by Flaubert's text.

In the classical realist novel a portrait should gather all the parts of the body in order to convey an illusion of totality, as exemplified in this description of Madame Grandet in Balzac's *Eugenie Grandet*:[74]

Madame Grandet était une femme sèche et maigre, jaune comme un coing, gauche, lente; une de ces femmes qui semblent faites pour être tyrannisées. Elle avait de gros os, un gros nez, un gros front, de gros yeux, et offrait, au premier aspect, une vague ressemblance avec ces fruits cotonneux qui n'ont plus ni saveur ni suc. Ses dents étaient noirs et rares, sa bouche était ridée, et son menton affectait la forme dite en galoche. C'était une excellente femme, une vraie La Bertellière.[75]

Instead, in Emma Bovary's portrait, the fragmentation of the body does not lead to totality: *Charles fut surpris de la blancheur de ses ongles ... Sa main pourtant n'était pas belle ... Son cou sortait d'un col blanc, rabattu. ... Ses cheveux ... étaient séparés sur le milieu de la tête par une raie fine.* This description contrasts with the following portrait of Charles viewed by Emma, which reaches a totalizing configuration:

> Charles était là. Il avait sa casquette enfoncée sur les sourcils, et ses deux grosses lèvres tremblotaient, ce qui ajoutait à son visage quelque chose de stupide; son dos même, son dos tranquille était irritant à voir, et elle y trouvait étalée sur la redingote toute la platitude du personnage. (p. 134)

Emma's view of Charles is conditioned by her mood: the portrait emphasizes Charles' mediocrity, and it reveals Emma's feelings of repulsion for him. The more Emma reflects on her boredom, the uglier and more vulgar Charles becomes. As Danger indicates:

> Quand elle n'est pas objet de séduction et de fascination, la perception de l'autre est toujours plus ou moins insupportable. L'acuité du regard se manifeste alors par une remarquable aptitude à saisir le petit détail ridicule afin de réduire cette présence envahissante à quelques signes dérisoires et rassurants.[76]

The components reveal Charles Bovary's *platitude.* Likewise, details in the ugly description of Binet emphasize his dry and sinister figure:

> Il était vêtu d'une redingote bleue, tombant droit d'elle-même tout autour de son corps maigre, et sa casquette de cuir, à pattes nouées par des cordons sur le sommet de sa tête, laissant voir, sous la visière relevée, un front chauve qu'avait déprimé l'habitude du casque. ... Pas un poil ne dépassait la ligne de son collier blond, qui, contournant la mâchoire, encadrait comme la bordure d'une plate-bande sa longue figure terne, dont les yeux étaient petits et le nez busqué. (p. 110)

This description of the pharmacist Homais connotes his self-centered personality that makes him one of Flaubert's several figures of *bêtise,* a satire of the bourgeois:

Un homme en pantoufles de peau verte, quelque peu marqué de petite vérole et coiffé d'un bonnet de velours à gland d'or, se chauffait le dos contre la cheminée. Sa figure n'exprimait rien que la satisfaction de soi-même, et il avait l'air aussi calme dans la vie que le chardonneret suspendu au-dessus de sa tête, dans une cage d'osier: c'était le pharmacien. (p. 109)

These images contrast with Léon's portrait that appears to be *morcelé* to the viewer, Emma:

Le froid qui le pâlissait semblait déposer sur sa figure une langueur plus douce; entre sa cravate et son cou, le col de sa chemise, un peu lâche, laissait voir la peau; un bout d'oreille dépassait sous une mèche de cheveux, et son grand oeil bleu, levé vers les nuages, parut à Emma plus limpide et plus beau que ces lacs des montagnes où le ciel se mire. (p. 135)

In the family portraits that Madame Bovary sees at La Vaubyessard, the function of the meaningful detail regarding names and portraits is threatened by the scattered fragments of the portrayal:

Brunissant les toiles horizontales, elle (Emma) se brisait contre elles en arêtes fines, selon les craquelures du vernis; et de tous ces grands carrés noirs bordés d'or sortaient, çà et là, quelque portion plus claire de la peinture, un front pâle, deux yeux qui vous regardaient, des perruques se déroulant sur l'épaule poudrée des habits rouges, ou bien la boucle d'une jarretière en haut d'un mollet rebondi. (p. 82)

Distorsions in Portraits
Some portraits in the novel appear to be disfigured. However, realist fiction commonly exhibits distortions imposed by an observer, and these incongruities do not obviate readability, so that a thematic reading is feasible in the following portrait of the priest Bournisien:

La lueur du soleil couchant, qui frappait en plein son visage, pâlissait le lasting de sa soutane, luisante sous les coudes, effiloquée par le bas. Des taches de graisse et de tabac suivaient sur sa poitrine large la ligne des petits boutons, et elles devenaient plus nombreuses en s'écartant de son rabat, où reposaient les plis abondants de sa peau rouge; elle était semée de macules jaunes qui disparaissaient dans les poils rudes de sa barbe grisonnante. (p. 145)

The priest is presented in all his ugliness: his view sets the tone of the ensuing conversation, and makes it impossible for Emma to receive comfort from him. It is possible to read this description as a parody of the religious habit, in that it evidences the mediocre and grotesque features of Bournisien: *Sa peau rouge était semée de macules jaunes qui disparaissaient dans les poils rudes de sa barbe grisonnante.*[77]

The portrait of the Blind Man appears in a disfigured manner that accentuates a symbolic function instead of a realistic one. Thus, the *aveugle* mirrors the perversion, decay, and blindness of Emma's life:

> Il y avait dans la côte un pauvre diable vagabondant avec son bâton, tout au milieu des diligences. Un amas de guenilles lui recouvrait les épaules, et un vieux castor défoncé, s'arrondissant en cuvette, lui cachait la figure; mais, quand il le retirait, il découvrait à la place des paupières, deux orbites béantes toutes ensanglantées. La chair s'effiloquait par lambeaux rouges; et il en coulait des liquides qui se figeaient en gales vertes jusqu'au nez, dont les narines noires reniflaient convulsivement. (p. 291)

Finally, the distorted description of the *Suisse* at the Cathedral of Rouen is a reflection of Léon's troubled fantasy, and it features the secondary character of the guard *(Le Suisse)* that will play an important role in the strange scene of Emma and Léon in the Cathedral.. Furthermore, the portrait reflects Flaubert's hostility toward religion:

> Le suisse, alors, se tenait sur le seuil, au milieu du portail à gauche, au-dessus de la Marianne dansant, plumet en tête, rapière au mollet, canne au poing, plus majestueux qu'un cardinal et reluisant comme un saint ciboire. (p. 264)

In summary, the descriptions analyzed in this chapter show the tension between transparency and opacity in Flaubert's attempt to give shape to figurations, and the tendency for the reader's critical process to stop short of any stable meaning. Yet on the surface, and paradoxically, *Madame Bovary* remains a readable text depicting a familiar world that is easily identified by the reader.

Notes

1. Ross Chambers argues that "the novel employs a duplicitous strategy that makes use of the narrative function to deliver a relatively reassuring

message while a more subversive and disturbing textual function hangs back."
See Ross Chambers, *The Writing of Melancholy: Modes of Opposition in Early
French Modernism* (Chicago: The University of Chicago Press, 1993), p. 21.

2. See Eric Gans, *Madame Bovary: The End of Romance* (Boston:
Twayne Publications, 1989), p. 8.

3. When the novel appeared in the *Revue de Paris* from October 1 to
December 15, its realism and apparent nagativeness shoked the Revue. See
Gans, p. 46.

4. Ibid., p. 1.

5. La Capra, p. 171.

6. Emile Zola, *Le Roman expérimental* (Paris: E. Fasquelle, 1923), p. 190.

7. Thematic criticism aims to seek the work's meaning within itself or
within the corpus of the author's works. The assumption is that an author does
not explain everything, and that the task of criticism is to bring out what the
author has implied or hidden.

8. See Barthes, *S/Z* (Paris:Seuil, 1970), p. 12: "Dans ce texte idéal, les
réseaux sont multiples et jouent entre eux, sans qu'aucun puisse coiffer les
autres; ce texte est une galaxie de signifiants, non une structure de signifiés; il
n'a pas de commencement; il est réversible; […] les codes qu'il mobilise se
profilent à perte de vue, ils sont indécidables."

9. See Brombert, p. 47.

10. For Dennis Porter, "On the one hand, the passage evokes erotic
expectation on the representational level. On the other hand, it is a tissue of
patterned sounds that generates a concurrent pleasure in the reader, not because
of a natural connection between sound and sense, but because as we read, we are
obliged to play the instrument constituted by our organs of speech." Dennis
Porter, "*Madame Bovary* and the Question of Pleasure," in Naomi Schor ed.,
Flaubert and Post-Modernism (Lincoln: University of Nebraska Press, 1984),
p. 126.

11. For Gans, the description of the *château* as of modern construction in
the Italian style, is an indication that the nobility has been reduced to a series of
empty but prestigious signs within bourgeois society. Gans, p. 89.

12. See Danger, p. 108: "Douceur des courbes, douceur des couleurs et des
matières, la brume enveloppe tout cela et le spectacle même des vâches qui
paissent ou de la rivière ajoute au calme de l'ensemble." See Rannveig
Yeatman's article, "Le chateaû de la Vaubyssard: l'enchantement d'Emma
Bovary," *Dalhousie French Studies* 29 (Winter 1994):169–180.

13. Brombert, p. 61.

14. Hamon, *Introduction à l'analyse du descriptif*, p. 112. For the
discussion on the emphasizing role of description see p. 77: "La description
focalise, met en relief, joue le rôle d'un intensificateur."

15. For the interpretation of the water imagery in the novel as "flux libidinal" see Jean-Pierre Richard, *Microlectures* (Paris: Seuil, 1979), p. 277: "Les eaux sauvages sont figuration d'un flux libidinal. [...] Leur sauvagerie renvoie au voeu d'une spontanéité superlative, celle qui consiste à se laisser entraîner comme par le rêve, le lit d'une future jouissance." D. A. Williams, "Water Imagery in *Madame Bovary*," *Forum for Modern Language Studies* 13 (1977):70–82.

16. Demorest, p. 471. The passage to which Demorest is referring is the following: "Ça et là, tout autour d'elle, dans les feuilles ou par terre, des taches lumineuses tremblaient, comme si des colibris, en volant, eussent éparpillé leurs plumes. Le silence était partout; quelque chose de doux semblait sortir des arbres; elle sentait son coeur [...] et le sang circuler dans sa chair comme un fleuve de lait. Alors, elle entendit tout au loin, au delà des bois, sur les autres collines, un cri vague et prolongé, une voix qui se traînait." (pp. 189–190)

17. Jacques Derrida, *L'écriture et la différence* (Paris: Seuil, 1967), p. 42.

18. *Revue Bleu*, 26 Janvier, 1884.

19. See Tony Tanner, *Adultery in the Novel* (Baltimore and London: The John Hopkins University Press, 1979), p. 320: "Emma is now the point at which the confusion of categories, qualities, and substances maximizes itself, and all that is ascertainable about the result may be read in the hideous degenerative metamorphoses her body undergoes as she submits to the final stage in her journey into indistinction."

20. On this subject, see Ingrid's G. Daemmrich's interesting essay, "Motif Inversion as Homage: Landscape and Wanderer-Shelter in the Works of Goethe and Flaubert," *Nineteenth Century French Studies* 18 (Spring-Summer, 1990):441–442.

21. According to Williams the view that description in Flaubert is never gratuitous, but always meaningful in relationship to a character or a situation, is well established: "It is often the case in Flaubert that "Le mouvement même de la description suit dans le détail le mouvement du regard qui est en train de le vivre." Williams, p. 71; See also Raymonde.Debray-Génette, "Du mode narratif dans les *Trois Contes*," *Littérature* 2 (1971):39–62.

22. *Madame Bovary*, p. 143: "Par les barreaux de la tonnelle et au-delà tout alentour, on voyait la rivière dans la prairie, où elle dessinait sur l'herbe des sinuosités vagabondes."

23. Ibid. p. 155: "La rivière coulait toujours et poussait lentement ses petits flots le long de la berge glissante."

24. Williams, p. 82.

25. Jean Rousset, "*Madame Bovary* ou le livre sur rien," in *Forme et signification* (Paris: Seuil, 1962), p. 133.

26. Jean Ricardou, "Bélligerance du texte," in Claudine Gothot-Mersch ed., *La Production du sens chez Flaubert* (Paris: Actes du Colloque de Céricy, 1975), p. 100.

27. For the consideration of Flaubert's descriptions as contemplative and silent spaces see Gérard. Génette, "Silences de Flaubert," in *Figures* (Paris: Seuil, 1966), p. 234: "Plus souvent la description se développe pour elle-même. L'abondance des descriptions ne répond pas seulement chez lui, comme chez Balzac, à des nécessités d'ordre dramatique, mais d'abord à ce qu'il nomme lui-même l'amour de la contemplation."

28. See Hamon, *Introduction à l'analyse du descriptif,* p. 12: "La description doit être au service de la composition, de la lisibilité d'un caractère, donc de la lisibilité globale du système des personnages de l'oeuvre, donc d'une cohérence."

29. Leo Bersani considers all of Flaubert's descriptions as pictorial and polished fragments which give us an impression of a superfluous compositional beauty: "With his characteristic economy and attention to detail, Flaubert avoids the Balzacian comprehensiveness which reminds us that what we have is a literary study of a scene rather than an immediate impression of it." Leo Bersani, *Balzac to Beckett,* p. 185.

30. Barthes, *Le Plaisir du texte,* p. 18.

31. D.Y. Kadish distinguishes four functions of literary description: 1) connotative and syntagmatic; 2) connotative and non-syntagmatic; 3) non-connotative and syntagmatic; 4) non-connotative and non-syntagmatic. See Doris Y. Kadish, "Two Semiological Features of Four Functions of Description," *Romanic Review* 10 (1979):279–298.

32. Michael Riffaterre, "Descriptive Imagery," *Yale French Studies,* New Haven (1980):108.

33. Albert Thibaudet, *Flaubert* (Paris: Gallimard, 1935), pp. 105–108.

34. Culler, p. 76.

35. Nathaniel Wing, *The Limits of Narrative* (New York: Cambridge University Press, 1986), p. 44. On this subject, see also Gans, pp. 91–92.

36. See Miekie. Bal, "Fonction de la description romanesque: la description de Rouen dans *Madame Bovary,*" *Revue des langues vivantes* 40 (1974):133–149; Bal, "Théorie de la description: l'example de *Madame Bovary,*" in *Flaubert, la dimension du texte* (Manchester: Manchester University Press, 1982).

37. Bersani, p. 187.

38. Williams views this passage as a way of commenting on the behavior of the cab's occupants: Emma and Léon are reduced to the level of inanimate matter possessed by a *fureur de locomotion,* and this is a way of mocking their vain attempts of transcending the materiality of sexual desire. D.A. Williams,

"Flaubert, le premier des non-figuratifs du roman moderne?," *Orbis Litterarum: International Review of Literary Studies* 34 (1979):74.

39. La Capra, p. 163.

40. Raymonde. Debray-Génette, "Génétique et poétique: le cas Flaubert," in *Essais de critique génétique* (Paris: Flammarion, 1979), p. 63.

41. Claude Duchet, "Roman et objets: l'exemple de *Madame Bovary*," *Europe* 12 (1969):181.

42. Ibid., p. 184.

43. Barthes, "L'effet de réel," in *Littérature et réalité* (Paris: Seuil, 1982), p. 89.

44. Tony Tanner defines fetichism as "that displacement of libidinal feeling from the complete sexual identity of the other, to an ancillary object, some adjunct or appartenance, or to some portion of the body." Tanner, p. 287; Yeatman, p. 174.

45. Martin Turnell, *The Rise of the French Novel* (New York: Directions Books, 1978), p. 194.

46. For example, this description of the objects at "la pension Vauquer," expressively connotes Madame Vauquer's ugliness: "La cheminée en pierre, dont le foyer toujours propre atteste qu'il ne s'y fait du feu que dans les grandes occasions, est ornée de deux vases pleins de fleurs artificielles, vieillies et encagées, qui accompagnent une pendule en marbre bleuâtre du plus mauvais goût. Cette première pièce exale une odeur sans nom dans la langue, et qu'il faudrait appeler l'odeur de pension." Honoré de Balzac, *Le père Goriot* (Paris: Garnier, 1961), p. 10.

47. Barbey d'Aurevilly, *Le Roman contemporain* (Paris: Lemeurre, 1902), quoted by J. J. Demorest, "L'Intendance des choses," in Charles Carlut eds., *Essais sur Flaubert: en l'honneur du professeur Demorest* (Paris: Nizet, 1979), p. 100.

48. Debray-Génette, "Description, dissection: *Par les champs et par les grèves*," in P. M. Wetherill ed., *Flaubert, La dimension du texte* (Manchester: Manchester University Press, 1982), p. 151. In *Bouvard et Pécuchet* this process leads to an explosion of matter, and makes the critical enterprise increasingly problematic.

49. Culler, p. 185.

50. See Brombert, p. 41.

51. See Turnell, p. 189.

52. Thibaudet, p. 98.

53. See Danger, p. 263.

54. Jean. Ricardou, "Belligérance du texte" in *La production du sens chez Flaubert*, p. 100. This strange description recalls the odd image of the spot left by an insect in Alain Robbe-Grillet's *La jalousie*: "La tache commence par s'élargir, un des côtés se gonflant pour former une protubérance arrondie, plus

grosse à elle seule que l'objet initial. Mais, quelques millimétres plus loin, ce ventre est transformé en une série de minces croissants concentriques, qui s'amenuisent pour n'être plus que des lignes, tandis que l'autre bord de la tache se rêtracte en laissant derrière soi une appendice pédonculée. Celui-ci grossit à son tour, un instant, puis tout s'efface d'un seul coup." Alain Robbe-Grillet, *La jalousie* (Paris: Editions de Minuit, 1957), p. 127. However, here the attempt to interpret is further suspended, because of the impossibility of referring the description to identifiable categories.

55. For Culler, "There is none of the existential cosiness, derived from a faith in the intelligibility of the world, which reassures the readers of Balzac's descriptions: only an emptiness, in the guise of linguistic despair." Culler, p. 93. See also Chambers, *The Writing of Melancholy,* p. 19: "We have here a text that expresses its autonomy only through a language of idiocy that throws into question any possibility of individualism in relation to its invasive context."

56. Tanner, p. 285.

57. According to Joyce Lowrie, the book is made of "an *ensemble de feuilles,* an accumulation of pages glued togethe, creating, thereby, a *pièce montée.* [...] To partake of the cake, in other words, is to ingest the text." Joyce O. Lowrie, "Let Them Eat the Cake: the Irony of La pièce montée in *Madame Bovary,*" *Romanic Review* 82 (Nov. 1990):430.

58. Tanner, p. 256. Tanner indicates that Binet's lathe could be a symbol of Emma's existence itself which has been transformed into napkin rings, serving no purpose.

59. Demorest, "L'Intendance des choses" in Charles. Carlut, ed., *Essais sur Flaubert en l'honneur du professeur Demorest* (Paris: Nizet, 1979), p. 260.

60. Stephen Ullman, *Style in the French Novel* (New York: Barnes and Noble, 1964), p. 230; For a detailed discussion see Marcel Proust, "A propos du style de Flaubert," in Raymonde Debray Genette ed., *Flaubert* (Paris: Firmin-Didier, 1970), p. 47: "Je crois que la métaphore seule peut donner une sorte d'éternité au style, et il n'y a peut-être dans tout Flaubert une seule belle métaphore. Bien plus, ses images sont généralement si faibles qu'elles ne s'élèvent guère au-dessus de celles que pourraient trouver ses personnages les plus insignifiants."

61. See Brombert, p. 51.

62. Flaubert states in the *Correspondance*: "Le plastique-c'est-à-dire l'opération par laquelle la statue emerge elle-même de la pâte,—devient de plus en plus impossible, avec nos langues circonscrites et précises et nos idées vagues, mêlées, insaisissables. Tout ce qui nous pouvons faire, c'est donc, à force d'habilité, de serrer plus raides les cordes de la guitare tant de fois raclées et d'être surtout des virtuoses, puisque la naiveté à notre époque est une chimère. (*Corr.* III, 264)

63. Referring to this particular passage, Gans points out that what matters here is not the food itself, but "the accompanying connotations of paradisal plenty and grace." Gans, p. 86.

64. See Richard, pp. 124–125.

65. According to Rannveig Yeatman, one soon realizes that the verbs in the passage ("s'agitaient," "cachaient," "serraient," "frissonaient,") have objects as subjects, while the characters are barely visible behind the accessories of the décor that dominate the scene: "Ce procédé engendre un glissement de sens qui illustre le transfert d'émotions de la personne qui observe à l'objet observé." Yeatman, p. 172.

66. José Ortega Y Gasset, *The Dehumanization of Art* (Princeton University Press, 1968), p. 12.

67. In his analysis of *La temptation de Saint Antoine,* Macherey points out that both the saint and the writer are obsessed by images and "exhaust themselves in a vain attempt to capture an object which vanishes before their very eyes." Pierre Macherey, *The Object of Literature,* translated by David Macey (New York: Cambridge University Press, 1995), p. 178.

68. With regard to the scene of the *Comices Agricoles,* Flaubert wrote in his *Correspondance:* "Je refais et rabote mes comices, que je laisse à leur point. Depuis lundi je crois leur avoir donné beaucoup de mouvement et je ne suis pas peut-être loin de l'effet. Mais quelles tortures ce polisson de passage m'aura fait subir! Je fais des sacrifices de détail qui me font pleurer, mais enfin il le faut! Quand on aime trop le style, on risque de perdre de vue le but même de ce qu'on écrit." (A Louise Colet, 3 Nov. 1853) in G. Bollème ed. of the *Correspondance,* p. 157.

69. Crouzet, pp. 162–164. Another passage that reveals an explosion of style is the following: "Tous ces gens se ressemblaient. Leurs molles figures blondes, un peu halées par le soleil, avaient la couleur du cidre doux, et leurs favoris bouffants s'échappaient de grands cols roides, que mantenaient des cravates blanches à rosette bien étalée. Tous les gilets étaient de velours, à châle; toutes les montres portaient au bout d'un long ruban quelque cachet ovale en carnaline; et l'on appuyait ses deux mains sur deux cuisses, en écartant avec soin la fourche du pantalon, dont le drap non décati reluisait plus brillament que le cuir des fortes bottes." (p. 171)

70. Barthes, *S/Z,* pp. 67–68.

71. According to Jean Rousset, "Ce qui demeure indéniable, et visiblement intentionnel, c'est que, durant tout le préambule, Charles forme centre et projecteur, qu'on ne le quitte pas un instant et qu'Emma n'est vue qu'à travers lui, qu'on ne sait d'elle que ce qu'il en apprend, que les seuls mots qu'elle prononce sont ceux qu'elle lui dit et que nous n'avons pas la moindre idée de ce qu'elle pense ou sent réellement. Emma nous est montrée systématiquement de l'extérieur: ainsi le veut le point de vue de Charles." Jean Rousset, "*Madame*

Bovary ou le livre sur rien," in *Forme et Signification* (Paris: Seuil, 1962), p. 116.

72. Eric Gans interprets Emma pricking her fingers as revealing an unconscious sado-masochism driven by the need to see herself as a victim of a flat environment. Gans, p. 69.

73. Ibid., p. 69.

74. This is how the eighteenth century rhetoric defined the portrait: "On appelle souvent du nom de Portrait, soit l'Ethopée, soit la Prosopographie, toute seule; le Portrait, tel qu'on l'entend ici, doit les réunir l'une et l'autre. C'est la description tant au moral qu'au physique d'un être animé, réel ou fictif." Pierre Fontanier, *Les figures du discours* (Paris: Flammarion, 1977), p. 428. This definition presupposes an idea of coherence, that is, the various parts are supposed to represent the whole. However, sometimes, the description of the parts does not reach a coherence, but it is presented in a visible fragmentation of the vision.

75. Honoré de Balzac, *Eugenie Grandet* (Paris: Garnier Frères, 1965), p. 36.

76. Danger, p. 134.

77. For a study of the grotesque element in *Madame Bovary,* see Michele Breut, *Le haut et le bas: essai sur le grotesque dans Madame Bovary* (Amsterdam: Rodopi, 1994).

Chapter II

L'éloignement—l'inaccesible, l'illisible—est d'abord rapporté à un véritable fantasme de résurrection. (Jacques Neefs)[1]

Exoticism and Description in *Salammbô*

Compared with *Madame Bovary,* sense and interpretation present a greater problematic in *Salammbô,* published in 1862. The difficulty in judging this novel with accuracy is the critic's uncertainty about Flaubert's intentions. Was he trying to renew the Romantic historical novel? Or is *Salammbô* an exercise in style that anticipates the technique of the *nouveau roman?*[2] The proliferation of historical lists that constitute the obscure subject of the novel deprives the reader of cultural or temporal references, and the frequent and sudden change in points of view tends to alienate the reader from the book's content. In addition, the reader is unable to respond to the content of the narrative because of the absence of an interpretative narrative voice in the novel. As David Danaher remarks, "if the religious and historical themes struggle for dominance throughout the novel, the effaced narrator gives no signal as to which interpretation deserves validity."[3] *Salammbô* could be a historical novel with apparently identifiable models in life and literature; yet, the aesthetic credo of its author gives form to a Parnassian artifact, a *poème barbare* unprecedented in its monumentality and heavy local color. What arises before us is the alien, incomprehensible, picturesque, decorative, cruel, and exotic world of Carthage.[4]

This resurrection of a distant past causes several difficulties: in *Salammbô* the atmosphere of strangeness and uneasiness blocks the interpretative process more than in *Madame Bovary,* in which the familiar dimension of contemporary life maintains the illusion of the reader's identification. In fact, the moment of recognition, or the sense that a novel refers to a familiar world, has been one of the great pleasures of novel-reading, and it has been responsible for the most obvious cases of popular success. Instead, in *Salammbô* the world described is foreign to the reader—it represents the 'other,' it is strange—and the sacred order is connected with the unknown. As Flaubert states:

> Le livre que j'écris maintenant sera tellement loin des moeurs modernes qu'aucune ressemblance entre mes héros et les lecteurs n'étant possible, il intéressera fort peu. On n'y verra aucune observation, rien de ce qu'on aime généralement. Ce sera de l'Art, de l'Art pur et pas autre chose. (*Corr.* IV, p. 135, A Mlle Leroyer de Chantepie, Paris, 23 Janvier, 1858)

The reader is estranged not only from the meaning of the text, but from the text as well. "What little content there is has no value assigned to it by the effaced narrator. The style dominates the work."[5] The analysis of the descriptive mode in *Salammbô* takes into account the presence of a geographical and historical 'otherness' *(ailleurs)* as a factor of the reader's undecidability between a thematic integration of description into narrative and the illegibility of signs.

Various descriptions are fixed spaces that one may read as expressions of the characters' emotions; simultaneously, they may block connection to historical and temporal integration. Nevertheless, these descriptions differ from those expressed in the bourgeois novel, inasmuch as they contain geometric and exotic forms that add to the impression of immobility of the images. Furthermore, a large number of depictions of armies and battles present a variety of exotic details that could undermine a symbolic dimension and narrative verisimilitude. Moreover, the descriptions of non-functional objects are greater in number and more mysterious in the oriental novel than in *Madame Bovary.* Finally, in addition to the possibility of being considered a representation of the dehumanizing aspects of the warriors, the scenes of atrocities contain an excess of detail that dismantles the interpretative attempt.

When *Salammbô* first appeared, contemporary reviewers were perplexed, primarily because it did not seem to fit into a recognizable literary category. Their confusion is understandable, because the novel eludes any attempt to classify it. One of the ironies of the book is that it is full of misleading signs that indicate how it should be read, but these signs undermine and frustrate that approach. The letters that Flaubert wrote at the time leave a record of his problems and anxieties he experienced while composing *Salammbô,* and they show the difficulties that continued to trouble him throughout the period of composition. As he wrote:

> *Salammbô* 1) embêtera les bourgeois, c'est-à dire tout le monde; 2) révoltera les nerfs et le coeur des personnes sensibles; 3) irritera les archéologues; 4) semblera inintelligible aux dames; 5) me fera passer pour pédéraste et anthropophage. Espérons-le. (*Corr.* IX, p. 335)

Dennis Porter observes that "with its gold and silver, bronze, marble and ebony, the doomed North African city is the embodiment of a Kind of formalism that arrogantly sets itself against the pollulating expression of African nature."[6] The result is a work that comes closer than any other to the fiction Flaubert dreamed of as a *livre sur rien.* According to this interpretation, the writer seems to have had in mind a type of *roman pur* that neither represents or interprets, nor offers moral commentary on human life outside itself; instead, it exists merely as an artifact, and as the object of our aesthetic contemplation, whose expression is achieved through the perfect order of its parts.[7] In this respect, even the archeological and historical material in the novel would function on the formal level.

However, Flaubert's intentions are ambiguous, and the persistent opacity of the descriptive passages does not preclude the possibility that these passages may function as a means of either preparing the action and reflecting the characters' feelings, or of connoting the main themes of the novel: the apparent opposition between Civilization and Barbarity, the taste for violence, the quest for the unattainable, or the blending of eroticism and religion.[8] Jacques Derrida views this interesting aspect of writing as the free play, or element, of undecidability that exists within every system of communication: writing is the endless displacement of meaning that both governs language, and places it beyond the reach of a stable self-authenticating knowledge.[9]

Frozen and Exotic Images

> La matière et le texte semblent lutter entre la mobilité et l'immobilité, comme si l'objet du regard, toujours instable, offert et retiré, donné à distance, restait cependant à la merci de l'engourdissement et de la minéralisation. (Louis Bottineau)[10]

Several exotic static and silent spaces in *Salammbô* contain immobile features, including adjectives, geometric forms, or frozen colors that isolate the images from causal connections and historical referents. The linear progression of the story is stopped and the attention focuses upon the relations within a static space, a spatial dimension with no historical time. As Pierre Danger points out:

> Cette impression de vide, d'absence qui entoure la luxuriance des paysages carthaginois peut-être correspond-elle justement à ce qu'il ressentit lui-même lors de son voyage en Orient, comme si la nature, au paroxisme de sa beauté, dans la pureté glacée du désert et de la mer, suscitait en elle-même un regard invisible qui la contemple, devenue ainsi son propre spectateur et sa propre conscience immanente et que cela soit au fond le seul sujet véritable de *Salammbô*.[11]

The immobilizing images may have a thematic appropriateness and symbolize the presence of death and destruction as suggested by "the petrification of life, a predilection for the statuesque, the cosmic rhythm and necessity."[12]

Petrifying Features. Numerous immobilizing forms, such as adjectives or verbs, suspend narrative continuity in several selections, including the scene of Carthage viewed by Mathô and Spendius from Hamilcar's palace:

> Ils étaient sur la terrasse. Une masse d'ombre énorme s'étalait devant eux, et qui semblait contenir de vagues amoncellements, pareils aux flots gigantesques d'un océan noir pétrifié. Mais une barre lumineuse s'éleva du côté de l'Orient. A gauche, tout en bas, les canaux de

Mégara commençaient à rayer de leurs sinuosités blanches les verdures des jardins. Les toits coniques des temples heptagones, les escaliers, les terrasses, les remparts, peu à peu, se découpaient sur la pâleur de l'aube; et tout autour de la péninsule carthaginoise une ceinture d'écume blanche oscillait tandis que la mer couleur d'émeraude semblait comme figée dans la fraîcheur du matin. ... Les rues désertes s'allongeaient; les palmiers, ça et là sortant des murs, ne bougeaient pas. (p. 699)[13]

In this beautiful description of Carthage the details emphasize Mathô's sexual desire for Salammbô *(les sinuosités blanches)* and his melancholy represented by *la pâleur de l'aube, les rues désertes,* etc. Also, the pale dawn and empty streets suggest a promise of something to come. The passage expresses a sense of mystery, characterized by the oriental landscape, and "a fusion of movement and immobility symbolizing a cosmic rhythm and necessity."[14] Spendius, who is serving Mathô, reacts with religious service to the rising of the sun, and this could be the first in a long series of parallels between Mathô and Moloch. The metaphors and similes of the description simultaneously reflect the preoccupations of Mathô and Spendius, and the situation and fate of Carthage. Nonetheless, Mathô and the narrator perceive this scene as a frozen image, a mere pictorial and aesthetic fragment immune to flux of time and action, indicated by the various static adjectives and verbs that delimit the space as a picture:

De vagues amoncellements, pareils aux flots gigantesques d'un océan noir pétrifié-une ceinture d'écume blanche oscillait tandis que la mer couleur d'émeraude semblait comme figée dans la fraîcheur du matin.—Les palmiers, ça et là sortant des murs, ne bougeaient pas.

The sense of immobility is stressed by the presence of an exotic space that creates an atmosphere of strangeness not evident in *Madame Bovary,* and this effect makes interpretation more difficult for Mathô, the narrator, and the reader:[15]

Une barre lumineuse s'éleva du côté de l'Orient. A gauche, tout en bas, les canaux de Mégara commençaient à rayer de leurs sinuosités blanches les verdures des jardins. ... Les palmiers, ça et là, sortant des murs, ne bougeaient pas.

Mathô is an exotic observer who should know more about that world than the reader; instead, he neither interprets what he sees, nor explains the exotic to us. This is an exotic landscape viewed by an exotic character. In general, if the observer is presumed knowledgeable about the described world, he/she is presumed capable of conveying that knowledge to the reader. Often, throughout the novel, a double effect of estrangement is evident: firstly, the viewing subjectivity is exotic (hence probably unavailable to the understanding of the modern reader); secondly, the world observed by that subjectivity is only partially understandable to that subject, or even almost completely strange and meaningless.

This description of Carthage *au lever du soleil* reveals structural immobility:

> La lune se levait à ras de flots, et, sur la ville encore couverte de ténèbres, des points lumineux, des blancheurs brillaient: le timon d'un char dans une cour, quelque haillon de toile suspendu, l'angle d'un mur, un collier d'or à la poitrine d'un dieu. Les boules de verre sur les toits des temples rayonnaient, çà et là comme de gros diamants. ... Au loin quelquefois la fumée d'un sacrifice brûlant encore s'échappait par les tuiles de bronze, et la brise lourde apportait avec des parfums d'aromates les senteurs de la marine et l'exhalaison des murailles chauffées par le soleil. Autour de Carthage les ondes immobiles resplendissaient. ... La voûte du ciel bleu s'enfonçait à l'horizon, d'un côté dans le poudroiment des plaines, de l'autre dans les brumes de la mer, et sur le sommet de l'Acropole les cyprès pyramidaux bordant le temple d'Eschmoun se balançaient, et faisaient un murmure. (p. 707)

According to Ferrère, the portrayal connotes Salammbô's character, her education, and her mysticism, especially her desire for mystery and her fanatic devotion.[16] The figuration of the moon provokes a sacred horror, and it may be identified with Tanit: *la lune se levait à ras de flots*. Simultaneously, the numerous immobile features undermine narrative continuity, and replace it with a merely contiguous compositional fragment: *quelque haillon de toile suspendu, les ondes immobiles.* Furthermore, the presence of stones contributes to the rigidity of the image: *Les boules de verre sur les toits des temples, rayonnaient, çà et là comme de gros diamants.* Louis Bertrand identifies the effect of beauty created by the passage, and the predominance of the form over the content.[17] The exotic atmosphere of the description depicts a landscape that is strange and foreign to the narrator, who fails to interpret it for the reader. Thus, the critic may, at best, partially control the discourse with which he/she is confronted, inasmuch as a prevalent characteristic of this novel is a continuous undermining of the power of language to connect action and understanding:

> La voûte du ciel bleu s'enfonçait à l'horizon, d'un côté dans le poudroiement des plaines, de l'autre dans les brumes de la mer, et sur le sommet de l'Acropole les cyprès pyramidaux bordant le temple d'Eschoumoun se balançaient.

One perceives the immobility and flatness in the visual perspective of the Carthage landscape, viewed by Mathô while besieging Hyppo-Zaryte:

> En face de lui, dans les oliviers, les palmiers, les myrthes et les platanes, s'étalaient deux larges étangs qui rejoignaient un autre lac dont on n'apercevait pas les contours. Derrière une montagne surgissaient d'autres montagnes, et au milieu du lac immense, se dressait une île toute noire et de forme pyramidale. Sur la gauche, à l'extrémité du golfe, des tas de sable semblaient de grandes vagues arrêtées, tandis que la mer, plate comme un dallage de lapis-lazuli, montait insensiblement jusqu'au bord du ciel. (p. 724)

In this passage the color black fixes the view *(Au milieu du lac immense, se dressait une île toute noire)*, and the use of the imperfect and the static adjectives immobilizes the images: *des tas de sable semblaient de grandes vagues blondes arrêtées*. The fusion of fluid and lapidary images is characteristically Flaubertian in this description; the image of the waves that simultaneously evokes an indefinable movement of undulation and an effect of complete inertia is of greater interest to the present discussion because it represents, for Mathô and the reader, an illusion of movement and advance against an inescapable effect of static tension in a frozen moment: *la mer, plate comme un dallage de lapis-lazuli montait insensiblement jusqu'au bord du ciel.* Flaubert creates an atmosphere of estrangement through the use of exotic details; yet, this does not obviate the possibility of viewing the description of the countryside stretching before Mathô as a symbolic expression of his preoccupation with Salammbô.

Several passages in the novel fluctuate between a possible thematic signification and the opacity of description, caused by the suspension of historical sequences related to the themes of the novel, or to the characters. Thus, the following imagery suggests an impression of inertia:

> Souvent, au milieu du jour, le soleil perdait ses rayons tout à coup. Alors, le golfe et le pleine mer semblaient immobiles comme du plomb fondu. (p. 724)

> En face et par derrière, les pentes grises du terrain remontaient, couvertes de cailloux tachetés d'un rare lichen, et sur leurs têtes, le ciel, continuellement pur, s'étalait, plus lisse et froid à l'oeil qu'une coupole de métal. (p. 751)

Geometric Forms. The other narrative component that provokes temporal suspension in descriptions of space in *Salammbô* is the insistence on geometric forms. In general, the reader expects a logical order to emerge from these details. Description in realist texts is generally given order by these features; in contrast, Flaubert uses geometric forms to different ends: they are more numerous in *Salammbô* than in his other novels, and they are presented in a rigid and exotic manner that fixes the images and blocks progression of the narrative :

> Dans un style non naturaliste, la spatialité propre aux arts plastiques est augmentée par le fait qu'on s'efforce d'éliminer toute trace d'élément temporel. Et puisque l'art moderne est non-naturaliste, on peut en conclure qu'il tend vers une grande spatialité. La signification de la forme spatiale dans la littérature moderne c'est la reproduction exacte dans la littérature, sur le plan de la forme esthétique, de l'évolution qui a eu lieu dans les arts plastiques. ... La littérature moderne s'est attachée à transformer l'univers historique du temps en univers a-temporel du mythe.[18]

In the following passages the geometric architecture stiffens the description, and risks blocking the action and time of the story: *Les toits coniques des temples heptagones, les escaliers, les terrasses, les remparts, peu à peu, se découpaient sur la paleur de l'aube.* (p. 699) *Sur le sommet de l'Acropole les cyprès pyramidaux bordant le temple d'Eschmoun se balançaient, et faisaient un murmure.* (p. 707) Likewise, in the description of the temple of Moloch where Hamilcar meets the *Anciens,* the abundance of geometric features freezes time in an eternal cycle independent of any historical sequence:

> Mais sitôt qu'on avait franchi la porte, on se trouvait dans une vaste cour quadrangulaire, que bordaient des arcades. Au milieu, se levait une masse d'architecture à huit pas égaux. Des coupoles la surmontaient en se tassant autour d'un second étage qui supportait une manière de rotonde, d'où s'élançait un cône à courbe rentrante, terminé par une boule au sommet. (p. 730)

On the one hand, it is possible to consider this description either as representational, or as reflecting Hamilcar's psychological sensations.[19] Further, it may have a demarcating function, that of underlining the articulations of the narrative by preparing the future events. On the other hand, the excess of geometric forms fixes the passage in a contemplative and exotic dimension that designates its own formal figuration. As Louis Bottineau notes:

> Le temple de Moloch fixe dans son architecture l'écoulement temporel, agencé par 'rangs circulaires,' ce qui traduit une conception cyclique, répétitive de la durée et renforce l'impression laissée par l'abondance des détours et retours: mais le temple fait plus encore, puisqu'il coule

par avance le temps dans la pierre, répondant à l'ensevelissement du passé dans la construction de la ville. Paradoxalement, Carthage est le lieu où l'histoire vient s'exposer et se blottir dans une sédimentation où nous verrions volontiers une image du traitement romanesque du temps de Flaubert.[20]

The exotic narrator protagonist is incapable of interpreting this world and communicate its meaning to us.

Immobilizing Colors. The use of color frequently immobilizes the pictorial images, and dissociate them from a temporal development. Thus, the white, the blue, the violet, the yellow, the black, and the orange are arranged in a manner that underlines the static qualities of space description. For example, one notes the petrifying effects of colors in the description of the monsters on the walls when Mathô and Spendius enter the temple of Tanit to steal the Zaimph: *Douze globes de cristal bleu ... bordaient la salle circulairement.* (p. 718) Or, in the description of Carthage's landscape viewed by Mathô and Spendius: *une ceinture d'écume blanche oscillait tandis que la mer couleur d'éméraude semblait comme figée dans la fraîcheur du matin.* (p. 699) *La voûte du ciel bleu s'enfonçait à l'horizon, d'un côté dans le poudroiment des plaines, de l'autre dans les brumes de la mer.* (p. 707) Sometimes the juxtaposition of colors with verbs in the imperfect tense petrifies the images: *Derrière l'Acropole, dans des terrains rouges, le chemin des Mappales, bordé de tombeaux, s'allongeait en ligne droite du rivage aux catacombes.* (p. 762) The description of the plain, where the mercenaries wait for the Carthaginian attack, shows an arrested movement that may block a reference to action:

L'immense plaine se développait de tous les côtés à perte de vue; et les ondulations des terrains, presque insensibles, se prolongeaient jusqu'à l'extrême horizon, formé par une grande ligne bleue qu'on savait être la mer. (p. 743)

The movement of the scene, underlined by the verb *se développait,* and sustained by another verb in the imperfect tense, together with the words *ondulation* and *insensibles,* is suddenly stopped by the frequent combination of the form *ligne),* the color *bleue,* and the texture *mer.* The same immobility marks the description of Hamilcar's palace:

Le palais, bâti en marbre numidique tacheté de jaune, superposait tout au fond, sur des larges assises, ses quatre étages en terrasses. Avec son grand escalier droit en bois d'ébène, portant aux angles de chaque marche la proue d'une galère vaincue, avec ses portes rouges écartelées d'une croix noire, ses grillages d'airain, qui le défendaient en bas des scorpions, et ses treillis de baguettes dorées qui bouchaient en haut des ouvertures, il semblait aux soldats, dans son opulence farouche, aussi solennel et impénétrable comme le visage d'Hamilcar. (p. 694)

In this pictorial image the combination of the texture *marbre;* the form *quatre étages;* and the colors *jaune, rouge, noir;* freezes the description, even though a structural integration is possible: the palace symbolizes power and introduces the character of Hamilcar: *son grand escalier droit en bois d'ébène, portant aux angles de chaque marche la proue d'une galère vaincue, ses treillis de baguettes dorées etc.*

The color black creates an immobilizing effect in this representation of the temple of Tanit:

Au bas de Byrsa s'étalait une longue masse noire: c'était le temple de Tanit, ensemble de monuments et jardins, de cours et d'avant-cours, bordé par un petit mur de pierres sèches. (p. 716)

Hence, if the use of color and the exotic is a literary means to reconstitute an ancient society, it risks undermining the temporal dimension and blocking any possibility of considering the descriptions as symbolic or mimetic representations. The fixed representations, and the rigid geometric *contours,* which define their own formal textual activity, are more numerous in *Salammbô* than in *Madame Bovary.* The linear progression of the story is stopped, and the attention concentrates on the relations within a spatial dimension that appears to undermine a specific historical reference. Hence, if frequently space is important in the narrative progression, it could develop on its own, being sustained solely by the force of its style.

Georg Lukàcs claims that Flaubert rewakens a vanished world of no concern to us. Thibaudet states that the novel *Salammbô* is deliberately detached from life, and history is used as a distancing effect in order to present *un bloc de passé pur, une sorte d'astre mort comme la lune.*[21] For Sainte-Beuve Antiquity remains inaccessible:

Il y a d'elle (l'antiquité) à nous, une solution de continuité, un abîme. L'érudition qui peut y jeter un pont, nous refroidit en même temps et nous glace. On ne peut pas recomposer la civilisation antique de cet air d'aisance et la ressusciter tout entière …[22]

However, paradoxically, as the stylistic descriptive components remain ambivalent in the novel, as well as Flaubert's intentions, one must take into account the views of some traditional critics who have considered *Salammbô* as a historical novel.[23]

Confusion of Forms: Fragmentary, Exotic, and Vague Space

> Seule la lecture, en reconstruisant l'univers carthaginois par les
> confrontations que tissent entre elles les différentes relations spatiales
> et les diverses unités narratives, peut faire revivre ce qui reste d'un
> somptueux mirage, dès lors que la language seul s'y prend à son propre
> jeu. (Louis Bottineau)[24]

Numerous images of space in *Salammbô* form a juxtaposition of exotic and
fragmentary forms that appear to dismantle a totality of representation.[25] The
geometrization of *contours* increases the excess and confusion of space, by
constituting an exotic *bigarrure* that may undermine a critical interpretation.[26]
For instance, this image of Carthage, seen from the Barbarians' point of view,
vacillates between a thematic interpretation and a confusion of exotic elements:

> La colline de l'Acropole, au centre de Byrsa, disparaissait sous un
> désordre de monuments. C'étaient des temples à colonnes torses avec
> des chapiteaux de bronze et des chaînes de métal, des cônes en pierres
> sèches à bandes d'azur, des coupoles de cuivre, des architraves de
> marbre, des contreforts babyloniens, des obélisques posant sur leur
> pointe comme des flambeaux renversés. Les péristyles atteignaient aux
> frontons; les volutes se déroulaient entre les colonnades; des murailles
> de granit supportaient des cloisons de tuile; tout cela montait l'un sur
> l'autre en se cachant à demi, d'une façon merveilleuse et
> incompréhensible. (p. 710)

The presentation of signs leads to various possibilities of meaning. Thus, the
descriptive passage implies, in the careful ordering of space, a mimetic image of
ancient Carthage. In addition, the various descriptive components indicate the
city's circumscribed space, viewed by the Barbarians, as opposed to the
surrounding countryside where the Mercenaries are camped: *les volutes se
déroulaient entre les colonnades; des murailles de granit supportaient des
cloisons de tuile.* As Martine Frier-Wantiez argues, the details may signify the
opposition between civilization and barbarity: *D'une part Carthage, espace très
circonscrit et d'autre part la campagne, vaste, infinie, où sont repoussés les
Mercenaires qui représentent le désordre social et religieux.*[27]
    On the other hand, the signs are misleading, and they frustrate the reader's
desire to sketch a stable meaning: in fact, the architectural precision and minutia
of the multifarious and exotic geometric forms provoke a confusion and disorder
of vision among the Barbarians: *La colline de l'Acropole, au centre de Byrsa,
disparaissait sous un désordre de monuments*[28] On the contrary, in this

portrayal of Carthage the more ordered space encourages a symbolic interpretation when Hamilcar views the city as a domestic and familiar property:

> La ville descendait en se creusant par une courbe longue, avec ses coupoles, ses temples, ses toits d'or, ses maisons, ses touffes de palmier, ça et là, boules de verre d'où jaillissaient des feux, et les remparts faisaient comme la gigantesque bordure de cette abondance qui s'épanchait vers lui. (p. 729)

Another description of space characterized by heterogeneity of forms and excess of style is the image of the temple of Tanit, when Mathô and Spendius attempt to steal the Zaimph:

> Deux longs portiques, dont les architraves reposaient sur des piliers trapus, flanquaient une tour quadrangulaire, ornée à sa plateforme par un croissant de lune. Sur les angles des portiques et aux quatre coins de la cour s'élevaient des vases pleins d'aromates allumés. Des grenades et des coloquintes chargeaient les capiteaux. Des entrelacs, des losanges, des lignes de perles s'alternaient sur les murs, et une haie en filigrane d'argent formait un large demi-cercle devant l'escalier d'airain qui descendait du vestibule. Il y avait à l'entrée, entre une stèle d'or et une stèle d'émeraude, un cône de pierre. ... La première chambre était très haute; d'innombrables ouvertures perçaient sa voûte. ... Tout autour de la muraille, dans des corbeilles de roseau, s'amoncelaient des barbes et des chevelures, prémices des adolescences; et, au milieu de l'appartement circulaire, le corps d'une femme sortait d'une gaine couverte de mamelles. (p. 717)

This view contains precise spatial delimitations that convey an impression of reality by representing a typical temple in the Orient. Secondly, the details converge to stimulate a symbolic function. Thus, the temple is a mental projection of Mathô and Spendius' feelings before the mystery of religion associated with sexuality: *le corps d'une femme sortait d'une gaine couverte de mamelles.* What the two characters see is important not only to their immediate preoccupations (finding their way from the reservoirs to the temple and to the veil), but to the reader, who is thus introduced to additional aspects of Carthage: the construction and design of the reservoirs, the exterior of the temple, its complex internal organization with its decorations, and finally the sacred place with the veil. The passage introduces the religion of Tanit to the reader who discovers the importance of sexuality to this cult.[29] Thirdly, the detailed description of the temple gives the reader further insight into the characters of Mathô and Spendius.[30]

However, instead of interpreting that world and communicating knowledge to the reader, Mathô and Spendius are lost in a labyrinth of incomprehensible and confusing signs: *Des grenades et des coloquintes chargeaient les chapiteaux. Des entrelacs, des losanges, des lignes de perles s'alternaient sur les murs.* In this passage exoticism is based on a double inadequacy: on the one hand, a deficiency in the person who looks at the Other (the exotic); on the other hand, the lack of the Other, who is incapable to fill the observer's deficiency:

> Alors ils errèrent, perdus dans la complication de l'architecture. ... Puis ils aperçurent tout à l'entour une infinité de bêtes, efflanquées, haletantes, hérissant leurs griffes, et confondues les unes par-dessus les autres dans un désordre mystérieux qui épouvantait. Des serpents avaient des pieds, des taureaux avaient des ailes, des poissons à tête d'homme dévoraient des fruits, des fleurs s'épanouissaient dans la machoire des crocodiles, et des éléphants, la trompe levée, passaient en plein azur, orgueilleusement, comme des aigles. Un effort terrible distendait leurs membres incomplets ou multipliés. ... Et toutes les formes se trouvaient là, comme si le réceptacle des germes, crevant dans une éclosion soudaine, se fût vidé sur les murs de la salle. (p. 718)

Several critics have noted how the frequent animal imagery in *Salammbô* corresponds to Flaubert's marked tendency to lower man to the level of beast.[31] The dehumanization of the Other is a constant in the colonial novel. Notwithstanding, Flaubert's desire for totality may lead to a material saturation, and to an excessive enumeration of monsters and splendors that are foreign to us. In the end, the reader is no more successful than the characters in the attempt to discover 'reality' behind their situations: he/she is only quantitively better off, in that the reader has access to all the situations and points of view; however, this privilege fails to provide him/her with an overall principle for making the situations intelligible. The description becomes a mysterious disorder *(sauvagerie)* that frightens Mathô and Spendius, as well as the reader, and fails to provide a homogeneous vision: *une infinité de bêtes ... confondues les unes par-dessus les autres dans un désordre mystérieux qui épouvantait.* The process of explosion of multiple images already emerging in *Madame Bovary* finds its apex in *Salammbô.*[32]

The same fragmentation and confusion of space is evident in the description of the temple of Moloch when viewed by Hamilcar:

> Au milieu, se levait une masse d'architecture à huit pans égaux. Des coupoles la surmontaient en se tassant autour d'un second étage qui supportait une manière de rotonde, d'où s'élançait un cône à courbe rentrante, terminé par une boule au sommet. (p. 730)

In this passage geometric figures fragment the space: *une vaste cour quadrangulaire, des coupoles, un cône à courbe rentrante.* The arrangement of descriptive elements reminds us of the wedding-cake represented in *Madame Bovary,* because, in both passages a deficiency of description disrupts the principle of coherence and designates only a self-referential textual pattern:

> On voyait un petit Amour, se balançant à une escarpolette de chocolat dont les deux poteaux étaient terminés par deux boutons de rose naturels, en guise de boules au sommet. (*Madame Bovary,* p. 62)

As Bottineau claims:

> Saturé de termes géométriques, le monde carthaginois se soumet à une sorte d'archi-focalisation. Chaque partie de la ville devient quantifiable, réductible à des dénominateurs communs et connus. L'oeil, ainsi guidé, mesure, ou croit mesurer les volumes, et le geste large des observateurs et aussi celui de l'enveloppement, quitte à rester illusoire.[33]

The description of the interior of the temple evidences a play of light and color, and a series of reflections that show an overflowing of space, like the image of the Cathedral of Rouen in *Madame Bovary:*[34]

> Autour de l'appartement étaient rangés des escabeaux d'ébène. Derrière chacun d'eux, une tige en bronze posant sur trois griffes supportait un flambeau. Toutes ces lumières se reflétaient dans les losanges de nacre qui pavaient la salle. Elle était si haute que la couleur rouge des murailles, en montant vers la voûte, se faisait noire, et les trois yeux de l'idole apparaissaient tout en haut comme des étoiles à demi perdues dans la nuit. (p. 731)

In *Salammbô* there are more shimmering points and reflections in the descriptions of space than in *Madame Bovary,* and they reveal the illusive nature of reality by provoking a displacement of sense exemplified in the following representation of the destroyed Punic field during Salammbô's journey from Carthage to the barbarian camp:

> Çà et là des plaques d'or miroitaient en se déplaçant. C'étaient les cuirasses de Clinabares, le camp punique; puis ils distinguèrent aux alentours d'autres lueurs plus nombreuses, car les armées des Mercenaires, confondues maintenant, s'étendaient sur un grand espace. (p. 757)

One finds the same *miroitement* and overflowing of space in the description of Carthage *au lever du soleil: Sous les catacombes, la grande lagune salée miroitait comme un morceau d'argent.* (p. 707) Signs of ambivalence in interpretation could be identified in the description of the field during Salammbô's journey with the slave:

> Mais les champs, bien qu'on fût à l'époque des semailles et des labours, d'aussi loin qu'on les apercevait, étaient vides comme le désert. Il y avait, de place en place, des tas de blé répandus, ailleurs des orges roussies s'égrenaient. Sur l'horizon clair, les villages apparaissaient en noir, avec des formes incohérentes et découpées. De temps à autre, un pan de muraille à demi calciné se dressait au bord de la route. Les toits des cabanes s'effondraient, et, dans l'intérieur, on distinguait des éclats de poteries, des lambeaux de vêtements, toutes sortes d'ustensiles et de choses brisées méconnaissables. Les plaines abandonnées se succédaient. Sur de grands espaces de terre toute blonde s'étalait, par traînées inégales, une poudre de charbon que leurs pas soulevaient derrière eux. Quelquefois ils rencontraient de petits endroits paisibles, un ruisseau qui coulait parmi de longues herbes ... Au coin d'un bois de lauriers-roses, son cheval fit un grand écart devant le cadavre d'un homme, étendu par terre. Le soleil chauffait l'herbe jaunie; la terre était toute fendillée par des crévasses, qui faisaient, en la divisant comme des dalles monstrueuses. ... La dévastation peu à peu recommença. Parfois, au milieu d'un champ, une mosaique s'étalait, seul débris d'un chateaû disparu: et les oliviers, qui n'avaient pas de feuilles, semblaient au loin de larges buissons d'épines. (pp. 756–757)

This scene of devastation has thematic appropriateness: the frequent references to death, corpses, blood, ruins, blackness, and emptiness are all metaphors of Salammbô's destiny, and of her fatalistic acceptance of it: *Les plaines abandonnées se succédaient; la dévastation peu à peu recommença.* Sherrington notes how this scene of devastation is given only to Salammbô and her guide, "removed from the conflict and viewing the results after the heat of battle emotions has passed, to see that destruction and slaughter are in themselves bad, regardless of who may have been to blame."[35] In addition, the description sets the stage for the future event—the big display of the Mercenaries' tents and the scene of sexual encounter between Mathô and Salammbô. Nevertheless, the critic notes that at first everything is metonymically ordered, then the precise outlines begin to dissolve:

> Il y avait, de place en place, des tas de blé répandus, ailleurs des orges roussies s'égrenaient. Sur l'horizon clair, les villages apparaissaient en noir, avec des formes incohérentes et découpées.

The imagery appears increasingly vague to Salammbô, and details exceed the interpretive capacities of the observer. The passage exemplifies the way in which description is captured in a shapeless matter through a series of indistinguishable and confused forms. The adverbs *ça* and *là*, frequently used by Flaubert, render the imagery vague and difficult to identify:

> Ça et là des plaques d'or miroitaient en se déplaçant. ... Puis ils distinguèrent aux alentours d'autres lueurs plus nombreuses, car les armées des Mercenaires, confondues maintenant, s'étendaient sur un grand espace. (p. 757)

The entire description of Salammbô's journey from Carthage to the Barbarian camp is presented in a fragmentary manner that appears to both the character and the reader as a disorder of space, an accumulation of disparate phenomena lacking any inherent functional coherence; rather, they seem to connote the disorder of the text itself:

> Le toits des cabanes s'effondraient, et, dans l'intérieur, on distinguait des éclats de poteries, des lambeaux de vêtements, toutes sortes d'ustensiles et de choses brisées méconnaissables. ... Les plaines abandonnés se succédaient. Sur de grands espaces de terre toute blonde s'étalait, par traînées inégales, une poudre de charbon que leurs pas soulevaient derrière eux.

Instead of expressing a concept of space, the selection confronts the reader with a series of juxtaposed images as though the paradigms of the landscape were declined according to the characters' advancement. The portrayal reminds us of the description of dusty objects that Emma finds when she first arrives at the house in Tostes:

> Venait ensuite, s'ouvrant immédiatement sur la cour, où se trouvait l'écurie, une grande pièce délabrée qui avait un four, et qui servait maintenant de bûcher, de cellier, de garde-magasin, plaine de vieilles ferrailles, de tonneaux vides, d'instruments de culture hors de service, avec quantité d'autres choses poussièreuses dont il était impossible de deviner l'usage. (*Madame Bovary*, p. 66)

Another divided space is this image of the Punic field after Hamilcar's attack:

> Le sol bouleversé avait des ondulations comme la mer, et les tentes, avec leurs toiles en lambeaux, semblaient de vagues navires à demi

perdus dans les écueils. Des cuirasses, des fourches, des clairons, des morceaux de bois, de fer et d'airain, du blé, de la paille et des vêtements s'éparpillaient au milieu des cadavres. ... On apercevait des jambes, des sandales, des bras, des cottes de mailles et des têtes dans leurs casques, maintenues par la mentonnière et qui roulaient comme des boules; des chevelures pendaient aux épines; dans des mares de sang, des éléphants, les entrailles ouvertes, ralaient couchés avec leurs tours; on marchait sur des choses gluantes et il y avait des flaques de boue, bien que la pluie n'eût pas tombée. (p. 763)

A certain irregularity of geometric space marks the description of the buildings around Hamilcar's palace:

La route traversait un champ, planté de longues dalles, aigues par le sommet, telles que des pyramides. ... Ensuite, étaient disséminées des cabanes en terre en branchages, en claies de joncs, toutes de formes côniques. De petits murs en cailloux, des rigoles d'eau vive, des cordes de sparterie, des haies de nopal séparaient irrégulièrement ces habitations, qui se tassaient de plus en plus, en s'élevant vers les jardins du Suffète. (p. 734)

According to Sima Godfrey, many of the visions in *Salammbô* involve incoherent and fragmented forms; however, as they relate to the undulating movement of the novel's surface, these forms do not represent the simple *tachiste* method of a painter of oils, instead they depict a play of light and dark, visibility and concealment, that is woven into the gentle folds of a vibrant monumental tapestry.[36] Description assumes an aesthetic value, inasmuch as it derives meaning neither through metaphorical integration, nor through its metonymic placement in the narrative work; instead, it is based on the message for its own sake.[37]

Several descriptions of space in *Salammbô* present vague *contours* that give the reader an impression of strangeness. Thus, in the novel the adjective *vague* frequently appears in passages similar to the following description of the plain during Carthage's siege:

On ne voyait plus, sur la plaine, qu'une sorte de fourmillement tout noir, depuis le golfe bleuâtre jusqu'à la lagune toute blanche; et le lac, où du sang avait coulé, s'étalait, plus loin, comme une grande mare pourpre. ... On distinguait sur les murailles de larges traînées faites par les ruisseaux de plomb. Une tour de bois abattue, çà et là brûlait; et les maisons apparaissaient vaguement, comme les gradins d'un amphithéâtre en ruines. (p. 776)

The description indicates the atmosphere of destruction, confusion, and barbarity that dominates the Mercenaries' field; yet, the indistinct shapes provoke the decomposition and indistinction of the exterior world: *On ne voyait plus, sur la plaine, qu'une sorte de fourmillement tout noir.*

Likewise, in *Madame Bovary,* the presence of vapors associated with mist renders the *contours* of the landscape indistinct for both the character and the reader, as evidenced in this description when Salammbô is ready to recapture the Zaimph:

> Au loin la clameur des rues s'affaiblissait, des ombres violettes s'allongeaient devant le péristyle des temples, et, de l'autre côté du golfe, les bases des montagnes, les champs d'oliviers et les vagues terrains jaunes, ondulant indéfinement, se confondaient dans une vapeur bleuâtre; on n'entendait aucun bruit, un accablement indicible pesait dans l'air. (p. 755)

Flaubert commented on the inconsistence of the oriental world:

> On se dérange pour voir des ruines et des arbres; mais entre la ruine et l'arbre, c'est tout autre chose que l'on rencontre, et de tout cela, paysages et canailleries, résulte en vous—une sérénité rêveuse qui promène son regard sans l'attacher sur rien—Pleine de couchers de soleil, de bruits de flots et de feuillages, et de venteurs, de bois et de troupeaux, avec des souvenirs de figures humaines dans toutes les postures et les grimaces du monde, l'âme, recueillie sur elle-même, sourit, silencieusement en sa digestion, comme une bayadère engourdie d'opium. (*Corr.* II, p. 290)

Few images of space in *Salammbô* contain descriptive details that produce a totality of meaning, inasmuch as they are not static, vague, or fragmentary. The description of the plain, which the Mercenaries view on their way to Sicca, has a mimetic function, in that it informs the reader on the landscape surrounding Sicca:

> La plaine se développait autour d'eux, toute bordée de montagnes. Ça et là un palmier se penchait sur une colline de sable, des sapins et des chênes tachetaient les flancs des précipices. Quelquefois la pluie d'un orage, telle qu'une longue écharpe, pendait du ciel, tandis que la campagne restait partout couverte d'azur et de sérénité; puis un vent tiède chassait des tourbillons de poussière; ... Les montagnes, à leur sommet, avaient la forme d'un croissant; d'autres ressemblaient à des poitrines de femmes tendant leurs seins gonflés, et les Barbares

sentaient peser par-dessus leurs fatigues un accablement qui était plein
de délices. (p. 703)

The image could be a mental projection of the Barbarians' emotions, and of the
sense of the sacred associated with sexuality:

Un ruisseau descendait en cascades des hauteurs de Sicca où se
dressait, avec sa toiture d'or sur des colonnes d'airain, le temple de la
Venus Carthaginoise, dominatrice de la contrée. Elle semblait l'emplir
de son âme. Par ses convulsions des terrains, ses alternatives de la
temperature et ses jeux de la lumière, elle manifestait l'extravagance de
sa force avec la beauté de son éternel sourire. (p. 703)

"If the forms of the hills are compared to the swollen breasts of women, it could
be because this vision corresponds to the sexual languor and sexual obsession of
the Barbarians."[38] Thus, their desire for the city becomes a figure of masculine
desire: *les montagnes ressemblaient à des poitrines de femme tendant leurs seins
gonfles, et les Barbares sentaient peser par-dessus leurs fatigues un
accablement qui était plein de délices.* In addition, the plain suggests an open
free space in opposition to the circumscribed space of Carthage, emphasized by
an explicit narratorial intervention: *elle manifestait l'extravagance de sa force
avec la beauté de son éternel sourire.*

When Mathô returns to Carthage, after the theft of the Zaimph, his
image of the city reflects his perennial obsession with Salammbô:

Il s'élança sur les marches. En se retrouvant aux places où il l'avait déjà
vue, l'intervalle des jours écoulés s'effaça dans sa mémoire. Toute à
l'heure elle chantait entre les tables; elle avait disparu, et depuis lors il
montait continuellement cet escalier. Le ciel, sur sa tête, était couvert
de feux; la mer emplissait l'horizon; à chacun de ses pas une immensité
plus large l'entourait, et il continuait à gravir avec l'étrange facilité
qu'on éprouve dans les rêves. (p. 719)

Apart from these few descriptions, most of the spaces in the novel leave the
reader undecided between either a thematic or mimetic interpretation, or the
undermining of a narrative integration resulting from the disturbing emergence
of immobile, exotic, or heterogeneous components.

The Mysterious and the Ornamental: *Les Objets à Profusion*

L'exotisme n'est pas une adaptation; n'est pas la compréhension
parfaite d'un hors de soi-même qu'on étreindrait en soi, mais la

perception aigue et immédiate d'une incompréhensibilité éternelle. (Ségalen)[39]

More than in *Madame Bovary*, there exists in *Salammbô* a profusion of exotic objects (arms, war-machines, precious stones, and cultic objects) that may connote a motif or a character, or they may overwhelm the overall of the narrative plot. As Danger remarks:

> Dans *Salammbô* il y a une telle profusion d'objets qu'elle écrase l'ensemble du récit. La moindre scène est prétexte à décrire une multitude d'armes, de bijoux, de costumes et d'instruments étranges, aux formes barbares. ... On peut se demander si cette recherche systèmatique du pittoresque et de l'étrange ne nuit pas à la vérité de l'objet. Ne serait-ce qu'une recherche purement formelle où l'objet n'est pas vécu, ni chargé de tout un passé?[40]

The long enumeration of Hamilcar's treasure is an example of this process:

> Il entra dans un appartement bâti en forme de cône. Des écailles d'airain couvraient les murs; au milieu, sur un piédestal de granit s'élevait la statue d'un Kabyre avec le nom d'Alètes, inventeur des mines dans la Celtibérie. Contre sa base, par terre, étaient disposés en croix de larges boucliers d'or et des vases d'argent monstrueux, à goulot fermé, d'une forme extravagante et qui ne pouvaient pas servir; ... Des feux verts, jaunes, bleus, violets, couleur de vin, couleur de sang, tout à coup illuminèrent la salle. Elle était pleine de pierreries qui se trouvaient dans des calébasses d'or accrochées comme des lampadaires aux lames d'airain, ou dans leurs blocs natifs rangés au bas du mur. C'étaient des callais arrachées des montagnes à coups de fronde, des escarboucles formées par l'urine des lynx, des glossopétres tombés de la lune, des tyanos, des diamants, des sandastrums, des béryls, avec les trois espèces d'émeraudes. ... Il y avait des topazes du mont Zabarca pour prévenir les terreurs, des opales de la Bactriane qui empèchent les avortements, et des cornes d'Ammon que l'on place sous les lits afin d'avoir des songes. (p. 737)

In this passage, Hamilcar, immediately after returning to Carthage, meticulously inspects the treasure in his palace after its sack by the Mercenaries. The description of the treasure suggests Hamilcar's growing anger about the rebels' vandalism, and it motivates his decision to assume the command of the Carthaginian forces against the Barbarians. It may characterize the Carthaginian merchant who deliberately uses his wealth for political purposes: similar to most Carthaginians, but unlike Salammbô, Hamilcar is a materialist who takes

enormous pleasure in his vast possessions. Finally, the objects reflect the
decadent materialism of a nation that is literally stifled by the sheer abundance
of its material goods. Defending *Salammbô* in a letter to Sainte-Beuve, Flaubert
insisted that there was not a single superfluous portrayal; they all served to
emphasize the character as well as prepare the future action.[41] Louis Bertrand
insists on the psychological value of the description by observing that it is
because the *suffète* becomes aware of his own force, power, and the damage
inflicted by the Barbarians that he rushes his resolution.[42]

However, the reader wonders where the author wants to lead him/her
through this exotic list of *magnificences*. Even if one accepts the psychological
motivation of the description, at the same time one observes a maniacal stylistic
intention that reduces the human subjective elements to a variegated
enumeration of decontextualized mysterious objects unrelated to the narrative
discourse, and separate from human life:[43] *C'étaient des callais arrachées des
montagnes à coups de fronde, des escarboucles formées par l'urine des lynx, des
glossopetres tombées de la lune.*

Similar to Binet's lathe in *Madame Bovary,* rather than serving a particular
purpose, these things appear to have an aesthetic function:

> Contre sa base, par terre, étaient disposés en croix de larges boucliers
> d'or et des vases d'argent monstreux, à goulot fermé, d'une forme
> extravagante et qui ne pouvaient pas servir. D'un seul bloc, toute une
> partie de la muraille tourna. Elle dissimulait une sorte de caveau, où
> étaient enfermées des choses mystérieuses, qui n'avaient pas de nom et
> d'une incalculable valeur. (p. 738)[44]

Here the profusion of the objects annuls their materiality and their usefulness,
and the details exceed the procedures of narrative verisimilitude. For Lukàcs, the
loss of narrative interrelationship between objects and their function in concrete
human experiences means a loss of artistic significance.[45] This process leads to
a genre description deprived of all human significance.[46] The deliberate
decontextualization of an object creates an initial impression of immediacy, but
this impression is artificial and deceptive. The reader is overwhelmed by gems
that are put to unexpected uses: the curing with poisons, the alleviating of fears,
the prevention of abortions, and even the eliciting of dreams:

> Il y avait des topazes du mont Zabarca pour prévenir les terreurs, des
> opales de la Bactriane qui empèchent les avortements, et des cornes
> d'Ammon que l'on place sous les lits afin d'avoir des songes.

While in *Madame Bovary* the enumeration of decontextualized and
heterogeneous items retains an illusion of familiarity, in *Salammbô* this endless
list is placed in an exotic dimension that is foreign to the common reader.[47]

Details in the description are piled up to the point of excess, and one knows that there is a mythical threshold in accumulations that, once transcended, leads to the opaque. What Sainte-Beuve reproaches in Flaubert is the transgression of verisimilitude with the very means by which verisimilitude is established. Notwithstanding, the debate on the long enumeration of Hamilcar's treasure remains open, and the ambiguity of the novelist's stylistic intentions makes this critical and radical view coexist with more traditional interpretations.[48]

Another display of objects, abstracted from a plausible dimension, is the description of Hannon's personal items, when he attempts to calm the Mercenaries by paying them some *solde:*

> On courut aux avant-postes, et les bagages du Suffète arrivèrent au milieu des tentes, poussés par les Barbares. Sans attendre les esclaves, bien vite ils dénouèrent les corbeilles; ils y trouvèrent des robes d'hyacinthe, des éponges, des grattoirs, des brosses, des parfums et des poinçons en antimoine, pour se peindre les yeux; ... Ensuite on découvrit sur un chameau une grande cuve de bronze: c'était au Suffète pour se donner des bains pendant la route; ... Mais, comme sa maladie lui donnait un grand appétit, il y avait, de plus, force comestibles et force vins, de la saumure, des viandes et des poissons au miel, avec de petits pots de Commagène, graisse d'oie fondue recouverte de neige et de paille hachée. (p. 707)

For Ferrère, beyond revealing Hannon's disgusting figure, this list of strange items is necessary in order to show us the Barbarians' growing rage at the sight of Hannon's riches.[49] This interpretation is acceptable if the details are considered from the view point of the Barbarians who are probably familiar with those objects; instead, from the reader's view point these personal belongings are difficult to evaluate. As Lukàs notes, the material items overwhelm the portrayal of men:

> The political side, the character of the persons, the genius of the people, the aspects whereby the particular history of this civilizing people is of concern to history in general and of interest to the great current of civilization, are sacrificed here or subordinated to the exorbitant, descriptive side, to a dilettantism which, unable to apply to anything but rare ruins, is compelled to exaggerate them.[50]

Thus, though the cultic objects described in the third chapter may symbolize Salammbô's mystic desires, their exotic traits are incomprehensible to the narrator and to the reader:

Salammbô monta sur la terrasse de son palais, soutenue par une esclave qui portait dans un plat de fer des charbons enflammés. Il y avait au milieu de la terrasse un petit lit d'ivoire, couvert de peau de lynx avec des coussins en plume de perroquet, animal fatidique consacré aux Dieux, et dans les quatre coins s'élevaient quatre longues cassolettes remplies de nard, d'encens, de cinnamone et de myrre. (p. 707)

When Mathô enters Salammbô's room carrying the Zaimph, he sees numerous things that are mysterious and obscure to both the reader and Mathô, and he stops short of interpreting the exotic for the reader:

Des aisles de phénicoptères, emmanchées à des branches de corail noir, traînaient parmi les coussins de pourpre et les étrilles d'écaille, les coffrets de cèdre, les spatules d'ivoire. A des cornes d'antilope étaient enfilées des bagues, des bracelets; et des vases d'argile rafraîchissaient au vent, dans la fente du mur, sur un treillage de roseaux. ... Au fond, des balustres d'argent entouraient un tapis semé de fleurs peintes. (p. 719)

Flaubert emphasizes the drifting of sense in the proliferation of the ornamental, though he sees it as a positive feature: *Si cette série de couillonades a un sens, c'est bien; si ça n'en a pas, c'est mieux, car ce qui n'a pas de sens a un sens supérieur à ce qui en a. (Corr. I, p. 247)*[51]

The enumeration of the objects displayed to celebrate Salammbô's wedding connotes the Carthaginians' euphoria, and simultaneously it is a useless proliferation of elements that exhibit a degree of autonomy from the narrative plot:

De grands buires d'électrum, des amphores de verre bleu, des cuillères d'écaille et de petits pains ronds se pressaient dans la double série des assiettes à bordures de perles; des grappes de raisins avec leurs feuilles étaient enroulées comme des thyrses à des ceps d'ivoire; des blocs de neige se fondaient sur des plateaux d'ébène, et des limons, des grenades, des courges et des pastèques faisaient des monticules sous les hautes argenteries. (p. 795)

The exotic and incomprehensible object par excellence is the Zaimph, the goddess' veil that no one can see or touch:

Mais au delà on aurait dit un nuage où étincelaient des étoiles; des figures apparaissaient dans les profondeurs de ses plis: Eschmoûn avec les Kabires, quelques-uns des monstres déjà vus, les bêtes sacrées des Babyloniens, puis d'autres qu'ils ne connaissaient pas. Cela passait comme un manteau sous le visage de l'idole, et, remontant étalé sur le mur, s'accrochait par les angles, tout à la fois bleuâtre comme la nuit, jaune comme l'aurore, pourpre comme le soleil, nombreux, diaphane, étincelant, léger. C'était là le manteau de la Déesse, le zaimph saint que l'on ne pouvait pas voir. (p. 718)

Jacques Neefs interprets the Zaimph as a game of power between the Carthaginians and the Barbarians, as a symbol of Carthage's destiny, and simultaneously as the erotic emblem that determines the encounter between Salammbô and Mathô.[52] The Zaimph could unite the two characters, and it could be the image of their passion that dooms them to death. In addition, the veil is identified with Salammbô/Tanit and represents her virginity: *jaune comme l'aurore, pourpre comme le soleil, diaphane, étincelant, léger.* Furthermore, one may view the sacred object as a fetish, a substitute for Salammbô's body, and therefore as a projection of Mathô's desire for her. The veil is documented as a historical object by Aristotle:

On rapporte qu'on fabriqua pour le Sybarite Alcesthène une étoffe d'une telle magnificence que lorsqu'il exposa dans la panégerie-fête solennelle de Junon Lacinienne, où se rendait toute l'Italie-elle excita l'admiration générale et fit dédaigner tous les autres objets. On dit que les Carthaginois achetèrent ce péplo de Denys l'Ancien, alors régnant pour la somme de cent vingt talents. ... Il était à fond de pourpre, formait un carré de quinze coudées de côté, et il était orné de haut en bas de figures ouvrées dans le tissu. Le haut représentait les animaux sacrés des Lusiens, le bas ceux des Perses.[53]

However, this object lacks an analogue, and it is described through metaphors that both reveal and conceal at the same time: *tout à la fois bleuâtre comme la nuit, jaune comme l'aurore, pourpre comme le soleil, nombreux.* The association of different colors gives the characters and the reader a fragmentary image. Besides, Flaubert describes something that cannot be seen or represented: *C'était là le manteau de la Déesse, le zaimph saint que l'on ne pouvait voir.* The Zaimph is presented through several entities, and it goes from one definition to another in the same sentence. Thus, at first it is a strange cloud that makes divine and monstrous figures appear; then, it is transformed through a comparison into a *manteau* spread out on the wall and covering the goddess: *Cela passait comme un manteau sous le visage de l'idole, et remontant étalé sur le mur, s'accrochait par les angles.* Finally, the entire image is neutralized by the sign-expression Zaimph that signifies various motifs at the same time. Veronica Forrest-Thompson states that the enigma is inherent in the ambiguous meaning of the Zaimph.[54]

The veil remains an enigmatic power for both the characters and readers, and it represents the impossibility of knowing: with its vague undulations it envelops *Salammbô* in the mystery hidden in the *plis* of the fabric, similar to the novel's essential mystery that disorients the reader. Described in the visual terms of its texture, the Zaimph is the indescribable. Thus, the undulating motion of the veil suggests the play of light and dark, presence and absence. This object is a signifier that recalls Lacan's discussion of the phallus, which works only when it is concealed:

> Le phallus est le signifiant privilégié de cette marque où la part du logos se conjoint à l'avènement du désir. On peut dire que ce signifiant est choisi comme le plus symbolique au sens littéral (typographique) de ce terme, puisqu'il équivaut à la copule (logique). ... Tous ces propos ne font encore que voiler le fait qu'il ne peut pas jouer le rôle que voilé, c'est-à-dire comme signe lui-même de la latence dont il est frappé tout signifiable, dès lors qu'il est élevé à la fonction de signifiant. Le phallus est le signifiant de cette Aufhebung elle-même qu'il inaugure (initie) par sa disparition. C'est pourquoi le démon de L'Aidos (Scham) surgit dans le moment même où dans le mystère antique, le phallus est dévoilé.[55]

Similar to Mathô and Spendius, the reader cannot see the veil; one can only sense its rhythmic motion and envision its texture and the *profondeur de ses plis* through metaphorical analogy to other surfaces *(comme)*. The Zaimph is a taboo that is never transgressed. In the two scenes where it figures most strikingly, the characters Mathô and Salammbô think they are seeing it; actually, what they see is a reflection of their own illusion.[56] Pertaining to the indescribable, in *Madame Bovary* one finds equivalents in the descriptions of both the wedding-cake and Binet's lathe. Nonetheless, while in the bourgeois novel the objects maintain a recognizable dimension (they could exist); in *Salammbô* the veil is enveloped in an atmosphere of mystery, and it becomes difficult for the reader to refer it to a plausible and definite signified. Thus, "like the characters, we are only partially able to control the discourse with which they are confronted, we are presented here with an allegory of the limitations of the power of language."[57]

The description of Mathô's objects spread out in his tent—when Salammbô sees him to reacquire the Zaimph—both invites, and conceals interpretation, simultaneously:

> C'était une tente profonde, avec un mât dressé au milieu. Un grand lampadaire en forme de lotus l'éclairait, tout plein d'une huile jaune, où flottaient des poignées d'étoupes, et on distinguait dans l'ombre des choses militaires qui reluisaient. Un glaive nu s'appuyait contre un escabeau, près d'un bouclier; des fouets en cuir d'hippopotame, des

cymbales, des grelots, des colliers s'étalaient pêle-mêle sur des corbeilles en sparterie. (p. 758)

Various interpretations are possible. The objects create an *effet de réel;* or they may connote Mathô's life as a valiant soldier: *on distinguait dans l'ombre des choses militaires qui reluisaient.* In addition, they may reflect Salammbô's fascination for Mathô. Nevertheless, the enumeration is composed of disparate, indistinct, and unusual elements which—instead of representing for the narrator an homogeneous image important for the comprehension of the story-line (Salammbô's seduction)—dissociate themselves from narrative verisimilitude: *des fouets en cuir d'hippopotame, des cymbales, des grelots, des colliers s'étalaient pêle-mêle sur des corbeilles en sparterie.*[58] Similarly, the portrayal of various gods and sacred objects during the sacrifice to Moloch constitutes a religious *bigarrure* that belongs to the language of ritual, and is foreign to the average reader:

Ensuite venaient toutes les formes inférieures de la divinité: Baal-Samin, dieu des espaces célestes; Baal-Peor, dieu des monts sacrés; Baal-Zeboub, dieu de la corruption et ceux des pays voisins et des races congénères: l'Iarbal de la Lybie, l'Adrammelech de la Caldée, le Kijun des Syriens; Derceto, à figure de vierge, rampait sur ses nageoires, et le cadavre de Tammouz était traîné au milieu d'un catafalque, entre des flambeaux et des chevelures. Pour asservir les rois du firmament au Soleil et empêcher que leurs influences particulières ne gênassent la sienne, on brandissait au bout de longues perches des étoiles en métal diversement coloriées; et tous s'y trouvaient, depuis le noir Nebo, génie de Mercure, jusqu'au hideux Rahab, qui est la constellation du Crocodile. Les Abbadirs, pierres tombées de la lune, tournaient dans des frondes en fils d'argent; de petits pains, reproduisant le sexe d'une femme, étaient portés sur des corbeilles par les prêtres de Cérès; d'autres amenaient leurs fétiches, leurs amulettes. (p. 779)

Though the description is representative of Carthage's intricacies of religious rituals that combine mysticism and sexuality *(de petits pains, reproduisant le sexe d'une femme);* on the other hand, the endless enumeration of divinities and cultic objects fails to furnish discernible categories: *les Abbadirs, pierres tombées de la lune, tournaient dans des frondes à fils d'argent.* Pertaining to religious mystery, Culler claims that:

The sacred is a formal concept which permits an ordering of experience and confers value on it but which lacks a precise content which would make it a determinant of practical affairs. Salammbô dies because she has tried to fill up the empty form of the sacred.[59]

There is no connection between the outside world and the psychology of the main characters. It seems as though the writer does not want his objects to be universally understood as material mediators of human actions: *on brandissait, au bout de longues perches des étoiles en métal diversement coloriées; les Abbadirs, pierres tombées de la lune, tournaient dans des frondes en fils d'argent.* In this novel exoticism exists in the dimension of time, exemplified in the remote history of the Carthaginian wars; and in space, portrayed in the exotic country of Africa. As Ségalen argues:

> Définition du préfixe Exo dans sa plus grande généralisation possible.
> Tout ce qui est 'en dehors' de l'ensemble de nos faits de conscience actuels, quotidiens, tout ce qui n'est pas notre 'Tonalité mentale' coutumière. Donc, Exotisme dans le Temps/Espace.
> Dans le Temps: Passé: exotisme des chroniques surtout.
> Présent: n'existe pas.
> Futur: Exotisme imaginaire: Wells par exemple.
> Exotisme de l'Espace: inadaptation au milieu.[60]

The description of arms during the siege of Carthage represents another exotic enumeration of decontextualized fragments:

> Sous la variété infinie de leurs appelations (qui changèrent plusieurs fois dans le cours des siècles), elles pouvaient se réduire à deux systèmes: les unes agissant comme des frondes et les autres comme des arcs. Les premières, les catapultes, se composaient d'un châssis carré, avec deux montants verticaux et une barre horizontale. A sa partie antérieure un cylindre, muni de câbles, retenait un gros timon portant une cuillère, pour recevoir les projectiles. ... Les secondes offraient un mécanisme plus compliqué: sur une petite colonne, une traverse était fixée par son milieu où aboutissait à angle droit une espèce de canal: aux extrémités de la traverse s'élevaient deux chapiteaux qui contenaient un entortillage de crins; deux poutrelles s'y trouvaient prises pour maintenir les bouts d'une corde qui l'on amenait jusqu'au bas du canal, sur une tablette de bronze. (p. 769)

The passage is ambiguous, because on the surface it appears to inform the reader about the Barbarians' use of arms; however, as Michel Butor shows, these ancient machines are representations of modern machines:

> En contraste avec les machines symboliques merveilleuses, nous avons les machines terrifiantes, destructrices, liées à la machinerie de la

société carthaginoise dans laquelle la bourgeoisie transforme le reste de la population en pièces interchangeables.[61]

At first, the narrator gives the reader an interpretative schema about arms: *elles pouvaient se réduire à deux systèmes: les unes agissant comme des frondes et les autres comme des arcs.* Then he lists an infinite variety of machines in a cumulative, strange, and disordered manner: *aux extrémités de la traverse s'élevaient deux chapiteaux qui contenaient un entortillage de crins; deux poutrelles s'y touvaient prises pour maintenirs les bouts d'une corde.*[62] In the description of arms in *Salammbô*, we must distinguish two classes: the first contains French words, well-known to the reader, which designate something other than arms, such as animals, so that the reader becomes disoriented by the unadaptability of the signifier:

Enfin apparurent les échafaudages des hautes machines: carrobalistes, onagres, catapultes et scorpions, oscillant sur des chariots tirés par des mulets et des quadriges de boeufs. (p. 725)

The other group includes rare scientific terms: *les balistes, les carrobalistes, les catapultes, les manipules, les sarisses.* Flaubert was subject to various critiques for his overuse of unknown terms and figures that risk remaining opaque and foreign to the reader. Froenher writes that in order to read *Salammbô: il faudrait un dictionnaire, ou plutôt plusieurs.*[63]

In addition, the descriptions of Hamilcar's gardens reveal tension between a symbolic reading and critical deconstruction of a thematic integration into the narrative. Thus, this image— of the grove during the Mercenaries's feast at the beginning of the book—evidences a demarcating function by indicating the beginning of the text and introducing Hamilcar's palace to the reader:

Des figuiers entouraient les cuisines; un bois de sycomores se prolongeait jusqu'à des masses de verdure, où des grenades resplendissaient parmi les touffes blanches des cotonniers: des vignes, chargées de grappes, montaient dans le branchage des pins: un champ de roses s'épanouissait sous des platanes; de place en place sur des gazons se balançaient des lis; un sable noir, mêlé à de la poudre de corail, parsemait les sentiers, et, au milieu l'avenue des cyprès faisait d'un bout à l'autre comme une double colonnade d'obélisques verts. (p. 694)

According to Anne Green, Flaubert has assembled here a list of elements, all of which figure in Christian iconography and are associated with concepts of harmony and tranquillity: the fig-tree is associated with the tree of knowledge in the garden of Eden; the pomegranate is a symbol of fertility, and it could represent hope of resurrection and immortality; and the rose is associated with the garden of Eden where, according to Christian tradition, it grew without thorns. However, the coral is mixed with black sand, and the sinister note is repeated by the final reference in the description: the cypress trees that stretch across the garden in two straight lines are symbols of death. Thus, they prefigure the imminent destruction of the paradise garden.[64]

Instead, other descriptions of the gardens are presented in their accumulation, heterogeneity, and exoticism, and they are foreign to both the observer and the reader. An example of this is the following image of the forest, during Narr'Havas' visit to Salammbô, after the Barbarians' defeat:

> Les colombes, sur les palmiers autour d'eux, roucoulaient doucement, et d'autres oiseaux voletaient parmi les herbes: des galéoles à collier, des cailles de Tartessus et des pintades puniques. Le jardin, depuis longtemps inculte, avait multiplié ses verdures; des coloquintes montaient dans le branchage des canéficiers, des asclépias parsemaient les champs des roses, toutes sortes de végétations formaient des entrelacements, des berceaux. (p. 788)[65]

At the same time, the details characterize Narr'Havas's feelings for Salammbô, and the return of order and life after destruction and the Mercenaries' defeat: *le jardin, depuis longtemps inculte, avait multiplié ses verdures.* The descriptive components prepare the narrative action by hinting at the planned union between Narr'Havas and Salammbô: *toutes sortes de végétations formaient des entrelacements, des berceaux.*

In this illustration of Hamilcar's garden, an exotic *bariolage* of forms appears to the Barbarians, and to the reader:

> Ils (les Barbares) coupèrent avec leurs poignards les courroies de la serrure et se trouvèrent alors sous la façade qui regardait Carthage, dans un autre jardin rempli de végétations taillées. Des lignes en fleurs blanches, toutes se suivant une à une, décrivaient sur la terre couleur d'azur de longues paraboles, comme des fusées d'étoiles. Les buissons, pleins de ténèbres, exalaient des odeurs chaudes, mielleuses. Il y avait des troncs d'arbres barbouillés de cinabre, qui ressemblait à des colonnes sanglantes. Au milieu, douze piédistaux de cuivre portaient chacun une grosse boule de verre, et des lueurs rougeâtres emplissaient confusément ces globes creux, comme d'énormes prunelles qui palpitaient encore. (p. 696)

However, in this instance signs are ambivalent, because one may interpret some of the descriptive details as an indication of the Barbarians' thirst for lust associated with violence, which is one of the main themes of the book: *les*

*buissons exalalaient des odeurs chaudes, mielleuses. Il y a avait des troncs
d'arbres barbouillés de cinabre, qui ressemblaient à des colonnes sanglantes.*

In general, exoticism in the description of objects in *Salammbô* affects
interpretation in the way ornamental and mysterious details overwhelm the
narrative plot. Sometimes details are exotic for both the narrator and reader, and
not for the protagonist. At other times, details are exotic for the protagonist as
well. In contrast with the bourgeois novel, the cultic objects and religious
symbols are completely unknown to the Western perception. As Demorest
emphasizes:

> Dans *Salammbô* les choses s'y éclabaissent à profusion sur une toile
> historique toute tendue de sang, de flammes et de nuit. Les personnages
> se meuvent dans une forêt de symboles confus. Salammbô meurt
> d'avoir touché au manteau de Tanit et d'avoir éprouvé, comme
> Emmon, le vide atroce des choses-symboles.[66]

Flaubert, himself, perceives the risk involved in getting lost in a labyrinth of
incomprehensible symbols:

> Je suis perdu dans les machines de guerre, les balistes et les scorpions
> et je n'y comprends rien, moi, ni personne. On a bavardé là-dessus sans
> rien dire de net. (*Corr.* IV, p. 326)[67]

Heterogeneity and the Exotic Enumerations of Peoples

> Ne nous flattons pas d'assimiler les moeurs, les races, les nations, les
> autres; mais au contraire éjouissons-nous de ne le pouvoir jamais; nous
> réservant ainsi la perdurabilité du plaisir de sentir le Divers.
> (Ségalen)[68]

The descriptions of crowds and peoples in *Salammbô* are composed of a
series of heterogeneous and exotic elements that, while they may represent the
variety of the Ancient world, simultaneously block the individualization of a
significant and global image: the reader is faced with a primitive disorder in
contrast with *Madame Bovary*'s relative order. The description of the
Mercenaries' army at the beginning of the novel is an example of this process:

> Il y avait des hommes de toutes les nations, des Ligures, des
> Lusitaniens, des Baléares, des Nègres et des fugitifs de Rome. ... Le
> Grec se reconnaissait à sa taille mince, l'Egyptien à ses épaules
> remontées, le Cantabre à ses larges mollets. Des Cariens balançaient
> orgueilleusement les plumes de leur casque, des archers de Cappadoce

s'étaient peints avec des jus d'herbes de larges fleurs sur le corps, et
quelques Lydiens portant des robes de femmes dinaient en pantoufles et
avec des boucles d'oreille. (p. 694)

The scene introduces the Mercenaries' army to the reader.[69] At the same
time, the details present the motifs of excess and unassimilable difference: *Des
Cariens balançaient orgueilleusement les plumes de leur casque, des archers de
Cappadoce s'étaient peints avec des jus d'herbes de larges fleurs sur le corps.*
Flaubert insists on the variety of these peoples' customs—their beliefs and
languages. The absence of unity in the description, the heterogeneous detail may
weaken our critical attempt. Another factor intervenes to disrupt the
interpretative schema: the enumeration of races may be considered
representative of a series of clichés of barbarism, a list of literary stereotypes
poeticized by exotic distancing in a typical procedure of aesthetic
defamiliarization. For the critical reader, this process renders the cliché fully
visible, as such. One may consider the details of the Mercenaries' army as
repetitions of literary clichés that result in the stylistic exercise of a
decontextualized enumeration of stereo-typed peoples.[70]

The enumeration of the Mercenaries departing toward Sicca is an
assemblage of pure heterogeneity and disorder, as well:

> Puis vint la cohue des bagages, des bêtes de somme et des traînards.
> Des malades gémissaient sur des dromadaires; d'autres s'appuyaient,
> en boitant, sur le tronçon d'une pique. ... On en voyait avec des
> parasols à la main, avec des perroquets sur l'épaule. Ils se faisaient
> suivre par des dogues, par des gazelles ou des panthères. Des femmes
> de race libyque, montées sur des ânes, invectivaient les négresses qui
> avaient abandonné pour les soldats les lupanars de Malqua. ... Et il y
> avait une quantité de valets et de porteurs d'eau, hâves, jaunis par les
> fièvres et touts sales de vermine, écume de la plèbe carthaginoise, qui
> s'attachait aux Barbares. (pp. 700–701)

Though the passage indicates the Barbarians' nature and variety and offers the
reader some information about their customs, on the other hand:

> Flaubert, the craftsman of linguistic materiality, picks out these
> detached verbal elements from the death flow and juxtaposes them to
> form hard blocks, blocks that he wishes as devoid of figuration and as
> smoothly polished as a perfectly blank wall of the Acropolis.[71]

Similarly, the presence of the exotic and heterogeneous detail may disrupt
representation in the description of the women in the Mercenaries' camp:

Au milieu des valets et des vendeurs ambulants circulaient des femmes de toutes les nations, brunes comme des dattes mûres, verdâtres commes des olives, jaunes commes des oranges, vendues par des matelots, choisies dans les bouges, volées à des caravanes, prises dans le sac des villes. ... Les épouses des Nomades balançaient sur leurs talons des robes en poil de dromadaire, carrées et de couleur fauve; des musiciennes de la Cyrénaïque, enveloppées de gazes violettes et les sourcils peints, chantaient accroupies sur des nattes; de vieilles Négresses, aux mamelles pendantes ramassaient, pour faire du feu, des fientes d'animal que l'on desséchait au soleil; les Syracusaines avaient des plaques d'or dans la chevelure, les femmes des Lusitaniens des colliers de coquillages, les Gauloises de peaux de loup sur leur poitrine blanche. (p. 712)

The scene, viewed from the Carthaginians' perspective, emphasizes the exotic and disparate Barbarian customs. The passion shows Flaubert's desire for mastering the matter through the inclusion of multiple details. However, the heterogeneity of elements remains resistant to systematization, and it questions the functionality of the long enumeration: *Les Syracusaines avaient des plaques d'or dans la chevelure, les femmes des Lusitaniens des colliers de coquillages, les Gauloises des peaux de loup sur leur poitrine blanche.*

The same ambiguity is evident in the long list of groups that join the Mercenaries' army:

Ce n'étaient pas les Lybiens des environs de Carthage; ... mais les Nomades du plateau de Barca, les bandits du cap Phiscus et du promontoire de Derne, ceux de Phazzana et de la Marmarique. Ils avaient traversé le desert en buvant aux puis saumâtres maçonnés avec des ossements de chameau; les Zuaèces, couverts de plumes d'autruche, étaient venus sur des quadriges; les Garamantes, masqués d'un voile noir, assis en arrière sur leurs cavales peintes; d'autres sur des ânes, sur des onagres, sur des zébres, sur des buffes; et quelques-uns traînaient avec leurs familles et leurs idoles le toit de leur cabane en forme de chaloupe. Il y avait des Ammoniens aux membres rides par l'eau chaude des fontaines; des Atarantes, qui maudissent le soleil; des Troglodytes, qui enterrent en riant leurs morts sous des branches d'arbres; et les hideux Auséens, qui mangent des sauterelles; les Achyrmachides, qui mangent des poux, et les Gysantes, peints de vermillon, qui mangent des singes. (p. 767)

It is disputable whether this description may be considered functional and realistically persuasive. Ferrère, for example, considers the passage to be effectively integrated into the narrative and revealing the wildness, ferocity, and the barbarity of the African peoples:

> C'est le dénombrement de l'armée commandée par Mathô et Spendius, et les détails qui servent à caractériser chaque peuplade ne sont pas uniquement destinés à nous étonner pour leur bizarrerie; ils sont choisis surtout pour produire une impression sauvage et féroce; ce ne sont pas seulement quelque peuples africains, c'est la barbarie africaine tout entière, déchaînée, qui roule vers Carthage.[72]

Instead, at the same time an artificial stylistic game reduces the subjective to an exotic objectivity that culminates in a variegated enumeration: *les Zuaèces, couverts de plumes d'autruche; les Garamantes masqués d'un voile noir; des Atarantes qui maudissent le soleil; les Gysantes, peints de vermillon, qui mangent des singes.* The peoples' costumes are completely foreign and obscure to the modern mind.[73] One may consider the passage an example of how description becomes pure ornament by assuming a self-contained meaning.[74] The reader might accept the ideas of the Atarantes cursing the sun, and the Troglodytes burying their dead beneath the branches. However, what is the significance of those picturesque eaters of lice and monkeys? And how should the reader consider the foreign creatures, called Ammonians, who differ from us in their strangely-wrinkled limbs? It becomes increasingly difficult to logically accept the characteristics of these exotic peoples. The passage gradually moves to more doubtful statements, and reality is reduced to a series of decontextualized elements. Furthermore, this list of peoples is a series of clichés of Barbarism that repeat the literary *topoi* of exoticism and assume the value of an artificial ornamental digression. According to Holdheim, the depiction of the Barbarians belongs to the pseudo-objective realm of the cliché:

> Clicheification is the way interpretation can pose as pure description. It is the realm of stereotyped explanations masquerading as matters of fact, the domain of collectively prefabricated given meanings that can be simply, passively taken over and engender a deceptive feeling of illumination.[75]

It is important to note how Flaubert uses stereotypical elements of description to undermine their very plausibility, such as in this list of stereotypes of the Pagan religion:

> Les prêtres de Khamon, en robe de laine fauve, s'alignèrent devant leur temple, sous les colonnes du portique: ceux d'Eschmoûn, en manteaux de lin avec des colliers à tête de coucoupha et des tiares pointues, s'établirent sur les marches de l'Acropole; les prêtres de Melkart, en

tuniques violettes, prirent pour eux le côté de l'Occident; les prêtres des Abbadirs, serrés dans des bandes d'étoffes phrygiennes, se placèrent à l'orient. ... Les prêtres de Cérès, habillés de robes bleues, s'étaient arrêtés, prudemment, dans la rue de Satheb, et psalmodiaient à voix basse un thesmophorion en dialecte mégarien. (p. 779)

The selection is based upon mysterious religious symbols and rituals that are totally unknown to the reader: *les prêtres de Cérès psalmodiaient à voix basse un thesmophorion en dialecte mégarien.* The description has an ornamental function because it derives from a literary aesthetic code, rather than from a representational content.

Stones, Mystery, and Fragmentation in Portraits

La pierre fige, exhibe, puis dissimule et engloutit; la conservation aboutit à l'absorption; la matière, qui devait préserver l'histoire et en garder mémoire, la phagocyte dans son chaos, la rend incompréhensible. (Louis Bottineau)[76]

Innumerable portraits in Flaubert's oriental novel present petrified traits that do not appear in *Madame Bovary,* such as the following description of Salammbô as she appears to the Mercenaries for the first time:

Sa chevelure poudrée d'un sable violet, et réunie en forme de tour selon la mode des vierges chananéennes, la faisait paraître plus grande. Des tresses de perles attachées à ses tempes descendaient jusqu'au coin de sa bouche, rose comme une grenade entr'ouverte. Il y avait sur sa poitrine un assemblage de pierres lumineuses, imitant par leur bigarrure les écailles d'une murène. Ses bras, garnis de diamants, sortaient nus de sa tunique sans manches, étoilée de fleurs rouges sur un fond tout noir. (p. 696)

This portrait encourages several intepretations. In this first appearance, the oriental princess is seen from the point of view of all the Mercenaries, and she could be a reflection of their fantasies and fears about Carthage. Thus, the virgin becomes the living symbol of the city, its wealth that inspires envy and avarice, and its gods who inspire mysterious fear. At the same time she is described as a type of dreamy and frustrated young nineteenth-century woman, frequently referred to by Flaubert in *Madame Bovary.* According to Anne Green, Salammbô, like Pasiphae, is invariably associated with the moon, and for Mathô she is the moon-goddess herself.[77] Further, the beautiful heroine bears some traces of Kuckuk-Hanum, the oriental dancer whom Flaubert met during his trip

to the Orient; although Salammbô is the daughter of Hamilcar and at a
considerable social distance from the Almeh of Egypt.[78]

However, Salammbô is submerged by a *bigarrure* of rigid stones that block
life or movement. The gaze does not penetrate to the interior of the young girl;
instead, it remains fixed on the strange jewels, textures, and fabrics of her dress:
*il y avait sur sa poitrine un assemblage de pierres lumineuses; ses bras, garnis
de diamants, sortaient nus de sa tunique sans manches.* Like the Zaimph,
Salammbô is neither a fact that can be represented, nor a *foyer* of interpretation;
rather, she influences the mercenaries only by symbolizing something that they
do not understand: *Personne encore ne la connaissait.*[79] Doubts about her
identity are central in the whole book: in what sense is she Tanit? And, if Tanit
is simply a delusion the heroine shares with the rest of the characters, what is the
controlling power and the source of Salammbô's influence? If the way
Hamilcar's daughter is described signifies the Moon, Tanit, or Carthage; at the
same time, she is what is not understood, the 'indescribable':

> C'est une maniaque, une espèce de Sainte Thérèse. N'importe! Je ne
> suis pas sûr de sa réalité; car ni moi, ni vous, ni personne, aucun ancien,
> aucun moderne, ne peut connaître la femme orientale, par la raison qu'il
> est impossible de la fréquenter. (*Corr.* IV, p. 430)[80]

The same sense of vagueness and mystery characterizes the description of
Salammbô, when Mathô enters her room carrying the Zaimph:

> Elle dormait la joue dans une main et l'autre bras déplié. Les anneaux
> de sa chevelure se répandaient autour d'elle abondamment qu'elle
> paraissait couchée sur des plumes noires, et sa large tunique blanche se
> courbait en molles draperies, jusqu'à ses pieds, suivant les inflexions de
> sa taille. On apercevait un peu ses yeux, sous ses paupières entre-
> closes. Les courtines, perpendiculairement tendues, l'enveloppaient
> d'une atmosphère bleuâtre, et le mouvement de sa respiration, en se
> communiquant aux cordes, semblait la balancer dans l'air. Un long
> moustique bourdonnait. (p. 719)

According to Sherrington, Salammbô is presented here in terms suggesting the
same mystery and domestic femininity. Additionally, the blue net, the bed
suspended from the roof, and the white clothing, all stress the Salammbô-Tanit
parallel.[81] Yet, the young sleeping princess appears as a strange combination of
black and white, not as a defined image: *elle paraissait couchée sur des plumes
noires, et sa large tunique blanche se courbait en molles draperies.* Neither
Mathô nor the reader see Salammbô; instead they view a series of mysterious
objects: *des aisles de phénicoptères, émmanchées à des branches de corail noir,
traînaient parmi les coussins de pourpre et les étrilles d'écaille, les coffrets de*

cèdre, les spatules d'ivoire. (p. 719)[82] Paradoxically, what derives from the description is fragmentation plus a certain continuity provided by the clothing and the drapery.

The description of the princess going to Mathô's tent wavers between transparency and opacity:

> Mathô n'entendait pas; il la contemplait et les vêtements, pour lui, se confondaient avec le corps. La moire des étoffes était, comme la splendeur de sa peau, quelque chose de spécial et n'appartenant qu'à elle. Ses yeux, ses diamants étincelaient; le poli de ses ongles continuait la finesse des pierres qui chargeaient ses doigts; les deux agrafes de sa tunique, soulevant un peu ses seins, les rapprochaient l'un de l'autre, et il se perdait par la pensée dans leur étroit intervalle, où descendait un fil tenant une plaque d'émeraudes, que l'on apercevait plus bas sous la gaze violette. Elle avait pour pendants d'oreille deux petites balances de saphir supportant une perle creuse, pleine d'un parfum liquide. (p. 758)

Here the descriptive components mirror the combination of Mathô's sexual and mystical aspirations: *les deux agrafes de sa tunique, soulevant un peu ses seins, les rapprochaient l'un de l'autre, et il se perdait par la pensée dans leur étroit intervalle, où descendait un fil tenant une plaque d'émeraudes.*[83] The Mercenaries' first view of Salammbô was one of jeweled splendor, which reinforced their ideas of Carthage's wealth and mystery. It is important that this idea should now be confirmed by Mathô. The confusion of body and cloth produces intense moments of displaced eroticism, when the veils that envelop the princess become fetishes representing the essence of Tanit's divinity. At the same time, as the semi transparent veils of Salammbô draw attention to a sacredness that challenges violation, the passage shows, as well, the writer's unsuccessful attempt to give order to desires that are ultimately unattainable. The totality of representation that the fetish should convey is illusory, inasmuch as what both Mathô and the reader see is a fragmented image. As Claude Reichler indicates:

> Le signe, la lettre, la phrase, comme la chevelure, le vêtement ou le corps même, sont les parties d'un tout lacunaire qu'il faut restituer à sa plénitude par un mouvement de comblement amoureux, onirique, imaginaire. ... Mais il n'y a de totalité qu'illusoire, et cette constatation nous permettra de donner du fétiche flaubertien une définition précise: il est accès véritable à une totalité fictive, il est appropriation, à travers une réalité parcellisée, d'une illusion totalisatrice. Le fétiche est le siège d'une double relation: de spécification-substitution (la partie pour le tout) et de déception (la partie au lieu du tout). Il remplace et représente un néant qu'il fait passer artificieusement pour un être.[84]

The fetish is both a production and a projection of desire, as well as a substitution for the whole body, and it is associated with the total value of the part. As a result, every time there is fetishisation, there is erotisation of the object. The metonymic structure of reference to presence is normally used by the fetishist to mask his/her discovery of absence. Nevertheless, in this description of Salammbô, the fetish stops short of a totality of representation; instead, being viewed as a partial object, it is complemented by the indefinite detail that blurs the illusion of totality.[85]

The descriptive process begins with an impressionistic picture of Salammbô as an extension of her ornamentation: *le poli de ses ongles continuait la finesse des pierres qui chargeaient ses doigts; elle avait pour pendants d'oreille deux petites balances de saphir supportant une perle creuse, pleine d'un parfum liquide.* Both Mathô and the reader see many stones and jewels, but they never see Salammbô. These stones are not related to her inner life, and they impede the reader's desire to know her:

> A mesure que nous la connaissons davantage nous soupçonnons que cette âme mystérieuse ne renferme que le vide; et nous éprouvons quelque chose de la déception de Mathô, lorsque, après avoir traversé les salles étincelantes du temple de Tanit, encore tout aveuglé par l'éclat des marbres, des métaux et des gemmes, il finit par arriver au fond du sanctuaire, un obscur réduit, où il discerne rien qu'une pierre noire, à peine dégrossie.[86]

This portrayal of Hamilcar's daughter fails to provide us with a definite image; instead, it represents a series of reflections and shimmering points that may connote the text itself, rather than a specific message: *Elle avait autour de la taille, sur les bras, sur les mains et aux doigts des pieds, une telle abondance de pierreries que le miroir, comme un soleil, lui renvoyait des rayons.* (p. 756)

The portrait of Salammbô, on her wedding day, is similarly ambivalent:

> Des chevilles aux hanches, elle était prise dans un réseau de mailles étroites imitant les écailles d'un poisson et qui luisaient comme de la nacre; une zone toute bleue serrant sa taille laissait voir ses deux seins, par deux échancrures en forme de croissant; des pendeloques d'escarboucles en cachaient les pointes. Elle avait une coiffure faite avec des plumes de paon étoilées de pierreries; un large manteau, blanc comme de la neige, retombait derrière elle, et les coudes au corps, les genoux serrés, avec des cercles de diamants au haut des bras, elle restait toute droite, dans une attitude hiératique. (p. 795)

The detailed description reveals the princess' religious aspirations that are related to sexuality: *une zone toute bleue serrant sa taille laissait voir ses deux seins, par deux échancrures en forme de croissant.* At the same time, Salammbô is described as a statue whose main characteristics are the stones that cover her body and prevent the reader from referring this image to a narrative schema: *les genoux serrés, avec des cercles de diamant au haut des bras, elle restait toute droite, dans une attitude hiératique.* The components mislead the reader and prevent the identification and recognition of familiar categories: *Des chevilles aux hanches, elle était prise dans un réseau de mailles étroites imitant les écailles d'un poisson et qui luisaient comme de la nacre.*

Many elements of these portraits constitute a Flaubertian stereotype of the oriental woman (jewels, stones, shimmering points); however, the jewels and stones submerge the person in descriptions that exceed the stereotype. This emphasis on stones and jewels differentiates *Salammbô* from *Madame Bovary*, in which, apart from a certain fragmentation of traits, portraits generally maintain readable features.[87]

Shapeless Portraits. Flaubert describes several human figures as shapeless, including this image of Hannon viewed by the Barbarians:

> L'abondance de ses vêtements, son grand collier de perles bleues, ses agrafes d'or et ses lourds pendants d'oreilles ne rendaient que plus hideuse sa difformité. On aurait dit quelque grosse idole ébauchée dans un bloc de pierre; car une lépre pâle, étendue sur tout son corps, lui donnait l'apparence d'une chose inerte. Cependant son nez, crochu comme un bec de vautour, se dilatait violemment, a fin d'aspirer l'air, et ses petits yeux, aux cils collés, brillaient d'un éclat dur et métallique. (p. 705)

The description emphasizes Hannon's disgusting figure: he is the incarnation of the capitalistic spirit of the Carthaginian Republic and its degeneration.[88] Hannon's obsession with material wealth and personal luxury symbolizes the progressive moral corruption of the Carthaginians. In fact, he is identified with the themes of sexual lust, corruption, decadent luxury, and hypocrisy as he smears himself with perfumes and gold dust to hide his repulsive disease. Simultaneously, his body is gradually disfigured until it destroys the coherence of the *ensemble: une lépre pâle, étendue sur tout son corps, lui donnait l'apparence d'une chose inerte.* In another description, Hannon's portrait appears to be shapeless:

> Des bandelettes comme autour d'une momie, s'enroulaient à ses jambes, et la chair passait entre les lignes croisés. Son ventre débordait

sur la jaquette écarlate qui lui couvrait les cuisses; les plis de son cou retombaient jusqu'à sa poitrine comme des fanons de boeuf. (p. 705)

Finally, the Carthaginian leader is simply a nameless mass when he is torn into pieces at his crucifixion: *Des ulcères couvraient cette masse sans nom: la graisse de ses jambes lui cachait les ongles des pieds; il pendait à ses doigts comme des lambeaux verdâtres.* (p. 790) This description contrasts with the portrait of the priest Bournisien in *Madame Bovary,* that retains a certain individualization, though some of the stylistic features are disfigured:

Des taches de graisse et de tabac suivaient sur sa poitrine large la ligne des petits boutons, et elles devenaient plus nombreuses en s'écartant de son rabat, où reposaient les plis abondants de sa peau rouge; elle était semée de macules jaunes qui disparaissaient dans les poils rudes de sa barbe grisonnante. (*Madame Bovary,* p. 145)

The description of Mathô at the end of the novel, when he is conducted to the ultimate sacrifice by the people of Carthage, reveals the ultimate degeneration of humanity, and it constitutes another example of formless matter that may dismantle a functional representation:

Il n'avait plus, sauf les yeux, d'apparence humaine: c'était une longue forme complètement rouge; ses liens rompus pendaient le long de ses cuisses, mais on ne les distinguait pas des tendons de ses poignets tout dénudés; sa bouche restait grande ouverte. (p. 796)

Similarly, the description of the Barbarians dealing with Hamilcar is shapeless:

Ils avaient les pupilles extraordinairement dilatées avec un grand cercle noir autour des yeux, qui se prolongeait jusqu'au bas de leurs oreilles; leurs nezs bleuâtres saillissaient entre leurs joues creuses, fendillées par des rides profondes.; la peau de leur corps, trop large pour leurs muscles, disparaissait sous une poussière de couleur ardoise. (p. 786)

The portrait contrasts with the description of the crucified Mercenaries:

Quelques-uns, évanouis d'abord, venaient de se ranimer sous la fraîcheur du vent; mais ils restaient le menton sur la poitrine, et leur corps descendait un peu, malgré les clous de leurs bras fixés plus haut que leur tête; de leurs talons et de leurs mains, du sang tombait par grosses gouttes, lentement, comme des branches d'un arbre tombent des fruits mûrs, et Carthage, le golfe, les montagnes et les plaines, tout leur paraissait tourner, tel qu'une immense roue. (p. 790)

This is one of the few passages in the novel containing details disposed in a coherent order that encourages a symbolic integration. The image of the Barbarians' last moments accentuates their lives reduced to total annihilation, and it expresses their feelings about the precariousness of human life and the insignificance of everything: *Carthage, le golfe, les montagnes et les plaines, tout leur paraissait tourner.*

In summary, portraits in *Salammbô* waver between the possibility of eliciting a thematic interpretation, and the undermining of a functional recuperation, due to the fragmentation and insistence on ornaments, or shapeless traits. Therefore, most of the time the power of narrative-ordering tends to be threatened.

Scenes of Orgy and Destruction: The Violent Style

Le travail est ici sans valeur et proprement tragique; c'est la rencontre de l'effrayant, l'affrontement de l'inhumain, la pratique de l'impossibilité, la mise en oeuvre d'un supplice. (Maurice Blanchot)[89]

Numerous scenes of orgy and battles in *Salammbô* reveal the tension between transparency and opacity. Violence appears to be a continual preoccupation in the novel and it has a thematic implication, as Brombert states: "the most overwhelming impression left by *Salammbô* is one of nightmarish brutality."[90] Flaubert justifies its presence as a manifestation of desire: *J'éventre des hommes avec prodigalité, je verse du sang, je fais du style cannibale. (Corr.* IV, p. 337) *Tu n'imagines pas quel fardeau c'est à porter que toute cette masse de charogneries et d'horreurs; j'en ai des fatigues réelles dans les muscles. (A Ernest Feydeau,* 15 septembre 1861) Violent stylistic features could have symbolic meanings, or they could cause an explosion of sense and mark the descriptive passages as self-referential blocks. As images and thoughts explode in the mind, they lose cognitive or distinctive value, calling a readable signification into question and transforming the plenitude into void. This technique of the polymorphous, exotic, and the monstrous reaches its apex in the oriental novel, as evidenced in the following description of food during the Mercenaries' *festin* at Hamilcar's palace:

Les pains saupoudrés d'anis alternaient avec les gros fromages plus lourds que des disques, et les cratères pleins de vin, et les canthares pleins d'eau auprès des corbeilles en filigrane d'or qui contenaient des fleurs. D'abord on leur servit des oiseaux à la sauce verte ... puis toutes les espèces de coquillage que l'on ramasse sur les côtes puniques, des bouillies de froment, de fève et d'orge, et des escargots au cumin, sur des plats d'ambre jaune. Ensuite les tables furent couvertes de viandes antilopes avec leurs cornes, paons avec leurs plumes, moutons entiers cuits au vin doux, gigots de chamelle et des buffles, hérissons au garum, cigales frites et loirs confits. Dans des gamelles en bois de Tamrapanni flottaient, au milieu du safran, de grands morceaux de graisse. Tout débordait de saumure, de truffes et d'assafoetida. Les pyramides des fruits s'éboulaient sur les gateaux de miel, et l'on n'avait pas oublié quelques-uns de ces petits chiens à gros ventre et à soies roses que l'on engraissait avec du marc d'olives. ... La surprise des nourritures nouvelles excitait la cupidité des estomacs. Des Nègres n'ayant jamais vu de langoustes se déchiraient le visage à leurs piquants rouges. (p. 694)

This scene of the banquet is an example of the traditional orgy scene of the nineteenth century, and it introduces the motive of excess.[91] The passage presents several important themes, including gluttony, which is unsatisfied even by the abundance of exotic foods and drinks, not only hints of the Mercenaries' insatiable greed, it anticipates their desperate hunger in the Défilé de la Hache where they must resort to eating human flesh.[92] The Flaubertian insistence on the food theme further represents a hysterical appetite, a tragic voracity that may lead to an indigestion of words. Thus, the food quest becomes the physical expression of a self-destructive yearning for the unachievable absolute. This quest for the unattainable, this appetite for that which cannot be seized, is a tragic theme in *Salammbô*.

The descriptive details express a sense of voracious appetite linked to a desire for lust and violence that is doomed to annihilation: *tout débordait de saumure, de truffes et d'assafoetida; les pyramides des fruits s'éboulaient sur les gateaux de miel; des Nègres n'ayant jamais vu de langoustes se déchiraient le visage à leurs piquants rouges.* Appetite is a constant presence, and because it demands an impossible satisfaction, it becomes meaningless and absurd. In this respect, "violence is imbued with an ironically positive function as the only manifestation of appetite that can ultimately fulfill *le besoin d'absolu,* in its real function as a means towards death."[93] A unremitting ambiguity of language arises from these passages that waver between the possibility of being interpreted as a mental projection of the Barbarians' voracious appetite, and an explosion of meaning due to the excess of style: *les gros pains saupoudrés d'anis alternaient avec les gros fromages plus lourds que des disques. Et l'on n'avait pas oublié quelques-uns de ces petits chiens à gros ventre et à soies roses.*[94] In addition, the food consists of exotic substances that are unknown altogether to the Western reader: *hérisson au garum, saumure, truffes et assafoetida.*

The reader may relate the images of orgy to the scenes of massacre, exemplified in the description of the corpses after one of the battles between the

Carthaginians and the Mercenaries, which reveals the themes of violence and
destruction:

> Ils se trouvaient étendus par longues lignes, sur le dos, la bouche
> ouverte, avec leurs lances auprès d'eux. ... Des armes hideuses leurs
> avaient fait des blessures compliquées. Des lambeaux verdâtres leur
> pendaient du front; ils étaient tailladés en morceaux, écrasés jusqu'à la
> moelle, bleuis sous des strangulations, ou largement fendus par l'ivoire
> des éléphants. (p. 763)

The description focuses on the Barbarians' voracity, brutality, and inhumanity
by stressing "the obsession with sterility, the blending of eroticism and
religiousness, the chaos and the taste for violence and putrefaction that could all
be significant decadent traits."[95] In the scene of the *gorge* the survival instinct
concentrates on the individual, and the cannibalism manifests itself in the natural
order of things. The passage indicates the fact that desire and death are
indissolubly linked in Flaubert's imaginative universe, for *l'appétit de totalité*
can approach its object only through destruction and death. Also, as Bertrand
well notes, the description emphasizes the motif of barbarity and disorder, in
opposition to civilization and order:

> D'une part Tanit, qui signifie la langueur amoureuse et corruptrice des
> rivages; d'autre part le Moloch dévorateur, le feu du ciel, qui symbolise
> l'aridité des sables; c'est le souffle enflammé du désert, qui brûle tout
> sur son passage, qui inspire, avec la luxure furieuse, la soif de la
> conquête, le désir éffrené du pillage et du meurtre.[96]

On another level, the excess of detail dismantles our interpretative approach,
going beyond the traditional categories of narrative: *ils s'entassaient pêle-mêle,
et souvent, pour découvrir ceux qui manquaient, il fallait creuser tout un
monceau. ... Des lambeaux verdâtres leur pendaient du front. Ils étaient
tailladés em morceaux.* (p. 745)

In this scene of Carthage's siege, Flaubert takes delight in giving detailed
and cruel pictures of the sufferings of the masses in and around Carthage:

> L'assaut pendant plusieurs jours de suite, recommença, les Mercenaires
> espérant triompher par un excès de force et d'audace. Le grand fossé
> trop plein débordait; sous les pas des vivants, les blessés pêle-mêle
> s'entassaient avec les cadavres et les moribonds. Au milieu des
> entrailles ouvertes, des cervelles épandues et des flaques de sang, les
> troncs calcinés faisaient des tâches noires; et des bras et des jambes à
> moitié sortis d'un monceau se tenaient tout debout, comme des échalas
> dans un vignoble incendié. (p. 771)

The passage shows the Barbarians' brutal nature, and the inhumanity and absurdity of this war; at the same time it exhibits a dehumanization and amplification of descriptive details that may lead to an annulment of mimetic or symbolic signification and integration into the narrative sequence: *le grand fossé trop plein débordait sous les pas des vivants, au milieu des entrailles ouvertes, des cervelles épandues et des flaques de sang, les troncs calcinés faisaient des tâches noires.* One notes the absence of any characterization of an individual member of the masses, and how the suffering contains no single conflict or action that might interest the reader. As David Danaher indicates:

> The sadistic motif is so strong that the reader is physically alienated from the text and may not even want to continue reading it. ... Sadism is a devaluing of human life, as effacement of the author is a devaluing of the role of the text's creator. ... Ultimately, the result of the strong sadistic motif is a minimization of the novel's content. Preoccupation with the meaning of the words leads to physical revulsion and consequently, to alienation from the text. Perception of the artistic form of the work is the only non-pathological way to appreciate it.[97]

Flaubert perceives the danger of his exaggerated style:

> Je suis physiquement fatigué. J'en ai des douleurs dans les muscles. L'empoisonnement de la Bovary m'avait fait dégueuler dans mon pot de chambre. L'assaut de Carthage me procure des courbatures dans les bras, ... et puis l'idée de toutes les inepties que je vais dire sur mon livre m'accable d'avance. ... Je continue à vivre d'une façon farouche en rêvant des choses extravagantes. (*Corr. A Jules Duplan,* I août 1861, in Bollème eds., p. 218)

The description of the battle of Macar is another example of tension of sense in the images of violence and destruction:

> Les blessés, s'abritant d'un bras sous leur bouclier, tendaient leur épée en appuyant le pommeau contre le sol, et d'autres, dans des mares de sang, se retournaient pour mordre les talons. La multitude était si compacte, la poussière si épaisse qu'il était impossible de rien distinguer; les lâches qui offrirent de se rendre ne furent même pas entendus. Quand les mains étaient vides, on s'étreignait corps à corps: les poitrines craquaient contre les cuirasses et des cadavres pendaient la tête en arrière, entre deux bras crispés. ... Les éléphants se jetèrent au milieu, impétueusement. Les éperons de leur poitrail, comme des proues de navire, fendaient les cohortes: elles refluaient à gros

bouillons. Avec leurs trompes, ils étouffaient les hommes, ou bien les arrachant du sol, par-dessus leur tête ils les livraient aux soldats dans les tours; avec leurs défenses, ils les éventraient, les lançaient en l'air, et de longues entrailles pendaient à leurs crocs d'ivoire comme des paquets de cordage à des mâts. (pp. 744–745)

This scene of violence and death marks Flaubert's love and obsession with blood and destruction. The passage reveals the sexual and violent nature of both Carthaginians and Mercenaries, so that the opposition between the civilized city and the Barbarians falls apart. Most of the battle scenes show how war is the most important paradigm of the cultural incorporation of violence, which provides a framework for the violent appetite in a series of structured acts. However, some of the features disrupt a coherent interpretation: *ils les éventraient, les lançaient en l'air, et de longues entrailles pendaient à leurs crocs d'ivoire comme des paquets de cordages à des mâts.* Expressiveness is achieved through a doubtful analogy: the distance between tenor and vehicle produces an element of tension by bringing remote ideas into relation to each other.[98] In addition, this scene of the battle of Macar is indistinct: *La multitude était si compacte, la poussière si épaisse qu'il était impossible de rien distinguer.*

On the contrary, in the representation of the voluptuousness and mystic excitement during the sacrifice to Moloch, several details encourage readability:

A mesure que les prêtres se hâtaient, la frénésie du peuple augmentait; le nombre des victimes diminuant, les uns criaient de les épargner, les autres qu'il en fallait encore. On aurait dit que les murs chargés de monde s'écroulaient sous les hurlements d'épouvante et de volupté mystique. ... Les joueurs d'instruments quelquefois s'arrêtaient épuisés; alors on entendait les cris des mères et le grésillement de la graisse qui tombait sur les charbons. Les buveurs de jusquiame, marchant à quatre pattes, tournaient autour du colosse et rugissaient comme des tigres, les Ydonim vaticinaient, les Dévoués chantaient avec leurs lèvres fendues; on avait rompu les grillages, tous voulaient leur part du sacrifice; et les pères dont les enfants étaient morts autrefois, jetaient dans le feu leurs effigies, leurs jouets, leurs ossements conservés. (p. 781)

In this descriptive selection the narrator intervenes to direct the reader: *la frénésie du peuple augmentait.* The description focuses on the voluptuousness of the Carthaginians, whose Barbarian customs resemble those of their counterparts, the Mercenaries. In addition, it emphasizes the intimate connection between mystic elements and sexual excitement: *on aurait dit que les murs chargés de monde s'écroulaient sous les hurlements d'épouvante et de volupté mystique.* The passage represents the immoderate desire that leads to the loss of being, and Moloch is an instrument created to make this violent appetite intelligible: in this respect, it is in terms of a certain mass psychology that the urge to destroy and do violence is defined.

In short, the scenes of orgy, battles, and destruction produce a certain consternation in the reader. If, on the one hand the stylistic devices reach a strong thematic meaning, including violence or mystical appetites linked to the sexual drive; on the other hand, the details exceed the categories and procedures of their own inquiry, and they characterize a self-referential description. For Richard: *On aboutit alors à un style qui exagère l'acrobatie verbale pour masquer la confusion profonde. Style éclatant qui ne permet d'entrer en possession d'aucune vérité intérieure.*[99]

Unlike the conventional historical novel, Flaubert's work challenges the reader's understanding and frustrates his/her desire to reduce the complexity of the novel to a definite and readable meaning. Instead, one may consider *Salammbô* as emblematic of the fiction's incapacity to raise the description of reality to intelligibility, "lifting us away from the object to the process of writing."[100] We are faced with the anguish of the literary genius who attempts to give form to unshaped reality, to a *milieu* that is determined by historical and geographical Otherness:

> Ça peut être bien beau, mais ça peut être aussi très bête. Depuis que la littérature existe, on n'a pas entrepris quelque chose d'aussi insensé. C'est une oeuvre hérissée de difficultés. … On ne sait rien de Carthage. … N'importe, il faudra que ça réponde à une certaine idée vague que l'on s'en fait. Il faut que je trouve le milieu entre le boursouflure et le réel. Si je crève dessus, ce sera au moins une mort. Et je suis convaincu que les bons livres ne se font pas de cette façon. Celui-là ne sera pas un bon livre. Qu'importe, s'il fait rêver à de grandes choses! Nous valons plus par nos aspirations que par nos oeuvres. (*Corr.* IV, p. 279)

This study has analyzed the writer's taste for the rare, the marvelous, and the grotesque issued in the ornate passages that tend to resist integration into a text-continuum; and it has shown how the background of scene and *décor,* and the movement of masses in description submerge the individual human interaction. Notwithstanding, the positive aspect of this process derives from the recognition of the poetic function of description, in which rhetorical order, poetic figures, and effects of sound and rhythm combine to enhance its aesthetic intention. To a greater extent than in *Madame Bovary,* 'sense' in *Salammbô* is subject to a tension between the legible and the illegible, and the reader experiences a dismay in discovering that the novel resists his/her attempts to find a stable meaning, organization, or relation to history. As Alcide Dussolier discussed, at the first appearance of the book:

Qu'est-ce que *Salammbô?* Un épisode historique? Le récit détaillé de la guerre des Mercenaires contre Carthage? Mais, sur cette épisode, il existe à peine quelques renseignements très secs, très nus, très brefs, fournis par Polybe. ... Nul détail, aucune lueur, tout reste dans le vague. ... Et du reste, si peu que lui offrit Polybe, M. Gustave Flaubert ne l'a pas accepté, ce qui prouve bien qu'il n'a pas songé à écrire une histoire. ... Peut-être un roman historique? Mais le roman historique c'est la représentation du côté pittoresque, légendaire, familier de l'histoire. ... Est-ce une restitution archéologique? Mais on dispute encore sur l'emplacement où s'élevait Carthage! Qui dirait quels furent ses temples, ses statues, ses maisons? Quelle indication subsiste? Qu'est-ce que donc que *Salammbô?* Une chose qu'on n'avait jamais vue: de l'imagination scientifique.[101]

Indeed, Flaubert's great achievement is precisely his avoidance of the archeological and historical as a genre of the novel. One of *Salammbô*'s best results consists in its refusal to perpetuate the traditional historical novel's simplistic view of the past as 'knowable' in some absolute sense.

Notes

1. Jacques Neefs, "*Salammbô*, textes critiques," *Littérature* 15 (Oct. 1974):60.
2. See Nathalie Sarraute, "Flaubert, the Precursor," translated by Maria Jolas, *Partisan Review* 23 (Spring 1966):3–11.
3. See David Danaher, "Effacement of the Author and the Function of Sadism in Flaubert's *Salammbô*," *Symposium* 46 (Spring 1992):18: "Is the war between Carthage and the Mercenaries due to the intervention of the gods or to the Realpolitik of the two groups? Is the love motif involving Mathô and Salammbô genuine or are they the gods' mortal puppets?"
4. See Michel Butor, *Improvisations sur Flaubert* (Paris: Littérature-Editions de la différence, 1984), p. 114: "Flaubert se lance dans un autre livre avec lequel il veut se libérer des contraintes qu'il s'était composées pour *Madame Bovary,* aventure qui va nous mener dans un monde tout différent, une antiquité demi-fabuleuse, cruelle et splendide, qui correspond dans notre mythologie actuelle à la Rome hollywoodienne du technicolor et cinémascope." See also Lisa Lowe, "Nationalism and Exoticism: Nineteenth Century Others in Flaubert's *Salammbô* and *L'Education sentimentale,*" in *Micropolitics of Nineteenth Century Literature: Nationalism, Exoticism, Imperialism*

(Philadelphia: University of Pennsylvania Press, 1991), p. 214: "In all senses, the place of the Orient is a richly literary space, where French culture inscribes its various myths and preoccupations by invoking an imaginary and culturally different Other."

5. Danaher, p. 19.

6. Dennis Porter, "Aestheticism Versus the Novel: the Example of *Salammbô*," *Novel* 4 (Spring, 1984):102.

7. This ideal book can be approached to Barthes' *texte de jouissance*.

8. For the idea of style as wavering between representation and pure art see Sonjia Dams Kropp, "The Paradox of Representation in Flaubert's *Salammbô*: Mimesis or Desire for Pure Language?" *Platte-Valley Review* 22 (Winter 1994):115–124.

9. This involves the idea that meaning is always deferred, perhaps to the point of an endless supplementarity by the play of signification. *Différance* not only designates this theme but offers in its own unstable meaning an example of the process at work. See Jacques Derrida, *La dissémination* (Paris: Seuil, 1972).

10. Louis Bottineau, "La représentation de l'espace dans *Salammbô*," *Revue des lettres modernes* 703–706 (1984):83.

11. Danger, p. 112.

12. Brombert, p. 100.

13. Gustave Flaubert, *Salammbô*, in *Oeuvres Complètes*. Bernard Masson ed. (Paris: Editions du Seuil, 1964).

14. Brombert, p. 100. Also, for a study on the relationship between Flaubert's artistic creation and the oriental landscape, see Anne-Sophie Hendrycks, "Flaubert et le paysage oriental," *Revue d'Histoire littéraire de la France* 6 (1994):996–1010.

15. This is how a British historian defines exoticism: "One of the preoccupations which profoundly affected the Western understanding of the Near East was the belief that this region could satisfy the West's urge for exotic experience. Exoticism meant the artistic exploration of territories and ages in which the free flights of the imagination were possible because they lay outside the restrictive operation of classical rules." See Robert Stanley, "That Obscure Object of (Oriental) Desire: Flaubert's Kuchuk-Hanem," *French Literature Series* 13 (1986):148.

16. See Ferrère, p. 157: "Cette description n'est pas traitée en elle-même et par elle-même, en dehors du sujet. Notons que l'auteur ne nous parle de Salammbô, de son éducation, de son mysticisme qu'après nous avoir fait entendre sa prière à la lune; c'est une façon très habile de nous jeter au coeur de l'action, et de nous faire connaître d'avance le caractère de l'héroïne, sa préoccupation essentielle: le désir du mystère et sa dévotion fanatique."

17. See Louis Bertrand, *Gustave Flaubert* (Paris: Librairie Ollendorff, 1957) p. 149. Danger, p. 112: "C'est une description très complète mais d'où ne se dégage pas l'émotion qu'on trouvait contenue dans l'évocation d'Yonville lors de la promenade d'Emma avec Rodolphe ou après l'enterrement lorsque le père Rouault se retourne."

18. Joseph Frank, "La forme spatiale dans la littérature moderne," *Poétique* 10 (1972):266.

19. The sinister importance of the temple to Hamilcar and to Carthage is emphasized in the first paragraph of the description: "Le temple de Moloch était bâti au pied d'une gorge escarpée, dans un endroit sinistre. On n'apercevait d'en bas que de hautes murailles montant indéfiniment, telles que les parois d'un monstrueux tombeau." (p. 730)

20. Bottineau, pp. 101–102.

21. See Porter, pp. 101–110; Georg Lukàcs, *The Historical Novel* (London: Merlin Press, 1962), p. 220; Thibaudet, p. 135: "Flaubert voulait écrire une oeuvre gratuite, qui se tînt debout par la seule force du style, qu'en lieu de pencher l'histoire vers nous, la retirât violemment en arrière, sur le bord d'un désert, pour faire de ce morceau d'humanité un bloc de passé pur, une sorte d'astre mort comme la lune dont Salammbô subit l'influence." Also, for a study on the inaccessibility of history, see Michel de Certeau, *L'écriture de l'histoire* (Paris: Gallimard, 1975), p. 60. Notwithstanding, I must point out that the radical and dogmatic view of the structuralist and new critics who consider history as "unwriterly" does not take into account the tensions and ambiguities of signification that are involved in the creation and interpretation of a text.

22. Sainte Beuve, Lundi du 8 Décembre 1862, *Nouveau Luwdis*, tome IV. In Ed. du Club de L'Honnête Homme (Paris, 1971), p. 435. As Kropp notes, for Sainte-Beuve, not only the author had chosen a civilization which was too far removed in time, but "the choice of a setting involving Carthage and its engagement with the multi-racial group of Africans, rather than Carthage and its war with Rome, eliminated any capacity of dynamic transmittance of familiar Western thought." Kropp, p. 117.

23. See Anne Green, *Flaubert and the Historical Novel: Salammbô Reassessed* (Cambridge, Eng, 1982). Green draws political and economical parallels between Carthage and the nineteenth century France. As Sonja Dams Kropp remarks, Green shows how certain key-words in *Salammbô*, such as "Barbarians" and "siège," may refer to a contemporary political reality: in fact, the word "Barbarians" was used in polemical writings to indicate an opposing political faction, while the word "siège" recalled the siège of Paris in 1848. Kropp, p. 118. I think that Flauberts's style leads to several ambiguities which make the deconstructive interpretation of the new critics and the traditional views of history both possible.

24. Bottineau, p. 103.

25. We have noted the same incongruousness of details in *Madame Bovary,* for example in the description of Yonville-L'Abbaye. See Chapter I: *Between Transparency and Opacity: Incongruous Details in the Descriptions of Space.*

26. We must specify that fragmentation is one of the constants of exoticism, one of the ways in which otherness is perceived.

27. Martine Frier-Wantiez, *Sémiotique du fantastique: analyse textuelle de Salammbô* (Las Vegas: Lang, 1979), p. 34. However, this distinction soon disintegrates when the Carthaginians become as violent and corrupt as the Barbarians.

28. The predominance of angles and right lines also appears in *Bouvard et Pécuchet,* but with a pejorative and satyrical note.

29. It is appropriate for the reader to be introduced to these mysteries through Mathô, since the Mathô-Moloch identification and the Moloch-Tanit relationship are so vital to the book's tragedy.

30. Mathô is by nature a leader and a powerful personality, while Spendius is by nature an opportunist. For Sherrington, the episode is at the same time an illustration of the lengths to which both men will go to achieve their respective aims, and both an omen and a miming of their final failure and death. Sherrington, p. 190.

31. Demorest, p. 496.

32. Similarly, the narrator of Borges' *The Immortal* reaches the city of the Immortals where he finds a monstruous place that he cannot individualize: "I do not want to describe it: a chaos of heterogeneous words, the body of a tiger or bull in which teeth, organs and heads monstruously pollulate in mutual conjunction can be approximate images." J. L. Borges,*The Immortal* (New York: Labyrinths, 1964), quoted by Eugenio Donato, "A Mere Labyrinth of Letters: Flaubert and the Quest for Fiction? A Montage," *Modern Language Notes* 89 (1974):903.

33. Bottineau, p. 88.

34. According to Richard, the play of light and color reveals the emptiness of things: "Le chatoiement mine la couleur et la forme, suggère le vide. Le chatoiement dévoile le néant des choses et l'imposture de leur apparente plénitude." Richard, p. 177.

35. Sherrington, p. 193.

36. See Sima Godfrey, "The Fabrication of *Salammbô:* the Surface of the Veil," *Modern Language Notes* 95 (1980):1008.

37. For a study of this type of description see Roman Jacobson, "Closing Statement: Linguistics and Poetics," in *Style in Language* (Cambridge: Massachusetts Institute of Technology Press, 1960), p. 356: "The set (Einstellung) toward the message as such, focus on the message for its own sake,

is the poetic function of language. [...] This function, by promoting the palpability of signs, deepens the fundamental dichotomy of signs and objects."

38. Brombert, p. 94.

39. Victor Ségalen, *Essais sur l'exotisme* (Paris: Le livre de poche-Fata Morgana, 1978), p. 12.

40. Danger, pp. 128–129.

41. "J'arrive aux richesses d'Hamilcar. Cette description, quoi que vous disiez, est au second plan. Hamilcar la domine, et je la crois très motivée. La colère du Suffète va en augmentant à mesure qu'il aperçoit les déprédations commises dans sa maison. [...] Qu'il ne gagne pas à cette visite, cela m'est bien égal, n'étant point chargé de faire son panégirique; mais je ne pense pas l'avoir taillé en charge aux dépens du reste du charactère. L'homme qui tue plus loin les Mercenaires de la façon que j'ai montrée [...], est bien le même qui fait falsifier ses marchandises et fouetter à outrance ses esclaves." (*Corr.* V, p. 63)

42. See Bertrand, p. 152: "Ainsi la place de la description est presque toujours proportionnée à son importance et à sa signification par rapport au reste du récit."

43. According to Danger, "Chargés de significations psychologiques, porteurs de souvenirs, les objets semblent s'offrir au regard et au dialogue mais finissent toujours par échapper au sens qu'on leur prête, pour mener leur vie propre. Ils se referment sur eux-mêmes pour devenir irréductibles à toute signification et par là même fascinants." Danger, p. 118.

44. This description recalls the image of Binet's lathe in *Madame Bovary:* "Il était seul, dans sa mansarde, en train d'imiter, avec du bois, une de ces ivoireries indescriptibles, composées de croissants, de sphères creusées les unes dans les autres, le tout droit comme un obélisque et ne servant à rien." (p. 325)

45. See Georg Lukàcs, "Narrate or Describe?," p. 133.

46. Holdeheim emphasizes the difference between Homer's epics and Flaubert's novel, by pointing out that Homer's descriptions are narratively meaningful because objects have not yet become external and indifferent in Homer's world. Flaubert, on the contrary, gives us pieces of pure descriptiveness, where we can see the abstractness of the aesthetic object. William Wolfang Holdheim, "Description and Cliché," In *The Hermeneutic Mode: Essays on Time and Literary Theory* (Ithaca, New York: Cornell University Press, 1984), p. 135. See also José Ortega Y Gasset, "The Dehumanization of Art" in *The Dehumanization of Art and Other Writings in Art and Culture* (Garden City, New York: Doubleday, 1956).

47. Compare this passage with the description of M. Guillaumin's house, in *Madame Bovary*: "Une large poèle de porcelaine bourdonnait sous un cactus qui emplissait la niche, et, dans les cadres de bois noir, contre la tenture de papier de chêne, il y avait la Esmeralda de Steuben, avec la Putiphar de Chopin. La table

servie, réchauds d'argent, le bouton des portes en cristal, le parquet et les meubles, tout reluisait d'une propreté méticuleuse, anglaise; les carreaux étaient décorés, à chaque angle, par des verres de couleur." (p. 322)

48. For instance, one may view the details of the description as reinforcing the reader's impression of affluence, or the intricacies of ritual.

49. See Ferrère, p. 193: "Il fallait nous montrer l'indignation grandissante des Barbares à la vue des richesses du Suffète. En découvrant toutes ces choses de luxe les Barbares sentent grandir leur mépris pour un tel chef et pour un tel peuple." In general, Ferrère insists on the absolute necessity of Flaubert's descriptions, in order to understand the course of the events.

50. Lukàcs, *The Historical Novel* (London: Merlin Press, 1962), p. 186. *Bouvard et Pécuchet* depict a derisory museum that displays objects removed from their original referent.

51. However, the duplicity of Flaubert's style validates symbolic interpretations of these objects: for example, traditional critics have considered the antilope horns as exhibiting strong sexual implications, both as symbolic of virility and a 'device' among African civilizations.

52. See Jacques Neefs, "Le parcours du Zaimph" in Gothot-Mersch ed., p. 229.

53. Aristote, *Athénée*, XII, quoted by A. Hamilton, *Sources of the Religious Element in Flaubert's Salammbô* (New York, 1917), pp. 26–27.

54. According to Forrest-Thompson: "We do not know what it means to have touched the veil of the goddess. The Zaimph remains a symbol for a possible narrative integration which the text denies us. To this extent the reader shares the characters' awe in the face of the sacred power." Veronica Forrest-Thompson, "The Ritual of Reading *Salammbô*," *Modern Language Review* 67 (Oct. 1972):792.

55. Jacques Lacan, "La signification du phallus," in *Ecrits* (Paris: Seuil, 1966), p. 692.

56. It is because of the realization of the impossibility of representation that Art constitutes for Flaubert a form of veneration and execration at the same time. As Reichler remarks: "C'est pourquoi l'Art et la Littérature composent, pour Flaubert, en même temps des objets de vénération et d'exécration: vénérés parce-qu'ils font toucher du doigt le néant général et en consolent; aimés, paradoxalement, parce-qu'ils sont le véhicule d'une déception." Claude Reichler, "Pars Pro Toto: Flaubert et le fétishisme," *Studi Francesi* 29 (Jan.-Apr., 1985):80.

57. Forrest-Thomson, p. 797.

58. Even if the objects are presented in a context more familiar to the reader, the following description in *Madame Bovary* recalls the one in *Salammbô*: "Au milieu de l'appartement, pêle-mêle, il y avait des tiroirs de

commode, des bouteilles, des tringles, des bâtons dorés avec des matelas sur des chaises et des cuvettes sur le parquet,—les deux hommes qui avaient apporté les meubles ayant tout laissé là, négligement." (p. 119)

59. Culler, p. 223.

60. Ségalen, p. 13.

61. Butor, p. 130.

62. Instead, according to Sherrington, "the descriptions of these machines are sometimes difficult to understand, but they remain technical and factual. [...] The vocabulary is certainly exotic, but it is merely giving the everyday names to objects and actions which, if strange to us, were perfectly ordinary to the people concerned." Sherrington, p. 163.

63. See Froenher's article in Edition du Club de L'Honnête Homme de *Salammbô* (Paris, 1971), p. 383; See also Neef, p. 62: "Ecriture sur le Barbare, qui doit être écriture barbare, écriture qui doit faire advenir à la representation l'impossible de la représentation."

64. See Green, p. 109.

65. This description of vegetation contrasts with a related one in *Madame Bovary* which reveals a familiar order: "Elle retrouvait aux mêmes places les digitales et les ravanelles, les bouquets d'ortie entourant les gros cailloux, et les plaques de lichen le long de trois fenêtres dont les volets toujours clos s'égrenaient de pourriture, sur leurs barres de fer rouillées." (p. 78)

66. Demorest, "L'Intendance des choses," p. 267.

67. These strange machines recall the fantastic inventions displayed in Raymond Roussel's *Impressions d'Afrique.*

68. Ségalen, p. 14. See also the studies on Orientalism by Ali Behad, *Belated Travelers: Orientalism in the Age of Colonial Dissolution* (Durham: Duke University Press, 1994); Lisa Lowe, *Critical Terrains: French and British Orientalisms* (Ithaca: Cornell University Press, 1994).

69. The manuscripts reveal how carefully Flaubert researched into the differences between men of various races: they abound in detailed lists of national characteristics, differences in dress, in behavior, in weapons, together with notes on the origins and relationships between different races.

70. According to Holdheim: "The cliché strives for the total closure of the self-contained formula whose parts imply one another, so that contingent reality has been intercepted and dissolved. A cliché is not cognitive but pseudo-cognitive-a signifier aspiring, in its own right, to a self-contained signification." Holdheim, p. 143.

71. Bernheimer, p. 66.

72. Ferrère, p. 193.

73. In his *Correspondance* Flaubert had stated *Salammbô*'s distance from the modern and familiar customs and the impossibility of identification for the

average reader: "Le livre que j'écris maintenant sera tellement loin des moeurs modernes, qu'aucune ressemblance entre mes héros et les lecteurs n'étant possible, il intéressera fort peu." (*Corr.* IV, p. 135)

74. Kadish defines this as the poetic function of description: "The most fundamental way in which a focus on the message or the palpability of signs is promoted in a description is by the manifest presence in it of elements which combine in accordance with formal principles, that is, non-representational principles." Doris Kadish, p. 293.

75. Holdheim, p. 138. For the question of the undermining of sense in the use of repetition and stereotype see Françoise Gaillard, "L'ensignement du réel," in Gothot-Mersch ed., p. 198: "Le stéréotype devenu fantasme se détache et se décolle du réel, en le représentant, mais il vide en même temps la représentation de son rôle d'identification."

76 76. Bottineau, p. 102.

77. See Green, p. 103. However, the main binary oppositions in the novel will soon fall apart: Moloch and Tanit; The Sun and the Moon; The political forces of the Mercenaries and Carthage; Salammbô and Mathô.

78. Robert Stanley, "That Obscure Object of Oriental Desire," *French Literature Series* 13 (1986):152.

79. Lisa Lowe states: "Salammbô is paradoxically distanced and isolated, objectified and desired by the narrative description. Salammbô is a figure for contradiction; she is concrete and wordly, like her gems, but she has a remote unwordly aspect which resists possession and referentiality." Lisa Lowe. "Nationalism and Exoticism: Nineteenth-Century Others in Flaubert's *Salammbô* and *L'Education sentimentale*," p. 221:

80. See Lowe, *Critical Terrains: French and British Orientalism*, p. 87: "To the degree that the narrative never succeeds in fully mastering or containing her, the oriental woman exceeds narrative and resists objetification."

81. See Sherrington, pp. 205–206.

82. Instead, for Sherrington: "the exotic riches which the reader, following Mathô, sees surrounded by such a mystery are nothing more than the trappings one might expect to find in a Carthaginian princess' bedroom. She has left clothes lying about, her slippers are lying on the floor, many of the objects mentioned are utilitarian." Sherrington, p. 206.

83. For Sherrington: "the main purpose of this description is gradually to lead Mathô away from his conviction of the untouchable nature of his goddess." Sherrington, p. 209.

84. Claude Reichler, "Pars Pro Toto: Flaubert et le fétichisme," *Studi Francesi* 29 (Jan., Apr., 1985):80.

85. Flaubert's desire to attain a totality of meaning through the fragmentary parts is expressed in this passage from the *Correspondance*: "C'est que mes

phrases se heurtent comme des soupirs, pour les comprendre, il faut combler ce qui sépare l'une de l'autre, tu le fera, n'est-pas? Rêveras-tu à chaque lettre, à chaque signe de l'écriture, comme moi en regardant tes petites pantoufles brunes je songe aux mouvement de ton pied quand il les emplissait et qu'elles en étaient chaudes." *(Corr.* I, p. 272, *Première lettre à Louise Colet)*

86. Bertrand, p. 158.

87. Though morcelized, this portrait of Léon does not present an excess of material ornaments: "Le froid qui le palissait semblait déposer sur sa figure une langueur plus douce; entre sa cravate et son cou, le col de sa chemise, un peu lâche, laissait voir sa peau; un bout d'oreille dépassait sous une mèche de cheveux, et son grand oeil bleu, levé vers les nuages, parut à Emma plus limpide et plus beau que ces lacs de montagnes où le ciel se mire." *(Madame Bovary,* p. 135)

88. See Butor, pp. 134–137: "Hannon est décrit comme une caricature de la bourgeoisie qui, à cause de la distance dans le temps et dans l'espace, peut s'épanouir en un burlesque extraordinaire. [...] Hannon est l'ulcère ou l'abcès de la société carthaginoise; une fois disparu, elle pourrait guérir."

89. Maurice Blanchot, *L'Entretien infini* (Paris: Gallimard, 1969), p. 491.

90. Brombert, p. 95.

91. See the famous orgy scene in Balzac's *La Peau de chagrin.*

92. See Green, p. 75.

93. Lindsay Kennard, "The Ideology of Violence in Flaubert's *Salammbô,*" *Trivium* 13 (1985):61.

94. Flaubert had mentioned monstrous and strange forms in his *Correspondance*: "N'arrive-t-il pas, à certains moments de l'humanité et de l'individu, d'inèxplicables élans qui se traduisent par des formes étranges? [...] On a besoin de tout ce qui n'est pas par amour de la vie. [...] Tantôt c'est par convoitise de l'infini [...] on se rue à plaisir dans l'effréné, dans le monstrueux. *(Corr.* I, p. 357)

95. Brombert, p. 121.

96. Bertrand, p. 62.

97. Danaher, p. 20.

98. For an analysis of unconvincing metaphors see Edward Friedman, "Deconstructing the Metaphor: Empty Spaces in Calderonian Drama,"*South Central Review* 5 (Summer 1988):41. "In deconstruction interpretation becomes an acknowledgement of resistance to interpretation, to stable presence and permanent absence. The thorny underbrush of metaphor is the once empty space between signifier and signified, now overun with critical options." We disagree with Ferrère's view of Flaubert's images as always perfectly integrated to the narrative and indicative of the characters's feelings: "L'image chez Flaubert tantôt métaphore, tantôt notation directe, est toujours en parfaite harmonie avec

les sensations et les sentiments qu'elle est chargée d'exprimer sous une forme plastique et colorée." Ferrère, p. 195.

99. Richard, p. 206.

100. Culler, p. 86.

101. Alcide Dusolier, *Revue Francaise*, 31 Décembre 1862, quoted by C. Mouchard-J. Neefs, in *Flaubert* (Paris: Balland, 1966), p. 199.

Chapter III

Cette transcendence frustrée, cette évasion du sens dans le tremblement indéfini des choses, c'est proprement l'écriture flaubertienne. (Gérard Génette)[1]

L'Education sentimentale: Mental Images or Opaque Details?

Contrary to *L'Education sentimentale* of 1845, the version published in 1869 reveals further problematic and ambiguity in the interpretation of description, which this study explored in *Madame Bovary* and *Salammbô*. Pertaining to the character, narrator, narrative structure, and themes, the text presents sufficient interpretive ambiguities to temper the reader's desire to draw conclusions. If, on the one hand this edition of *L'education sentimentale* develops the theme of frustration of dreams and demonstrates how ideals always encounter an indifference of the world; on the other hand, it presents symbolic elaborations as uncertain by allowing a history to take place and, at the same time, refusing to structure it according to the demands of its explicit theme.[2] In the following passage of his *Correspondance,* Flaubert manifests his anguish about the indeterminacy of the narrative organization of this novel:

> Voilà ce qu'il y a d'atroce dans ce bouquin, il faut que tout soit fini pour savoir à quoi s'en tenir. Pas de scène capitale, pas de morceau, pas même de métaphores, car la moindre broderie emporterait la trame. (*Corr.* II, p. 100)

While in Balzac's novels society has its laws, which the analyst individualizes and understands, in *L'education sentimentale* there is a general absence of characterization, causal motivation, narrative development, unity, and closure. At the time of its publication, the novel was attacked by the critics for lacking organization, and indeed many readers of today find it chaotic. As Jefferson Humphries emphasizes:

> This narrative begins with expectation, with looking forward: it ends with the revelation that there was never anything to look forward to. There is no middle or no end to it. The novel is a repeatedly frustrated beginning, a looking forward to something which never comes, and it ends only when its primary characters stop looking forward, stop 'beginning.'[3]

L'Education sentimentale shows a certain resistance to interpretation, by frustrating the reader's desire to discover a stable signification.

To a greater extent than in *Madame Bovary* and *Salammbô*, numerous descriptions in *L'Education sentimentale* are marked by a fragmentation of space, a mobility of sites, and a de stabilization of spatial order; yet, one may interpret these images as metaphors of the character's disordered vision, as they relate to his progressive involvement with Madame Arnoux. This chapter examines various examples of material saturation in the enumeration of objects—including furniture, knick-knacks, and ornaments that remain isolated from the events. In addition, our analysis focuses on the continuous mobility of furniture and objects from one house to the other, which could undermine the possibility of considering the environment as a stable reflection of the characters.[4]

In the classic realist text, "one is called upon to concretize the various elements of the text-continuum by labeling sequences and bridging gaps in the expectation of producing an integrated whole at the end."[5] While in Balzac's novels facts are immediately transformed by the author into knowledge, in Flaubert the frequent lack of an omniscient narrator prevents the reader from the possibility of reaching a uniform vision of the world in the novel.[6] In other words, if the novelist's order imposed on the material fails to provide a principle of reading, the reader himself/herself is forced to try to do so.[7] The absence of *signes d'auteur,* who appears to be in control and serves as a guide to interpretation, causes ambiguity of vision—a continuous fluctuation between a representational or symbolic recuperation, and the self-referentiality of the text: linguistic signs are ambivalent, and the reader is disoriented.

Paris and its Fluid *Contours*

> L'univers de ce roman est, à divers égards un univers liquide, où la marche même de l'homme s'apparente le plus souvent au bercement du navire sur les vagues ou au glissement d'une chaloupe sur la rivière. (Bernard Masson)[8]

As in *Madame Bovary* and *Salammbô,* several descriptions of space in *L'Education sentimentale* contain shapeless matter, including vapors or water, that simultaneously elicit and undermine a mimetic or symbolic signified related to the narrative action or the characters's lives. At the first glance, the opening of the novel appears to conform to the norms of realism, and to the principle of reading as recognition. The reader finds place-names *(le quai Saint Bernard, La Ville-de-Montereau)* and an atmosphere suggested by selected details that show that this is a literary text guided by an omniscient narrator. However, an indeterminacy of *contours* marks the following scene:

> Les colis montaient entre les deux tambours, et le tapage s'absorbait dans le bruissement de la vapeur, qui, s'échappant par des plaques de tôle, enveloppait tout d'une nuée blanchâtre, tandis que la cloche, à l'avant, tintait sans discontinuer. (p. 3)[9]

The description could be demarcating in its preparation for the future events; or it could introduce Frédéric's character to the reader, underlying his passivity and his feelings of boredom and immobility:

> The monotony of the landscape, the ability to see its details and yet the inability to hold on to impressions as they merge and fade away, could be a symbol of Destiny and Time and anticipate the drifting, languid and perpetually dreamy quality of Frédéric's life.[10]

Yet, the vapors and vagueness of the image prevent both the protagonist and the reader from defining specific features that would indicate the action to come:

> Un jeune homme de dix-huit ans, à longs cheveux et qui tenait un album sous son bras, restait auprès du gouvernail, immobile. A travers le brouillard, il contemplait des clochers, des édifices dont il ne savait pas les noms. (p. 3)

Specifically, the details appear in an odd juxtaposition: *des édifices dont il ne savait pas les noms*, immediately followed by a list of names: *puis il embrassa, dans un dernier coup d'oeil, l'île Saint-Louis, la Cité, Notre-Dame.* (p. 3) Passengers on the boat fail to identify a coherent visual space; instead, they constitute a chaotic dimension, full of colliding perceptions:

> Rather than a description of simultaneous actions on a Parisian *quai* or of simultaneous perceptions on a *quai*, the paragraph dramatizes the raising of fixed differences between lexical items that make possible not only the perception, but the naming of an object or sensation. ... The effacement of particular sights and sounds by the steam dramatizes the erasing of any particular lexical references by iterative generalizations.[11]

Liquid images are frequently related to images of vapor and mist that show a shapeless world:

> La rivière était bordée par des grèves de sable. ... Puis les brumes errantes se fondirent, le soleil parut, la colline qui suivait à droite le cours de la Seine peu à peu s'abaissa, et il en surgit une autre, plus proche, sur la rive opposée. (p. 4)

These *effets de flou* created by Flaubert recall the impressionistic technique whose imprecise forms fade away into a shapeless matter: in these uncertain landscapes the characters themselves fluctuate, and they are not able to recognize a definite and clear site.

Another description of the city, where space consists of a series of dark and confusing visions, is when Frédéric, coming from his first dinner with the Arnoux, wanders alone in a semi-trance, hardly knowing where he is going; there is a background of vague *contours*, the individual elements which he cannot distinguish—he goes by the river, and the atmosphere is clouded by the presence of fog that dissolves him in uncertainty:

> Les réverbères brillaient en deux lignes droites, indéfiniment, et de longues flammes rouges vacillaient dans la profondeur de l'eau. Elle était de couleur ardoise, tandis que le ciel, plus clair, semblait soutenu par les grandes masses d'ombre qui se levaient de chaque côté du fleuve. Des édifices, que l'on n'apercevait pas, faisaient des redoublements d'obscurité. Un brouillard lumineux flottait au-delà, sur les toits. (p. 49)

This indeterminacy of *contours*, and an insistence on the indistinguishable matter emerge in *Salammbô:*

> Sur l'horizon clair, les villages apparaissaient en noir, avec des formes incohérentes et découpées. (*Salammbô*, p. 756)

> On ne voyait plus, sur la plaine, qu'une sorte de fourmillement tout noir, depuis le golfe bleuâtre jusqu'à la lagune toute blanche (Ibid., p. 776)

And in *Madame Bovary:*

> Descendant tout en amphithéâtre et noyée dans le brouillard, elle (la ville) s'élargissait au-delà des ponts, confusément. (*Madame Bovary*, p. 287)

In *L'Education sentimentale* the frequent combination of liquid and foggy forms disrupts attempts of both the protagonist and the reader to interpret. Thus, in the passage under consideration, forms fluctuate and are plunged into darkness: *Des édifices, que l'on n'apercevait pas, faisaient des redoublements d'obscurité.* The ambiguity of interpretation is stressed by the absence of a controlling narrative voice that guides the reader.

As in the other two novels, the indefinite and fluid images are mimetic descriptions of foggy days—analogues of the character's feeling of ontological disintegration and confusion of emotions: the predominant dark atmosphere shows that Frédéric's hopes are illusory and he will never succeed with Madame

Arnoux. The river has an ambiguous connotation, in that it could represent Frédéric's dream of love, or it could be associated with the collapse of dreams: "it evokes the erosive quality of Time, as well as a sense of dissolution and loss."[12] The Seine becomes a river of sadness: *elle (l'eau) était de couleur ardoise, tandis que le ciel, plus clair, semblait soutenu par les grandes masses d'ombre qui se levaient de chaque côté du fleuve.* Albert Thibaudet emphasizes the omnipresence of the river image in Flaubert's descriptions of Parisian traffic and in his use of the liquid connotation of the imperfect tense.[13] Within its liquid confines, *L'Education sentimentale* reflects the slow dissolution of ideals and aspirations, the disintegration of illusions and ambitions, and the collapse of personal integrity and political hopes.

From his balcony Frédéric sees a confusion of forms:

> Il passait des heures à regarder, du haut de son balcon, la rivière qui coulait entre les quais grisâtres, noircis de place en place, par la bavure des égouts. ... La tour Saint-Jacques, l'Hôtel-de-Ville, Saint-Gervais, Saint-Louis, Saint-Paul se levaient en face, parmi les toits confondus. (p. 64)

The description occurs during a period in which it becomes increasingly clear that Frédéric is not making any progress with Madame Arnoux—she leaves Paris, he fails his examinations, and makes a fool of himself before Arnoux. Within this context, nothing is more traditional than the emphasis on the river image, which again forms part of a total picture of monotony and boredom—part of Frédéric's desolate, unpleasant reality: *il passait des heures à regarder la rivière qui coulait entre les quais grisâtres.* The descriptive details emphasize the theme of human decay, which often recurs in the novel: *la rivière coulait entre les quais grisâtres, noircis de place en place par la bavure des égouts.* However, Flaubert disorients the reader by both using *and* undermining the narrative conventions, at the same time. In fact, Frédéric paradoxically sees distinct buildings among the confused roofs: *La tour Saint Jacques, L'Hôtel-De-Ville, Saint-Gervais, Saint-Louis, Saint-Paul se levaient en face, parmi les toits confondus.*

In another passage the presence of mist darkens the characters' vision and blocks the reader's attempt to delineate a definite meaning: *On n'y voyait plus; le temps était froid, et un lourd brouillard, estompant la façade des maisons, puait dans l'air.* (p. 67) The same tension of signification is found in the following passage, situated in a particular period of Fréderic's life, when his obsession and passion for Madame Arnoux increasingly grow:

> Les réverbères se balançaient en faisant trembler sur la boue de longs reflets jaunâtres. Des ombres glissaient au bord des trottoirs, avec des parapluies. Le pavé était gras, la brume tombait, et il lui semblait que

les ténèbres humides, l'enveloppant, descendait indéfiniment dans son
coeur. (p. 24)

Again, the insistence on the liquid and foggy imagery in the description of a
Nogent landscape may indicate a loss of sense, and encourage a traditional
symbolic interpretation that emphasizes Frédéric's character:

Et ils continuèrent de se promener d'un bout à l'autre des deux ponts
qui s'appuient sur l'île étroite, formée par le canal et la rivière. Quand
ils allaient du côté de Nogent, ils avaient, en face, un pâté de maisons
s'inclinant quelque peu; à droite, l'église apparaissait derrière les
moulins de bois dont les vannes étaient fermées; et à gauche, les haies
d'arbustes, le long de la rive, terminaient des jardins, que l'on
distinguait à peine. Mais, du côté de Paris, la grande route descendait
en ligne droite, et des prairies se perdaient au loin, dans les vapeurs de
la nuit. Elle était silencieuse et d'une clarté blanchâtre. Des odeurs de
feuillage humide montaient jusqu'à eux; la chute de la prise d'eau, cent
pas plus loin, murmurait, avec ce gros bruit doux que font les ondes
dans les ténèbres. (p. 16)

An important aspect suggested in the passage is Frédéric's passivity,
emphasized by his surroundings: *Deux ponts qui s'appuient, un pâté de maisons
s'inclinant, des prairies se perdaient.* A second important aspect of Frédéric's
character is his indecision evidenced in his pacing back and forth between the
two edges of the bridge. In the novel, Frédéric must choose between the value
system associated with his home town Nogent, pointed to by one end of the
bridge; and the value system associated with Paris, indicated by the direction of
the other end of the bridge. The value system associated with Nogent involves
domestic features such as home, garden, church, and a stable life; while that of
Paris implies open space, adventure, and luxury. Yet, the descriptive forms
escape definition: *le long de la rive, terminaient des jardins, que l'on distinguait
à peine. Des prairies se perdaient au loin, dans les vapeurs de la nuit.*

Throughout the entire novel, a large number of landscape descriptions are
enveloped in fluctuating imagery that may undermine representation, and
exemplify the poetic function of description. For instance:

Le matin, ils se promenaient en manches de chemise sur la terrasse: le
soleil se levait, des brumes légères passaient sur le fleuve, on entendait
un glapissement dans le marché aux fleurs à côté. (p. 53)

Le soleil s'abaissait; quelques vitres de maison, dans la Cité, brillaient
au loin comme des plaques d'or, tandis que, par derrière, à droite, les

tours de Notre-Dame se profilaient en noir sur le ciel bleu, mollement baigné à l'horizon dans des vapeurs grises. (p. 152)

The impressionistic technique—the play of light and dark and vapor—blocks a representational image in this description of Fontainbleau's landscape:

La lumière, à de certaines places éclairant la lisière du bois, laissait les fonds dans l'ombre; ou bien, atténuée sur les premiers plans par une sorte de crépuscule, elle étalait dans les lointains des vapeurs violettes, une clarté blanche. Au milieu du jour, le soleil, tombant d'aplomb sur les larges verdures, les éclaboussait, suspendait des gouttes argentines à la pointe des branches, rayait le gazon de traînées d'émeraudes, jetait des tâches d'or sur les couches des feuilles mortes. (p. 327)

Simultaneously, on a thematic level an insistence on the light connotes immobility and absence of feelings that mark Frédéric and Rosanette's love affair.

This type of imagery is rare in Balzac's novels, which are assertive and emphasize an 'illusion of the real.' On the contrary, the presence of fog, vapors, and indefinite *contours,* combined with fluid imagery in *L'Education sentimentale,* resists a representational or symbolic integration. Furthermore, in these indistinct images a sense of uncertainty marks the characters themselves as they fluctuate in an unstable world:

Balzac's fiction dramatizes and decenters an observing character's ironical *prise de conscience* of society's narrative of individual and social doing. Instead, Flaubert's fiction dramatizes a character's falling in and out of the illusion that his mind's descriptions or narratives can represent reality at all. ... Flaubert's characters dramatize the impossibility and inescapability of realist writing and reading.[14]

Fragmentation and De Stabilization of Sites

Il y a à la fois lisibilité et non-lisibilité de la ville, un constant effet de décalage, un 'tremblé' dans la perception de l'espace urbain. (Marie-Claire Banquart)[15]

An illusion of totality and coherence of details forms the basis of realist description of space. On the contrary, in Flaubert's *Education sentimentale* numerous representations of Paris are presented in a disjoined fashion. If these images are analogues of Frédéric's fragmented vision of reality and show his psychological itinerary, at the same time, they prevent the observer from reaching a definite and total representation of space. One of the most appropriate examples of this type of description is the fragmented image of Paris when Frédéric returns from Nogent:

> Un bruit sourd de planches le réveilla, on traversait le pont de Charenton, c'était Paris. ... Au loin, de hautes cheminées d'usines fumaient. Puis on tourna dans Ivry. On monta une rue; tout à coup il aperçut le dôme du Panthéon. La plaine, bouleversée, semblait de vagues ruines. L'enceinte des fortifications y faisait un renflement horizontal; et, sur les trottoirs en terre qui bordaient la route, de petits arbres sans branches étaient défendus par des lattes hérissées de clous. Des établissements de produits chimiques alternaient avec des chantiers de marchands de bois. De hautes portes, comme il y en a dans les fermes, laissaient voir, par leurs battants entr'ouverts, l'intérieur d'ignobles cours pleines d'immondices, avec des flaques d'eau sale au milieu. De longs cabarets, couleur sang de boeuf, portaient à leur premier étage, entre les fenêtres, deux queues de billard en sautoir dans une couronne de fleurs peintes; çà et là, une bicoque de plâtre à moitié construite était abandonnée. Puis, la double ligne de maisons ne discontinua plus; et, sur la nudité de leurs façades, se détachait, de loin en loin, un gigantesque cigare de fer-blanc, pour indiquer un débit de tabac. Des enseignes de sage-femme représentaient une matrone en bonnet, dodelinant un poupon dans une courtepointe garnie de dentelles. Des affiches couvraient l'angle des murs, et, aux trois quarts déchirées, tremblaient au vent comme des guenilles. (pp. 103–104)

The description is a metaphor of Frédéric's disordered vision, and it emphasizes his feelings of anguish and frustration related to the impossibility of finding Madame Arnoux. Paris symbolizes a sense of dispersion and ontological loss connected to the alienation of modern urban life—*la plaine bouleversée semblait de vagues ruines. Çà et là, une bicoque de plâtre à moitié construite était abandonnée.* In addition, the pictorial fragment prepares the future events, by anticipating the disorder of Frédéric's life. The city becomes the reflection of his impatient state while trying to find Madame Arnoux. His inheritance has saved him from the bourgeois life of Nogent and revived his hopes of being accepted by the woman of his dreams. His optimism, and hence his impatience, are based on the assumption that his wealth will make him more attractive to his idol. In general, a derisory image of Paris always follows a mythical description in this novel, and this emphasizes the themes of lost dreams and the betrayed ideals.[16] The dirty water in the description of Paris represents the degradation of love and the failure of dreams: *De hautes portes, comme il y en a dans les fermes, laissaient voir, par leurs battants entr'ouverts, l'intérieur d'ignobles cours pleines d'immondices, avec des flaques d'eau sale au milieu.*[17]

Yet, instead of a clear delimited image, the reader sees, along with Frédéric, a confusion of sites, an enumeration of incoherent places that underline a textual movement, rather than a thematic or mimetic pattern typical of the realist novel. For Marie Banquart:

> Ce jeu entre lisibilité et non-lisibilité de l'espace est intériorisé dans le roman. On peut même dire qu'il caractérise le Paris de *L'Education sentimentale,* et, la vision de la ville étant la projection du 'Moi' du héros, que ce jeu décalque sur l'espace urbain l'incertitude fondamentale de Frédéric. ... Toutes les fois qu'après une absence il regagne la ville, Flaubert a fait en sorte que celle-ci se présente à Frédéric sous un jour insolite et générateur d'une disorientation.[18]

This disorientation of space contrasts with the readable image of the streets of Paris in Balzac's *Ferragus:*

> Il est dans Paris certaines rues déshonorées autant que peut l'être un homme coupable d'infamie; puis il existe des rues nobles, puis des rues simplement honnêtes, puis de jeunes rues sur la moralité desquelles le public ne s'est pas encore formé d'opinion; puis des rues assassines, des rues plus vieilles que de vieilles douairières ne sont vieilles, des rues estimables, des rues toujours propres, des rues toujours sales, des rues ouvrières, travailleuses, mercantiles. Enfin les rues de Paris ont des qualités humaines, et nous impriment par leur physionomie certaines idées contre lesquelles nous sommes sans défense.[19]

One notes that no sign of ambiguity is evident in this passage, and the streets of Paris are presented as a moral and emotional image in which the narrator imposes a specific pattern of interpretation. Balzac creates for us a deterministic setting, a social *milieu* of the reading that guides our thought and shapes our response—thus defining for us the basis of our interpretation. Instead, in Frédéric's image of Paris, details waver between a symbolic meaning and some factors that allude to the problematic of opacity. This description displays greater disorder and fragmentation than the representation of Yonville in *Madame Bovary:*

> Sur le mur de plâtre, que traversent en diagonale des lambourdes noires, s'accroche parfois quelque maigre poirier, et les rez-de-chaussée ont à leur porte une petite barrière tournante pour les défendre des poussins, qui viennent picorer, sur le seuil, des miettes de pain bis trempé de cidre. Cependant les cours se font plus étroites, les habitations se rapprochent, les haies disparaissent, un fagot de fougères se balance sous une fenêtre au bout d'un manche à balai; il y a la forge

d'un maréchal et ensuite un charron avec deux ou trois charrettes neuves, en dehors, qui empiètent la route. (*Madame Bovary*, p. 106)

The view of the buildings around Hamilcar's palace in *Salammbô* reveals a fragmentation of space, similar to the disordered image of Paris in *L'Education sentimentale:*

> La route traversait un champ, planté de longues dalles, aigues par le sommet, telles que des pyramides. ... Ensuite, étaient disséminées des cabanes en terre en branchages, en claies de joncs, toutes de forme conique. De petits murs en cailloux, des rigoles d'eau vive, des cordes de sparterie, des haies de nopal séparaient irrégulièrement ces habitations, qui se tassaient de plus en plus, en s'élèvant vers les jardins du Suffète. (*Salammbô*, p. 734)

In *L'Education sentimentale* an interesting characteristic of the passage, which differentiates it from the descriptions in *Madame Bovary* and *Salammbô*, is the mobility of sites and the lack of a stable identity of space. Thus, after his arrival to Paris, Frédéric wanders in a disoriented city, looking for Regimbart, and he has difficulty finding him. As well, he is unable to find Madame Arnoux in the expected place:[20]

> Ill souriait à l'idée de revoir, tout à l'heure, sur la plaque de marbre, le nom chéri—il leva les yeux. Plus de vitrines, plus de tableaux, rien! Il courut à la rue de Choiseul. M. et Mme Arnoux n'y habitaient pas, et une voisine gardait la loge du portier; Frédéric l'attendit; enfin il parut, ce n'était plus le même. Il ne savait point leur adresse. (p. 105)

The description of the streets traversed by the cab is a succession of names whose prolixity may prevent the reader from the possibility of sketching an identifiable course:

> Les boutiques défilaient, la foule augmentait, le bruit devenait plus fort. Après le quai Saint-Bernard, le quai de la Tournelle et le quai Montebello, on prit le quai Napoléon; il (Frédéric) voulut voir ses fenêtres, elles étaient loin. Puis on repassa la Seine sur le Pont-Neuf, on descendit jusqu'au Louvre; et, par les rues Saint-Honoré, Croix-des-Petits-Champs et du Bouloi, on atteignit la rue Coq-Héron, et l'on entra dans la cour de l'Hotel. (p. 105)[21]

The same fragmentation of space is evident in this description of the countryside when Frédéric is looking for Arnoux's factory:

Enfin il se précipita dans la campagne. La verdure monotone la faisait ressembler à un immense tapis de billard. Des scories de fer étaient rangées sur les deux bords de la route, comme des mètres de cailloux. Un peu plus loin, des cheminées d'usine fumaient les unes près des autres. En face de lui se dressait sur une colline ronde, un petit château à tourelles, avec le clocher quadrangulaire d'une église. De longs murs, en dessous, formaient des lignes irrégulières parmi les arbres. (p. 193)

If the description exhibits enough signs reflecting Frédéric's fear of losing Madame Arnoux; simultaneously, the stable configuration of a site is undermined—in his interminable itinerary, Frédéric is convinced that he has reached Arnoux's factory (where Madame Arnoux is supposed to be). Instead, he arrives at the wrong place: *Non, Monsieur, c'est ici la fabrique de MM. Leboeuf et Millet.* Representational order is disrupted, leading to a possible displacement of sense. In addition, the observer Frédéric lacks a fixed center of consciousness, and his interiority appears to be an empty space traversed by a plurality of fragmented, dissociated impressions and sensations that never cohere to form a fully constituted subject. Thus, instead of providing a stable frame for Frédéric, the external world intensifies his confusion.

The city of Paris, when Frédéric returns from Fontainebleau, represents another fragmented and dispersed site:

La poste de l'Ecole polytechnique regorgeait de monde. Des femmes encombraient le seuil, demandant à voir leur fils ou leur mari. On les renvoyait au Panthéon transformé en dépôt de cadavres. ... L'insurrection avait laissé dans ce quartier-là des trous formidables. Le sol des rues se trouvait, d'un bout à l'autre, inégalement bosselé. Sur les barricades en ruine, il restait des omnibus, des tuyaux de gaz, des roues de charrettes; ... Les maisons étaient criblées de projectiles, et leur charpente se montrait sous les écaillures de plâtre. Des jalousies, tenant par un clou, pendaient comme des haillons. ... On apercevait l'intérieur des chambres avec leurs papiers en lambeaux. ... Frédéric observa une pendule, un bâton de perroquet, des gravures. (pp. 336–337)

An interpretation of this passage as a historical account of the results of the Revolution of 1848 must be considered, even though history is presented as disorder. The novel could be an evocation of 1848, the February revolution that led to the overthrow of the bourgeois monarchy of Louis-Philippe and the founding of the second Republic, the June days that saw the brutal repression of the Parisian proletariat; and the *coup d'état* of 1851, with which Louis Bonaparte brought the second Republic to an end and paved the way for the second Empire. Sherrington remarks, on a personal level, that Frédéric is not concerned with Paris:

> This return to Paris seems not to have an intense motivation and is accompanied by no feelings of personal hope or dispair. The main purpose of the description is to show not Frédéric, but Paris in revolution: the center of interest is transferred from the character to the object.[22]

Nonetheless, the disordered space and the non-functional elements may undermine a historical verisimilitude: *On les renvoyait au Panthéon, transformé en depôt de cadavres. Des jalousies, tenant par un clou, pendaient comme des haillons. Frédéric observa une pendule, un bâton de perroquet, des gravures.* The description recalls the image of the Punic field, after Hamilcar's attack in *Salammbô*, where space is disordered and the features are juxtaposed and in pieces:

> Le sol bouleversé avait des ondulations comme la mer, et les tentes, avec leurs toiles en lambeaux, semblaient de vagues navires à demi perdus dans les écueils. Des cuirasses, des fourches, des clairons, des morceaux de bois, de fer et d'airain, du blé, de la paille et des vêtements s'éparpillaient au milieu des cadavres. ... On apercevait des jambes, des sandales, des bras, des cottes de maille, et des têtes dans leurs casques. (p. 763)

The character Frédéric is lost in a labyrinthine city where stable representation is subverted: while he is looking for the wounded Dussardier he becomes dispersed in a confused space, and he is unable to find his wounded friend.

Description of the Fontainebleau Forest

The description of the Fontainebleau forest, where the first idyllic love affair between Frédéric and Rosanette takes place, deserves special attention for the manner in which stylistic features rework Romantic literary *topoi* that lay bare their conventional substance:

> La diversité des arbres faisait un spectacle changeant. Les hêtres, à l'écorce blanche et lisse, entremêlaient leurs couronnes; des frênes courbaient mollement leur glauques ramures; dans les cépées de charmes, des houx pareils à du bronze se hérissaient; puis venait une file de minces bouleaux, inclinés dans des attitudes élégiaques; et les pins, symétriques comme des tuyaux d'orgue, en se balançant

continuellement, semblaient chanter. Il y avait des chênes rugueux, énormes, qui se convulsaient, s'étiraient du sol, s'étreignaient les uns les autres, et, fermes sur leurs troncs, pareils à des torses, se lançaient avec leurs bras nus des appels de désespoir, des menaces furibondes, comme un groupe de Titans immobilisés dans leur colère. (pp. 327–328)

Brombert indicates that there is irony in those trees which, on the one hand, join each other high in the air like immense triumphal arches; on the other hand, they seem to be falling columns:

Quelques-uns, d'une altitude démesurée, avaient des airs de patriarches et d'empereurs, ou, se touchant par le bout, formaient avec leurs longs fûts comme des arcs de triomphe; d'autres, poussés dès le bas obliquement, semblaient des colonnes près de tomber. (p. 327)

The political revolution is measured against the geological revolutions. The immobilized Titans remind us, in their angry pose, of the revolutionary fervor. But they also point up the insignificance of all human endeavor in the face of eternal change and death. The Fontainebleau landscape assumes an apocalyptic grandeur which further underlines the futility of human events. It is almost religious awe which the gravity of the forest inspires.[23]

Instead of representing a diversion from the Revolution, or an idyllic place of escape with a lover, the forest is a monstrous displacement of natural forces, whose cataclysmic space reminds Frédéric of the Revolution and the precariousness of human existence. One may read the passage as a variation on the literary theme of *l'épouvantable visage de la nature:*[24]

Il y avait des chênes rugueux, énormes, qui se convulsaient, s'étiraient du sol, s'étreignaient les uns les autres, et fermes sur leurs troncs, pareils à des torses, se lançaient avec leurs bras nus des appels de désespoir, des menaces furibondes, comme un groupe de Titans immobilisés dans leur colère.

Furthermore, the trees lying in disarray may alternately be paths to the future that will lead to triumph or collapse: *La furie même de leur chaos fait plutôt rêver à des volcans, à des déluges, aux grands cataclysmes ignorés.* (p. 328) On a psychological level, the entire episode emphasizes the distance between the dreamer-hero and his impossible mistress. An interesting study conducted by Peter Cortland shows how the episode of Fontainebleau reveals the lack of communication between Frédéric and Rosanette:

The over-riding human movement of this section of the book is this drifting apart in the lover's relationship from discord to concord, to discord again. Theoretically, all sentimentalities should be equally valid; but the discord here results from a lack of sharing of emotional distortions at the same time.[25]

Yet, since Flaubertian art represents an endless tension between transparency and resistance to signification, the passage could be a reworking of Romantic solipsism whose metaphors are presented in their excessive metaphoricity and literariness. Flaubert discourages the reader's understanding of the actual message of the passage. The novelist uses traditional Romantic motifs, but he goes beyond their possibility of verisimilitude in order to display their artificial and self-referential substance.[26] Description reveals its own means of fabrication, by showing nature as a rhetorical convention: *puis venait une file de minces bouleaux, inclinés dans des attitudes élégiaques; et les pins, symétriques comme des tuyaux d'orgue, en se balançant continuellement, semblaient chanter.*[27]

Some of the difficulty of interpretation lies in the emphasis on this condensed and gathered material. An effect that is too clear, especially when it is unpleasant, may block the associative processes in the reader's mind. Note the following description of the variety of rocks in the form of animals:

> C'était, au flanc d'une colline, une compagnie de carriers battant les roches. Elles se multipliaient de plus en plus, et finissaient par emplir tout le paysage, cubiques comme des maisons, plates comme des dalles, s'étayant, se surplombant, se confondant, telles que les ruines méconnaissables et monstrueuses de quelque cité disparue. ... Çà et là, tels que des promontoires sur le lit desséché d'un océan, se levaient des roches ayant de vagues formes d'animaux, tortues avançant la tête, phoques qui rampent, hippopotames et ours. (p. 328)

The paragraph is filled with 'miscellaneous curiosities' that mark the description as hallucinatory.[28] The characters themselves are overwhelmed by these exaggerations of forms that are independent of their emotions and reactions. In addition, the reader perceives a certain inconsistency throughout the episode: after the dramatic evocation of the animal-shaped rocks, the account of the honeymoon starts over, as though this hallucinatory interval had never taken place. Forgetting the end of the world, the two lovers continue their idyllic love affair:

> Le bras sous la taille, il l'écoutait parler pendant que les oiseaux gazouillaient, observait du même coup d'oeil les raisins noirs de sa

capote, et les baies des genévriers, les draperies de son voile, les volutes des nuages; et quand il se penchait sur elle, la fraîcheur de sa peau se mêlait au grand parfum des bois. (p. 329)

Roland Barthes and Shoshana Felman have indicated that this may be attributed to a certain Flaubertian *folie*.[29] To control the effects of this potential *délire* one expects an organizing narrative voice; instead, frequently this voice is silent.

Symbolic Spaces: Paris as a Mental Image

Loin de lui opposer son mutisme, la description après la narration parle, même si c'est un murmure. D'abord signifiée par la narration, la description la signifie en retour, la désigne, la dénonce. Tel est le jeu: non pas une répétition, mais le dialogue de deux énoncés concurrentiels qui racontent une même histoire. (Pierre Bonnefis)[30]

Various images of Paris and landscapes in *L'Education sentimentale* have a thematic implication, necessary for the progression of the story-plot and for the focalization of the characters. In these passages, Flaubert offers the reader a stronger basis for interpretation. For example, one may interpret the following image of Paris, viewed by Frédéric, as a metaphor of Madame Arnoux's beauty and power:

A l'éventaire des marchandes, les fleurs s'épanouissaient pour qu'elle les choisît en passant; dans la montre des cordonniers, les petites pantoufles de satin à bordure de cygne semblaient attendre son pied; toutes les rues conduisaient vers sa maison; les voitures ne stationnaient pas sur les places que pour y mener plus vite; Paris se rapportait à sa personne, et la grande ville, avec toutes ses voix, bruissait, comme un immense orchestre, autour d'elle. (p. 68)[31]

Likewise, this description of Paris is a symbolic space:

Des nuages roses, en forme d'écharpe, s'allongeaient au-delà des toits; on commençait à relever les tentes des boutiques; des tombereaux d'arrosage versaient une pluie sous la poussière, et une fraîcheur inattendue se mêlait aux émanations des cafés, laissant voir par leurs portes ouvertes, entre des argenteries et des dorures, des fleurs en gerbe qui se miraient dans les hautes glaces. … Quelque chose d'énorme, enveloppait les maisons. Jamais Paris ne lui avait semblé si beau. Il n'apercevait, dans l'avenir, qu'une interminable série d'années toutes pleines d'amour. (p. 87)

Here the narrator offers an explicit interpretative schema: *Jamais Paris ne lui avait semblé plus beau. Il n'apercevait, dans l'avenir, qu'une interminable série d'années toutes pleines d'amour.* The description is set in August, Madame Arnoux is absent from Paris, and Frédéric is no closer to realizing his ambition. Only his mood is different—the cafés have a *fraîcheur inattendue,* and are full of silver and gold, flowers, and mirrors; the passers-by have lost their stupid look: *Des femmes passaient, avec une mollesse dans les yeux et ce teint de camélia que donne aux chairs féminines la lassitude des grandes chaleurs.* Finally, Frédéric's optimism is summed up: *Jamais Paris ne lui avait semblé plus beau.*

The description of the plain, which Frédéric sees from the boat where he meets Madame Arnoux for the first time, suggests a symbolic reading as an analogue of the young man's feelings and dreams of love, and it introduces the protagonist's languid Romanticism:

> Une plaine s'étendait à droite; à gauche un herbage allait doucement rejoindre une colline, où l'on apercevait des vignobles, des noyers, un moulin dans la verdure, et des petits chemins au delà, formant des zigzags sur la roche blanche qui touchait au bord du ciel. Quel bonheur de monter côte à côte, le bras autour de sa taille, pendant que sa robe balayerait les feuilles jaunies, en écoutant sa voix, sous le rayonnement de ses yeux! (p. 9)

In the following passage, details give an impression of referentiality by informing the reader on the architecture of the houses of the period:

> Des arbres la couronnaient (la colline) parmi des maisons basses couvertes de toits à l'italienne. Elles avaient des jardins en pente que divisaient des murs neufs, des grilles de fer, des gazons, des serres chaudes, et des vases de géranium, espacés régulièrement sur des terrasses où l'on pouvait s'accouder. Plus d'un, en apercevant ces coquettes résidences, si tranquilles, enviait d'en être le propriétaire, pour vivre là jusqu'à la fin de ses jours. (p. 4)

This image of Paris, in which Frédéric wanders alone while constantly thinking about Madame Arnoux, is open to interpretation because the details are not disordered:

> Il remontait, au hasard, le quartier latin, si tumultueux d'habitude, mais désert à cette époque, car les étudiants étaient partis dans leurs familles. Les grands murs des collèges, comme allongés par le silence, avaient un aspect plus morne encore; on entendait toutes sortes de bruits

paisibles, des battements d'ailes dans les cages, le ronflement d'un tour,
le marteau d'un savetier. (p. 65)

Besides indicating a typical summer day in Paris, the description has a symbolic
function in reflecting Frédéric's feelings of emptiness and monotony in Paris, for
he is not making any progress with Madame Arnoux: *les grands murs du
collège, comme allongés par le silence, avaient un aspect plus morne encore.*
    The view of Paris, when Frédéric returns from Nogent after having
considered the possibility of marrying Louise Roque, highlights the same theme
of solitude in the big city:

Son retour à Paris ne lui causa point de plaisir; c'était le soir, à la fin du
mois d'août, le boulevard semblait vide, les passants se succédaient
avec des mines renfrognées, çà et là une chaudière d'asphalte fumait,
beaucoup de maisons avaient leurs persiennes entièrement closes.
(p. 255)

The passage is integrated in a manner that serves a traditional structural function
in novels—that of psychological evocation. The details converge to define
Frédéric's mood and his feelings of despair and isolation. In fact, when he
arrives, he finds nothing but emptiness: the boulevards are deserted, the houses
are closed, the people on the streets, with their *mines renfrognées,* have
something unpleasant. The passage follows Hamon's view of description as
expression of the *porte-regard.*[32] Furthermore, it shows how Flaubert is faithful
to the tradition of the classical text, as the description recalls the image of Paris
in Balzac's *Les illusions perdues,* where Lucien's wandering in the city connotes
his solitude and the separation between him and the crowd:

Le luxe des boutiques, la hauteur des maisons, l'affluence des voitures,
les constantes oppositions que présentent un extrême luxe et une
extrême misère saisissent avant tout. Surpris de cette foule à laquelle il
était étranger, cet homme d'imagination éprouva comme une immense
diminuition de lui-même.[33]

The landscape surrounding Frédéric and Madame Arnoux, during their love
encounters, is similarly integrated into the narrative continuity:

Presque toujours, ils se tenaient en plein air au haut de l'escalier; des
cimes d'arbres jaunies par l'automne se mamelonnaient devant eux,
inégalement jusqu'au bord du ciel pâle; ou bien ils allaient au bout de
l'avenue, dans un pavillon ayant pout tout meuble un canapé de toile
grise. … Les murailles exalaient une odeur de moisi;—et ils restaient

là, causant d'eux mêmes, des autres, de n'importe quoi, avec ravissement. (p. 272)

The descriptive components are a reflection of the lovers' desire, and they represent a religious feeling, under the guise of a sentimental form.

Also, the image of the Nogent landscape, when Frédéric and Louise Roque walk together, elicits thematic patterns:

> A gauche, dans la prairie, des peupliers s'étendent, et l'horizon, en face, est borné par une courbe de la rivière; elle était plate comme un miroir; de grands insectes patinaient sur l'eau tranquille. Des touffes de roseaux et des joncs la bordent inégalement; toutes sortes de plantes venues là s'épanouissaient en boutons d'or, laissaient pendre des grappes jaunes, dressaient des quenouilles de fleurs amarante, faisaient au hasard des fusées vertes. ... En deçà, dans l'intérieur, quatre murs à chaperon d'ardoises enfermaient le potager, où les carrés de terre, labourés nouvellement, formaient des plaques brunes. (p. 250)

The detailed description gives an impression of reality by representing the geographical location of Nogent; however, the symbolic determination is stronger when the imagery establishes a contrast with Paris. The details emphasize the tranquillity, boredom, and narrow limits of a provincial town: *En deçà, dans l'intérieur, quatre murs à chaperon d'ardoises enfermaient le potager, où les carrés de terre, labourés nouvellement, formaient des plaque brunes.*

Similarly, this description of the landscape, where Frédéric and Louise walked in Nogent, contains various signs that encourage a symbolic integration:

> Assis, l'un près de l'autre, ils ramassaient devant eux des poignées de sable, puis les faisaient couler de leurs mains tout en causant;—et le vent chaud qui arrivait des plaines leur apportait par bouffées des senteurs de lavande, avec le parfum du goudron s'échappant d'une barque, derrière l'écluse. Le soleil frappait la cascade; les blocs verdâtres du petit mur où l'eau coulait apparaissaient comme sous une gaze d'argent se déroulant toujours. Une longue barre d'écume rejaillissait au pied, en cadence. Cela formait ensuite des bouillonnements, des tourbillons, mille courants opposés, et qui finissaient par se confondre en une seule nappe limpide. (p. 252)

The first part of the description connotes Louise's fresh and innocent feelings of love: *Et le vent chaud leur apportait par bouffées des senteurs de lavande.* These fresh sensations contrast with the second part of the passage that reflects

Frédéric's mixed and confused emotions and the disorder of his life—*des bouillonnements, des tourbillons, mille courants opposés.*

The representation of space, when Frédéric and Deslaurier walk together after Frédéric's return from Nogent, portrays details based on the construction of symbolic relations related to the characters' feelings. Thus, the passage reflects a new season of hopes for Frédéric and Deslaurier:

> Ensuite, ils fumèrent des puros, accoudés sur la planche de velours, au bord de la fenêtre. Le soleil brillait, l'air était doux, des troupes d'oiseaux voletant s'abattaient dans le jardin; les statues de bronze et de marbre, lavées par la pluie, miroitaient; et l'on entendait les rires des enfants, avec le murmure continu que faisait la gerbe du jet d'eau. (p. 113)

The image of Madame Arnoux's house, when Deslaurier comes to tell her about Frédéric's future marriage with Louise Roque, reveals Madame Arnoux's loneliness, emphasized by the narrator himself:

> Elle ferma la croisée et vint se rasseoir. Les hautes maisons voisines interceptant le soleil, un jour froid tombait dans l'appartement. Ses enfants étaient sortis, rien ne bougeait autour d'elle. C'était comme une désertion immense. (p. 248)

Additionally, on another level one may symbolically interpret the image of the Fontainebleau palace visited by Frédéric and Rosanette:

> Le matin, de bonne heure, ils allèrent visiter le château. Comme ils entraient par la grille, ils aperçurent sa façade tout entière, avec les cinq pavillons à toits aigus et son escalier à fer de cheval se déployant au fond de la cour, que bordent de droite à gauche deux corps de bâtiments plus bas. Des lichens sur les pavés se mêlent de loin au ton fauve des briques; et l'ensemble du palais, couleur de rouille comme une vieille armure, avait quelque chose de royalement impassible, une sorte de grandeur militaire et triste. (p. 323)

The selection shows a certain nostalgia for the glory of the past that is now reduced to rust and dust: *L'ensemble du palais, couleur de rouille comme une vieille armure, avait quelque chose de royalement impassible, une sorte de grandeur militaire et triste.* According to Peter Cortland:

> The tranquillity of this charmed spot strips off the carefully acquired sophistication of the visitors, and places their shoddy contemporaneity in striking contrast to the glorious remains their guide shows them. The

palace becomes an allegorical stage of the education of the two visitors: it is for them the retreat of courtly Renaissance love, the empty shell that survived the passions of the old régime.[34]

In contrast with the controversial and ambiguous passages analyzed in the preceding sections of this study, descriptions in this section show the possibility of identifying images that develop traditional themes with greater clarity—such as the young man's illusions, the quest for the Madonna, the theme of nostalgia for purity, and the betrayal of dreams. In this respect, Flaubert's writing manifests the tensions and contradictions evident in the transition from a readable novel to a self-referential text.

Turning Images

Tout détail finit par disparaître dans le jeu des contrastes et l'emportement des mouvements. ... Rien de plus vertigineux que l'entraînement d'une perspective fuyante. (Jean Pierre Richard)[35]

Several descriptions in *L'Education sentimentale* are characterized by a series of multiple, contrasting, and turning images and scenes *(tournoiment),* which the narrator-protagonist cannot grasp, and which may cause anxiety and desire. Flaubert's deliberate juxtaposition of light with color in these descriptive passages captures the fleeting aspects of reality with such intensity and rapidity that it may prevent the reader from following a well-ordered, sequential plot and theme development. In this description of the Champs Elysées, the reader sees, along with Frédéric, a series of disjoined images succeeding one another in a rapid and incoherent sequence:

Les voitures devenaient plus nombreuses, et, se ralentissant à partir du Rond-Point, elles occupaient toute la voie. Les crinières étaient près des crinières, les lanternes près des lanternes; les étriers d'acier, les gourmettes d'argent, les boucles de cuivre, jetaient çà et là des points lumineux entre les culottes courtes, les gants blancs, et les fourrures qui retombaient sur le blason des portières. ... Les cochers baissaient le menton dans leurs cravates, les roues se mettaient à tourner plus vite, le madacam grinçait et tous les équipages descendaient au grand trot la longue avenue, en se frôlant, se dépassant, s'écartant les uns des autres, puis, sur la Place de Concorde se dispersaient. (pp. 23–24)

Instead, the selection suggests an environment characterized by a dynamic movement with a fluid quality. This fluidity robs specific forms of their shapes, so that both Frédéric and the reader emerge from the experience with no exact comprehension. "The *fugacité* of the moment, its very swiftness dissolves the *contours* of the objects evoked."[36]

Another example of *tournoiement* is the confusion and contrast of clothes and colors that Frédéric observes at Rosanette's masqued ball:

> Frédéric fut d'abord ébloui par les lumières, il n'aperçut que de la soie, du velours, des épaules nues, une masse de couleurs qui se balançaient aux sons d'un orchestre caché par des verdures, entre des murailles tendues de soie jaune, avec des portraits au pastel, çà et là, et des torchères de cristal en style Louis XVI. (p. 116)

In this portrayal, people, dresses, and ornaments disappear in the juxtaposition of colors and the whirl of the movement—*soie, velours, des épaules nues* are confused and indistinguishable for Frédéric and for the reader. As Culler well shows, the passage begins with *Frédéric fut d'abord ébloui par les lumières,* but the following phrase *il n'aperçut que de la soie* emphasizes that this is a fact about vision and forces us to suspend, at least for the moment, our attempts at symbolic interpretation.[37] Frédéric is stunned and confused by the multifarious images that only connote a frenetic human activity: *Ce mouvement giratoire de plus en plus vif et régulier, vertigineux, communiquant à sa pensée une sorte d'ivresse, y faisait surgir d'autres images, tandis que toutes passaient dans le même éblouissement.* (p. 121) The scene recalls *the mouvement giratoire,* the whirl in the description of the valse at La Vaubyessard, in *Madame Bovary: Ils tournaient: tout tournait autour d'eux, les lampes, les meubles, les lambris, et le parquet, comme un disque sur un pivot. (Madame Bovary,* p. 86)

Moreover, the description of Frédéric's vision of the ball in the dream—if it is a projection of Frédéric's sensual desires—is captured simultaneously in the same whirl of rapid movements that represent for the observer a hallucinatory configuration:

> Dans l'hallucination du premier sommeil, il voyait passer et repasser continuellement les épaules de la Poissarde, les reins de la Débardeuse, les mollets de la Polonaise, la chevelure de la Sauvagesse. (p. 128)

In the scene of the public ball at L'Alhambra, Frédéric similarly finds himself in a *bigarrure* of hats, skirts, and boots; and this episode is described in an impressionistic manner that undermines the reader's comprehension of the image:

> Les musiciens, juchés sur l'estrade, dans des postures de singe, raclaient et soufflaient, impétueusement. Le chef d'orchestre, debout, battait la mesure d'une façon automatique. On était tassé, on s'amusait;

les brides dénouées des chapeaux effleuraient les cravates, les bottes s'enfonçaient sous les jupons; tout cela sautait en cadence. (p. 71)

The portrayal of the horse races in the second part of the novel presents an impressionistic technique that projects impressions of disintegrating forms and frenetic movement:

Les spectateurs des tribunes avaient grimpé sur les bancs. Les autres, debout dans les voitures, suivaient avec des lorgnettes à la main l'évolution des jockeys; on les voyait filer comme des tâches rouges, jaunes, blanches et bleues sur toute la longueur de la foule, qui bordait le tour de l'Hippodrome. De loin leur vitesse n'avait pas l'air excessive; à l'autre bout du Champ de Mars, ils semblaient même se ralentir, et ne plus avancer que par une sorte de glissement, où les ventres des chevaux touchaient la terre sans que leurs jambes étendues pliassent. Mais, revenant bien vite, ils grandissaient; leur passage coupait le vent, le sol tremblait, les cailloux volaient; l'air, s'engouffrant dans les casaques des jockeys, les faisait palpiter comme des voiles. (p. 206)

This sequence of scenes leaves the reader undecided between the possibility of integrating the digression into the narrative, and recognizing the self-referentiality of the style: on the one hand, the passage represents the crowd and the excitement of a horse race, on the other hand instead of a systematic survey and definition of all elements of the scene, Flaubert provides the reader with the immediate impression of colors, reflections, and shadows: *on les voyait filer comme des tâches rouges, jaunes, blanches et bleues, ils semblaient même se ralentir, et ne plus avancer que par une sorte de glissement.* Robert Denommé claims that this frenetic process is characteristic of Manet's painting, *Course à Longchamp* (1864), in which the spectators appear as a formless mass.[38] Flaubert creates a similar illusion of quick movement that darkens a total vision in this scene of the women at the horse race:

Les femmes, vêtues de couleurs brillantes, portaient des robes à taille longue, et, assises sur les gradins des estrades, elles faisaient comme de grands massifs de fleurs, tachetés de noir, çà et là, par les sombres costumes des hommes. (pp. 204–205)

And in the description of the carriages at the races:

Et la berline se lança vers les Champs-Elysées au milieu des autres voitures, calèches, briskas, wurts, tandems, tiltburys, dog-carts, tapissières à rideaux de cuir où cantaient des ouvriers en goguette, demi-fortunes que dirigeaient avec prudence des pères de famille eux-mêmes. ... De grands coupés à siège de drap promenaient des douairières qui sommeillaient; ou bien un stepper magnifique passait, emportant une chaise, simple et coquette comme l'habit noir d'un dandy. ... Et les figures se succédaient avec une vitesse d'ombres chinoises. Frédéric et Rosanette ne se parlaient pas, éprouvant une sorte d'hébétude à voir auprès d'eux, continuellement, toutes ces roues à tourner. (p. 209)

The depiction apparently contains several signs that could be metaphors of the social differentiations and contradictions in society of the period: *des ouvriers en goguette, demi-fortunes que dirigeaient avec prudence des pères de famille.*[39] Even so, the passage exhibits an unnecessary accumulation of strange names—*calèches, briskas, wurts, tandems, tilburys,* and *dog-carts*—indicating a desire for displacement, which leads nowhere.

Finally, the description of the people invading the Royal Palace, during the insurrection of 1848, is a further example of *tournoiement,* an interminable multiplication of disjoined images that escape categorization. Frédéric is stunned by *les flots vertigineux des têtes nues, des casques, des bonnets rouges, des baionettes et des épaules.* However, this maelstrom has a thematic connotation in that it reflects Frédéric's unstable and fragmented personality. The accumulation of turning images reveals the ambiguity of Flaubert's style, because it mirrors Frédéric's impressions and simultaneously calls a definite and stable representational pattern into question, as Duquette notes:

Les tourbillons de la ville étourdissent Frédéric. ... le vide succède au plein qu'on a entrevu, ou mieux: la multipication des annonces materielles ne recouvre qu'un néant insondable, et ne sert qu'à plonger plus avant dans l'inquiétude, dans l'angoisse de voir que tout se dérobe constamment.[40]

Interiors, Objects, Furniture, and *Bibelots*

Relation Homme/Milieu.

On entre sans cesse dans des salons, des boudoirs, qui, par le nombre et la forme de leurs bibelots, la matière et les coloris de leurs tentures, la profusion de leurs lumières, l'insistance de leurs parfums, composent des substituts parfaits des êtres qui les hantent. (Pierre Cogny)[41]

Many objects and furniture in *L'Education sentimentale* connote the characters' lives, and they serve to integrate the description into the narrative.[42] Flaubert follows the Balzacian tradition that establishes a harmony between the individual and his/her surroundings.[43] The description of the *pension Vauquer,* in Balzac's *Le père Goriot,* is a prime example of *milieu* that fully reflects the character. Madame Vauquer is made to explain the *pension;* as well as the *pension* implies her person:

> Rien n'est plus triste à voir que ce salon meublé de fauteuils et de chaises en étoffe de crin à raies alternativement mates et luisantes. ... Il s'y rencontre de ces meubles indestructibles, proscrits partout, mais placés là comme le sont les débris de la civilisation aux Incurables. Vous y verriez un baromètre à capucin qui sort quand il pleut, des gravures exécrables qui ôtent l'appetit, toutes encadrées en bois verni à filets dorés; un cartel en écaille incrustré de cuivre; un poêle vert, des quinquets d'Argand où la poussière se combine avec l'huile, une longue table couverte en toile cirée assez grosse pour qu'un facétieux externe y écrive son nom. ... Enfin là règne la misère économe, concentrée, râpée.[44]

Flaubert follows the Balzacian model in various descriptions of interiors and objects, and in this paradigm material details elicit several thematic readings and the narrator frequently intervenes to offer an interpretative schema. Thus, the objects described in Madame Arnoux's room, besides giving an effect of reality, help the reader, as well as the protagonist Frédéric, to know the character in her particular environment:

> A travers les lames du garde-feu, pareil à un gros éventail, on apercevait les charbons dans la cheminée; il y avait, contre la pendule, un coffret à fermoirs d'argent. Çà et là, des choses intimes traînaient: une poupée au milieu de la causeuse, un fichu contre le dossier d'une chaise, et, sur la table à ouvrage, un tricot de laine d'où pendaient en dehors deux aiguilles d'ivoire, la pointe en bas. C'était un endroit paisible, honnête et familier tout ensemble. (p. 45)

The readability of the passage is underlined by the symbolic notation of the narrator: *C'était un endroit paisible, honnête et familier tout ensemble.* The things described are an index of domestic tranquillity: *une poupée, au milieu de la causeuse, un fichu contre le dossier d'une chaise, un tricot de laine.*[45] In addition, one may interpret them as fetishes, substitutes for the beloved, and as reflections of Frédéric's desires:

> Lorsque Frédéric pénètre pour la première fois chez Madame Arnoux, ce n'est pas le luxe des bibelots qu'il remarque mais les petits objets familiers qui lui parlent de la vie simple et quotidienne de la femme

qu'il aime. ... Il se sent, alors, à travers ces objets, en communion véritable avec Madame Arnoux.[46]

Similarly, this description of Madame Arnoux's environment reflects an apparent metonymic and fetishistic relationship between the character and the objects that surround her:

> La chambre avait un aspect tranquille. Un beau soleil passait par les carreaux, les angles des meubles reluisaient, et, comme Madame Arnoux était assise auprès de la fenêtre, un grand rayon, frappant les accroche-coeurs de sa nuque, pénétrait d'un fluide d'or sa peau ambrée. (p. 135)

The following description of Rosanette's *boudoir* reflects the metonymic relation *homme/milieu:*

> Les curiosités de son ancien boudoir furent suffisantes pour donner aux trois pièces un air coquet. On eut des stores chinois, une tente sur la terrasse, dans le salon un tapis de hasard encore tout neuf, avec des poufs de soie rose. (p. 315)

The passage contains an interpretative key: *les curiosités de son ancien boudoir furent suffisantes pour donner aux trois pièces un air coquet.* Details are scattered, but they are arrayed to connote Rosanette's *coquetterie:*

Again, the *salons* that Frédéric sees at the Dambreuses' emphasize M. Dambreuse's character:

> Il traversa une antichambre, une seconde pièce, puis un grand salon à haute fenêtres, et dont la cheminée monumentale supportait une pendule à forme de sphère. ... Les lourdes portières en tapisserie tombaient majestueusement; et les fauteils, les consoles, les tables, tout le mobilier, qui était de style Empire, avait quelque chose d'imposant et de diplomatique. Frédéric souriait de plaisir, malgré lui. (pp. 130–131)

The symbolic notation *quelque chose d'imposant et de diplomatique* underlines M. Dambreuse's political power, and the description is a projection of Frédéric's desires for social success.[47]

The display of the *déjeuner* at the Dambreuses' reflects M. Dambreuse's sense of order and *décor:*

> Sous les feuilles vertes d'un ananas, au milieu de la nappe, une dorade s'allongeait, le museau tendu vers un quartier de chevreuil et touchant de sa queue un buisson d'écrevisses. Des figues, des cèrises énormes,

> des poires et des raisins (primeurs de la culture parisienne) montaient
> en pyramides dans des corbeilles de vieux saxe; une touffe de fleurs,
> par intervalles, se mêlait aux claires argenteries; les stores de soie
> blanche, abaissés devant les fenêtres, emplissaient l'appartement d'une
> lumière douce. (p. 344)

The food described refers to a "cultural code" (Barthes's terminology) that
represents the most common diet of the Parisian *bourgeoisie*: *Des figues, des
cèrises énormes, des poires et des raisins (primeurs de la culture parisienne).*[48]

In this description of M. Dambreuse's office, the constituents are coherent
and functional to the readability of the passage and they connote the character's
wealth, political conservatism, and his coldness and hardness:

> Les portraits du général Foy et de Louis-Philippe se faisaient pendant
> de chaque côté de la glace; des cartonniers montaient comme les
> lambris jusqu'au plafond et il y avait six chaises de paille, M.
> Dambreuse n'ayant besoin pour ses affaires d'un appartement plus
> beau; c'était comme ces sombres cuisines où s'élaborent de grands
> festins. (p. 156)

The image of M. Dambreuse's hall is significant in that it conveys an *effet de
réel,* as spatial relations are clearly delimited:

> Un double escalier droit, avec un tapis rouge, à baguettes de cuivre,
> s'appuyait contre les hautes murailles en stuc luisant. Il y avait, au bas
> des marches, un bananier dont les feuilles larges retombaient sur le
> velours de la rampe. Deux candélabres de bronze tenaient des globes de
> porcelaine suspendus à des chaînettes. (pp. 19–20)

The same illusion of reality is evident in the description of the room of *Le
Club de L'Intelligence,* where the political meetings take place:

> Ils passèrent par une allée, puis furent introduits dans une grande pièce,
> à usage de menuisier sans doute, et dont les murs encore neufs sentaient
> le plâtre. Quatre quinquets raccrochés parallèlement y faisaient une
> lumière désagréable. Sur une estrade, au fond, il y avait un bureau avec
> une sonnette, en dessous une table figurant la tribune, et de chaque côté
> deux autres plus basses, pour les secrétaires. (p. 305)

Spatial relationships are clearly delimited in the description of Frédéric and
Deslaurier's apartment:

Les trois rideaux d'algérienne étaient soignesement tirés; la lampe et les quatre bougies brûlaient; au milieu de la table, le pot à tabac, tout plein de pipes, s'étalait entre les bouteilles de bière, la théière, un flacon de rhum et des petits fours. (p. 56)

The enumeration of the objects in Dussardier's room provides an impression of reality, and it serves to characterize his poverty and the honesty of a simple life:

Comme ses deux chandeliers et son bougeoir n'étaient plus suffisants, il avait emprunté au concierge deux flambeaux; et cinq luminaires brillaient sur la commode, que recouvraient trois serviettes, afin de supporter plus décemment des macarons, des biscuits, une brioche et douze bouteilles de bière. En face, contre la muraille tendue d'un papier jaune, une petite bibliothèque en acajou contenait les Fables de Lachambeaudie, les Mystères de Paris, le Napoléon de Norvins—et, au milieu de l'alcôve, souriait dans un cadre de palissandre, le visage de Béranger. (p. 104)

The books in Dussardier's room are indexes of poverty and simplicity, and they reflect a sincere revolutionary spirit: *Les Fables de Lachambeaudie, les Mystères de Paris, le Napoléon de Norvins.* Similarly, the details in the depiction of Deslaurier's *cabinet* follow a logical sequence, and connote Deslaurier's personality of *penseur politique:*

Son cabinet, petite pièce carrelée, froide, et tendue d'un papier grisâtre, avait pour principale décoration une médaille d'or, son prix de doctorat, insérée dans un cadre d'ébène contre la glace. Une bibliothèque d'acajou enfermait sous vitres cent volumes, à peu près. Le bureau, couvert de basane, tenait le milieu de l'appartement. (p. 177)

Finally, the description of the shops, while Frédéric is waiting for Madame Arnoux, is an ironic manifestation of his anxiety and anguish projected on the objects and labels on the street:

Il considérait les fentes des pavés, la gueule des gouttières, les candélabres, les numéros au-dessus des portes. Les objets les plus minimes devenaient pour lui des compagnons ironiques; et les façades régulières des maisons lui semblaient impitoyables. Il souffrait du froid aux pieds. Il se sentait dissoudre d'accablement. (p. 279)

Material Excess.

L'exactitude en question ne résulte pas d'un renchérissement de soins, elle n'est une plus-value rhétorique, comme si les choses étaient de mieux en mieux décrites-mais d'un changement de code: le modèle (lointain) de la description n'est plus le discours oratoire (on ne peint rien du tout), mais une sorte d'artefact lèxicographique. (Roland Barthes)[49]

This study has shown how Flaubert, in *L'Education sentimentale,* attempts to conform to the realist tradition of the harmony between individual and environment. Notwithstanding, there are instances in this book when the novelist breaks away from the tradition of the readable text by enumerating objects that reach a material excess that undermines a functional integration into the narrative events.[50] These heterogeneous objects submerge the descriptive space and appear as an autonomous *ensemble:*

Alors que le personnage se tourne vers la matière pour échapper au vertige de la pensée abstraite et dominer le réel, l'objet se dérobe. Le décor, sans son renouvellement constant, acquiert une autonomie, renvoyant le personnage au rang de simple spectateur de la matière.[51]

In Rosanette's *cabinet de toilette* a large number of superfluous objects crowds the room:

Une perse à grands feuillages tapissait les murs, les fauteils et un vaste divan élastique; sur une table de marbre blanc s'espaçaient deux larges cuvettes en faïence bleue; des planches de cristal formant étagère au-dessus étaient encombrées par des fioles, des brosses, des peignes, des bâtons de cosmétique, des boîtes à poudre. (pp. 132–133)

In this description the fetishistic desire for matter overcomes the limits of the *vraisemblable* and undermines the relationship between man and *milieu.*[52]

Another representation of Rosanette's *boudoir* presents an endless enumeration of curiosities that disrupts either an illusion of reality or a symbolic reflection of the characters:

Enfin il entra dans une espèce de boudoir qu'éclairaient confusément des vitraux de couleur. Des trèfles en bois découpé ornaient le dessus des portes; derrière une balustrade, trois matelas de pourpre formaient divan, et le tuyau d'un narguilé de platine traînait dessus. La cheminée, au lieu de miroir, avait une étagère pyramidale, offrant sur ses gradins toute une collection de curiosités: de vieilles montres d'argent, des cornets de Bohème, des agrafes en pierreries, des boutons de jade, des émaux, des magots, une petite vierge byzantine à chape de vermeil; et tout cela se fondait dans un crépuscule doré, avec la couleur bleuâtre du tapis, le reflet de nacre des tabourets, le ton fauve des murs couverts de cuir marron. Aux angles, sur les piédouches, des vases de bronze contenaient des touffes de fleurs qui alourdissaient l'atmosphère. (pp. 257–258)

Material excess in *L'Education sentimentale* is more exaggerated than in *Madame Bovary*.[53] Thus, a series of disparate paintings crowd Frédéric's room, exceeding the categories of mimesis:

Effectivement, il n'y mettait point de modération. Une vue de Venise, une vue de Naples et une autre de Constantinople occupant le milieu de trois murailles, des sujets équestres d'Alfred de Dreux, çà et là, un groupe de Pradier sur la cheminée, des numéros de L'Art industriel sur le piano, et des cartonnages par terre dans les angles, encombraient le logis d'une telle façon, qu'on avait peine à poser un livre, à remuer les coudes. (p. 54)

The representation of the table at *La maison d'or,* when M. de Cisy invites his friends, fluctuates between transparency and opacity in the long enumeration of unusual food and tools:

Un surtout de vermeil, chargé de fleurs et de fruit, occupait le milieu de la table, couverte de plats d'argent, suivant la vieille mode française; des raviers, pleins de salaisons et d'épices, formaient bordure tout autour; des cruches de vin rosat frappé de glace se dressaient de distance en distance; cinq verres de hauteur différente étaient alignés devant chaque assiette avec des choses dont on ne savait pas l'usage, mille ustensiles de bouche ingénieux;—et il y avait, rien que pour le premier service: une hure d'esturgeon mouillée de champagne, un jambon d'York au tokay, des grives au gratin, des cailles rôties, un vol-au-vent Béchamel, un sauté de perdrix rouges, et, aux deux bouts de tout cela, des effilés de pommes de terre qui étaient mêlées à des truffes. Un lustre et des girandoles illuminaient l'appartement, tendu de damas rouge. (p. 220)

The narrator directs the reader in the interpretative process: *Un surtout de vermeil, chargé de fleurs et de fruits, occupait le milieu de la table, couverte de plats d'argent, suivant la vieille mode française.* This long list of food and plates indicates the social and cultural code of the old French aristocratic class that is slowly disappearing; at the same time, it is intentionally revived in this scene.[54]

Furthermore, the description serves to emphasize M. de Cisy's snobbish character. However, this thematic interpretation is disrupted by the endless enumeration of items obscure to both the narrator and the reader: *cinq verres de hauteur différente étaient alignés avec des choses dont on ne savait pas l'usage.*

This description of the Dambreuses' *salon* reflects the luxury and the waste of the owners, even though it appears to both the reader and narrator as a superfluous accumulation of ornaments, whose excessive precision goes beyond the interpretative capacities of the observer:

> Partout, une valetaille à larges galons d'or circulait. Les grandes torchères, comme des bouquets de feu, s'épanouissaient sur les tentures; elles se répétaient dans les glaces; et, au fond de la salle à manger, que tapissait un treillage de jasmin, le buffet ressemblait à un maître-autel de cathédrale où à une exposition d'orfèvrerie, tant il y avait de plats, de cloches, de couverts et de cuillers en argent et en vermeil, au milieu des cristaux à facettes qui entrecroisaient, par-dessus les viandes, des lueurs irisées. Les trois autres salons regorgeaient d'objets d'art: paysages de maîtres contre les murs, ivoires et porcelaines au bord des tables, chinoiseries sur les consoles: des paravents de laque se développaient devant les fenêtres, des touffes de camélias montaient dans les cheminées. (p. 158)

These things submerge the space, causing a sort of material saturation that undermines the original interpretation of description as reflection of the characters.[55]

The inventory of Arnoux's pottery consists of an *encombrement* of objects:

> Les plats, les soupières, les assiettes et les cuvettes encombraient le plancher. Contre les murs étaient dressés de larges carreaux de pavage pour salles de bain et cabinets de toilette, avec sujets mythologiques dans le style de la Renaissance, tandis qu'au milieu une double étagère, montant jusqu'au plafond, supportait des vases à contenir la glace, des pots à fleurs, des candélabres, de petites jardinières et de grandes statuettes polychromes figurant un nègre ou une bergère pompadour. (p. 111)

Matter exceeds the categories of its own enquiry, and the details assume a degree of autonomy from the narrative events: *Les démonstrations d'Arnoux ennuyaient Frédéric, qui avait froid et faim.*[56] The object here represents an excess of art, and the incapacity of the writer to master form.

The description of the religious objects at Arnoux's factory manifests another parodic accumulation:

Aux deux coins de la vitrine s'élevaient deux statues en bois, bariolées d'or, de cinabre et d'azur; un saint Jean Baptiste avec sa peau de mouton, et une sainte Geneviève, des roses dans son tablier et une quenouille dans son bras; puis des groupes en plâtre; une bonne soeur instruisant une petite fille, une mère à genoux près d'une couchette, trois collégiens devant la sainte table. Le plus joli était une manière de chalet figurant l'intérieur de la crèche avec l'âne, le boeuf et l'enfant Jesus étalé sur la paille, de la vraie paille. Du haut en bas des étagères, on voyait des médailles à la douzaine, des chapelets de toutes espèce, des bénitiers en forme de coquille et les portraits des gloires ecclésiastiques, parmi lesquelles brillaient Mgr Affre et notre Saint-Père, tous deux souriant. (p. 396)

Also, the description of the funerary ornaments at the grave service of M. Dambreuse contains an overabundance of detail:

Les tombes se levaient au milieu des arbres, colonnes brisées, pyramides, temples, dolmens, obélisques, caveaux étrusques à porte de bronze. On apercevait dans qulques-uns des espèces de boudoirs funèbres, avec des fauteuils rustiques et des pliants. Des toiles d'araignée pendaient comme des haillons aux chaînettes des urnes; et de la poussière couvrait les bouquets de ruban de satin et les crucifix. Partout, entre les balustres, sur les tombeaux, des couronnes d'immortelles et des chandeliers, des vases, des fleurs, des disques noirs rehaussés de lettres d'or, des statuettes de plâtre: petits garçons et petites demoiselles ou petits anges tenus en l'air par un fil de laiton; ... D'énormes câbles en verre filé, noir, blanc, azur, descendent du haut des stèles jusqu'au pied des dalles, avec de longs replis, comme des boas. (p. 384)

This is a typical example of ambiguity of signs in description and undecidability of the reader/critic as far as interpretation is concerned. In fact, are the funerary objects, minutely described in this passage, to be considered as a reflection of Frédéric's sense of decay and precariousness of the earthly existence: *des toiles d'araîgnée pendaient; et de la poussière couvrait les bouquets de rubans de satin et les crucifix?* Or, does the precise description of the odd items reinforce, in the eyes of the narrator-protagonist and of the reader, their radical uselessness in the presence of death? *Partout, entre les balustres, sur les tombeaux, des couronnes d'immortelles et de chandeliers, des vases, des fleurs, des disques noirs rehaussés de lettres d'or, des statuettes de plâtre.*[57] Flaubert's irony is evident here.

Furthermore, the displacement of representation in the description of objects is caused by insistence on the repetition of labels, as in this image of Arnoux's shop:

> De l'autre côté, en face, il lut sur une plaque de marbre: JACQUES ARNOUX. ... Les hautes glaces transparentes offraient aux regards, dans une disposition habile, des statuettes, des dessins, des gravures, des catalogues, des numéros de l'Art Industriel, et les prix de l'abonnement étaient répétés sur la porte, que décoraient, à son milieu, les initiales de l'éditeur. (p. 21)

The reader is entrapped in the text in the very act of mastering it.

In the description of the delivery house, when Frédéric sees Rosanette's baby, labels are empty and stupid repetitions that ironically emphasize the problematic of *bêtise* as a matter of language, as such:

> Au coin de la rue Marbeuf, il lut sur une planche en grosses lettres:— "Maison de santé et d'accouchement tenue par Madame Alessandri, sage-femme de première classe. ..." Puis, au milieu de la rue, sur la porte, une petite porte bâtarde, l'enseigne répétait (sans le mot accouchement): "Maison de santé de Madame Alessandri," avec tous ses titres. (p. 387)[58]

The more repetitive elements multiply, the more the representational basis is undermined, the more repetition is repeated, and the more the linguistic sign detaches itself from its meaning and referent.[59] Repetition evidences a loss of sense by deconstructing the realist discourse and the cultural novelistic discourse:

> L'accumulation même finit par étouffer le sentiment qui croyait se nourrir de l'amoncellement, de la multiplication des signes. Le besoin de se repaître relève plus d'une inquiètude fondamentale que d'une faim véritable.[60]

Mobility of Objects. Another factor that disrupts the relationship *homme/milieu* in the novel is the ceaseless mobility of various objects, primarily Madame Arnoux's *bibelots:* frequently, these objects are displaced in contexts different from those locations in which they normally appear, undermining the original goal of reflecting the characters to whom they belong. This is the case of the belongings that indiscriminately appear in both Madame Arnoux's house and in Rosanette's place—particularly the jewel box *(coffret)*. This recurrent object in *L'Education sentimentale* is clearly a fetish representing, for Frédéric, the physical person of Madame Arnoux: *A travers les lames du garde-feu, pareil*

*à un gros éventail, on apercevait les charbons dans la cheminée; il y avait
contre la pendule, un coffret à fermoirs d'argent.* (p. 45) The jewel box is, again
for Frédéric, a material extension of Madame Arnoux's personal orbit: like the
Zaimph of *Salammbô,* it embodies the form of an absence, an enigmatic cult. In
addition, the *coffret* rushes Frédéric's break with Madame Dambreuse at the end,
causing him to abandon all possibility of leading the luxurious Parisian existence
of his dreams. However, the jewel box loses its fetishistic relation when it is
transferred from Madame Arnoux's house to Rosanette's, and then to Madame
Dambreuse's. Thus, Frédéric reacts with surprise when he sees this object
displaced at Rosanette's house:

> Il repassa par le salon jaune et par la seconde antichambre. Il y avait sur
> la table, entre un vase plein de cartes de visite et une écritoire, un
> coffret d'argent ciselé. C'était celui de Madame Arnoux! Alors, il
> éprouva un attendrissement, et, en même temps comme le scandale
> d'une profanation. (p. 260)

And at the auction of Madame Arnoux's furniture:

> On posa devant les brocanteurs un petit coffret avec des médaillons, des
> angles et des fermoirs d'argent, le même qu'il avait vu au premier dîner
> dans la rue de Choiseul, qui ensuite avait été chez Rosanette, était
> revenu chez Madame Arnoux. (p. 415)

The stable relation between objects and persons is disrupted, as the jewel box,
originally linked to Madame Arnoux, continually goes from one owner to the
other. The objects tend to refuse the role that the characters desire to assign to
them, and the reader becomes disoriented.

Another displacement in which items are confused and interchanged
between two environments (Rosanette's and Madame Arnoux's) characterizes
the following description:

> Cette confusion était provoquée par des similitudes entre les deux
> logements. Un des bahuts que l'on voyait autrefois boulevard
> Montmartre ornait à présent la salle à manger de Rosanette, l'autre le
> salon de Madame Arnoux. Dans les deux maisons, les services de table
> étaient pareils, et l'on retrouvait jusqu'à la même calotte de velours
> traînant sur les bergères; puis une foule de petits cadeaux, des écrans,
> des boîtes, des éventails allaient et venaient de chez la maîtresse chez
> l'épouse, car, sans la moindre gêne, Arnoux, souvent, reprenait à l'une
> ce qu'il lui avait donné, pour l'offrir à l'autre. (p. 146)

The same undermining of the relation *homme/milieu* is evident in the description of the furniture and personal belongings, originally belonging to Madame Arnoux, which are to be sold at the auction:

> Il reconnut immédiatement les deux étagères de l'Art industriel, sa table à ouvrage, tous ses meubles! Entassés au fond, par rang de taille, ils formaient un large talus depuis le plancher jusqu'aux fenêtres; et, sur les autres côtés de l'appartement, les tapis et les rideaux pendaient le long des murs. (p. 413)

The items separated from their original owner evoke nothing but emptiness for Frédéric, and instead of eliciting dreams, they become an indescribable mass:

> Quand Frédéric entra, les jupons, les fichus, les mouchoirs, et jusqu'aux chemises étaient passés de main en main, retournés; quelquefois on les jetait de loin, et des blancheurs traversaient l'air tout à coup. Ensuite, on vendit ses robes, puis un de ses chapeaux dont la plume cassée retombait, puis ses fourrures, puis trois paires de bottines;—et le partage de ses reliques, où il retrouvait confusément les formes de ses membres, lui semblait une atrocité, comme s'il avait vu des corbeaux déchiquetant son cadavre. (p. 414)

Frédéric vainly attempts to read and to find Marie Arnoux's body again in those objects, but he discovers only a corpse.

In addition, the reader may perceive a displacement of sense when the person in question moves away from her/his original environment, illustrated in the description of Madame Arnoux's new location, at rue Paradis. The *milieu* changes and her surroundings no longer represent her personality:

> Frédéric s'était attendu à des spasmes de joie;—mais les passions s'étiolent quand on les dépayse, et, ne retrouvant plus Madame Arnoux dans le milieu où il l'avait connue, elle lui semblait avoir perdu quelque chose, porter confusément comme une dégradation, enfin n'être pas la même. (p. 110)

Again, interpretation in Flaubert becomes a frustrating activity, invariably threatened by its gratuitousness and by the impossibility of establishing stable categories.

Crowds and Revolution: A Historical Account?

> Flaubert élabore une représentation de l'histoire qui se donne les apparences de plus vif réalisme mais ce qu'il construit en fait, c'est une sorte de déni de l'histoire, puisque, au moment même où elle s'affirme dans le texte, sa signification spécifique est niée. (Jean-François Tétu)[61]

Innumerable descriptions of people and revolutionary crowds in *L'Education sentimentale* are undefined and enlarged, and they call into question the representation of history, exemplified in the image of the people invading the Royal Palace during the revolution of 1848:

> Hussonet et Frédéric se penchèrent sur la rampe. C'était le peuple. Il se précipita dans l'escalier, en secouant à flots vertigineux des têtes nues, des casques, des bonnets rouges, des baionettes et des épaules, si impétueusement que des gens disparaissaient dans cette masse grouillante qui montait toujours, comme un fleuve refoulé par une marée d'équinoxe, avec un long mugissement, sous une impulsion irrésistible. (p. 292)

Several critics refer to this description in order to demonstrate the 'beastialization' of the crowd, the degeneration of the Republican Revolution, and the decay of humanity.[62] In general, the conception of the historical novel involves the inclusion of a level of significance that transcends the progress of an individual life and represents the life of a collectivity.[63] On the contrary, what the reader and the narrator protagonist see here is the depiction of a grotesque Revolution, a disorder of *têtes nues, casques,* and *bonnets rouges.* One notes an enlargement of stylistic devices in the use of metaphor: *cette masse grouillante qui montait toujours, comme un fleuve refoulé par une marée d'équinoxe.* The demand on the reader's capacity for visualization is so heavy, and the transition so abrupt, that the author's virtuosity is nullified.

The historical crowd consists in a juxtaposition of mechanical forces that Frédéric views more as a *spectacle* than as concrete political units:

> Frédéric, pris entre deux masses profondes, ne bougeait pas, fasciné d'ailleurs et s'amusant extrêmement. Les blessés qui tombaient, les morts étendus n'avaient pas l'air de vrais blessés, de vrais morts. Il lui semblait assister à un spectacle. (p. 290)

> Le palais regorgeait de monde. Dans la cour intérieure, sept bûchers flambaient. On lançait par les fenêtres des pianos, des commodes et des pendules. Des pompes d'incendie crachaient de l'eau jusqu'aux toits.

... Tout autour, dans les deux galeries, la populace, maîtresse des caves, se livrait à une horrible godaille. Le vin coulait en ruisseaux, mouillait les pieds, les voyous buvaient dans les culs de bouteille, et vociféraient en titubant. (p. 294)

Anne Herscheberg identifies Flaubert's use of stereotyped expressions, including *la masse grouillante, flots vertigineux, une marée d'équinoxe,* that imply a subtle irony from the view point of the narrator, and they question the historical cycles.[64]

The historical development of the rebels results in a confused mass unidentifiable by both Frédéric and the reader, and exemplified in this image of the boulevards: *Des lanternes vénitiennes, suspendues aux maisons, formaient des guirlandes de feu. Un fourmillement confus s'agitait en dessus; au milieu de cette ombre, par endroits, brillaient des blancheurs de baionettes.* Similarly, in the description of the crowd when Frédéric returns from Fontainebleau and looks for Dussardier, the observer is not able to distinguish a mass enveloped in darkness: *C'était une patrouille de cent hommes au moins; des chuchotements, de vagues cliquetis de fer s'échappaient de cette masse confuse; et, s'éloignant avec un balancement rythmique, elle se fondait dans l'obscurité.* (p. 336)

However, if these indistinct descriptions undermine a historical coherence, by not being able to represent the concrete political and social forces of 1848, they may connote the disorder and the violence of the revolution. In addition, the fact that Frédéric sees them as a performance stresses his non-involvement in the political events of the time:

Des groupes de badauds occupaient les trottoirs; une multitude compacte s'agitait sur le pavé. Des bandes entières d'agents de police, sortant des ruelles, y disparaissaient à peine entrés. De petits drapeaux rouges, çà et là, semblaient des flammes; les cochers, du haut de leur siège, faisaient de grands gestes, puis s'en retournaient. C'était un mouvement, un spectacle des plus drôles. (p. 321)

Description of Passengers on the Boat. Disordered elements characterize the following enumeration of the varied people on the boat at the port of Havre:

A part quelques bourgeois, aux Premières, c'étaient des ouvriers, des gens de boutique avec leurs femmes et leurs enfants. Comme on avait alors coutume de se vêtir sordidement en voyage, presque tous portaient de vieilles calottes grecques ou des chapeaux déteints, de maigres habits noirs, râpés par le frottement du bureau, ou des redingotes ouvrant la capsule de leurs boutons pour avoir trop servi au magasin; çà et là, quelque gilet à châle laissait voir une chemise de calicot, maculée de café; des épingles de chrysocale piquaient des cravates en lambeaux; des sous-pieds cousus retenaient des chaussons de lisière; deux ou trois gredins qui tenaient des bambous à gance de cuir lançaient des regards obliques, et des pères de famille ouvraient de gros yeux, en faisant des questions. Ils causaient debout, ou bien accroupis sur leurs bagages; d'autres dormaient dans des coins; plusieurs mangeaient. Le pont était sali par des écales de noix, des bouts de cigare, des pelures de poires, des détritus de charcuterie apportée dans du papier. (pp. 5–6)

At the beginning of this description the narrator grants the reader an interpretative key: *A part quelques bourgeois aux Premières, c'étaient des ouvriers, des gens de boutique avec leurs femmes et leurs enfants.* The enumeration represents different classes of the period *(bourgeois, ouvriers, gens de boutique),* whose social status is punctuated by details: *maigres habits noirs, redingotes ouvrant la capsule de leurs boutons pour avoir trop servi au magasin, gilet à châle, des épingles de crysocale, des sous-pieds cousus,* etc. For Thibaudet, the passage is a displacement of human *ridicules.*[65] At the same time, the narrator and the reader view everything in pieces: *des épingles de crysocale piquaient des cravates en lambeaux. ... Le pont était sali par des écales de noix, des bouts de cigare, des pelures de poires.* Flaubert seems to parody the functionality of language itself, as this representation of people and items scattered on the boat relates neither to the preceding (Frédéric's portrait), nor the subsequent (Frédéric's first view of Madame Arnoux).

The same confusion and heterogeneity in the description of crowds appeared in the enumeration of the variety of the Mercenaries leaving for Sicca in *Salammbô.*

Puis vint la cohue des bagages, des bêtes de somme et des traînards. Des malades gémissaient sur des dromadaires; d'autres s'appuyaient, en boitant, sur le troncon d'une pique. ... On en voyait avec des parasols à la main, avec des perroquets sur l'épaule. Ils se faisaient suivre par des dogues, par des gazelles ou des panthères. Des femmes de race lybique, montées sur des ânes, invectivaient les Négresses qui avaient abandonné pour les soldats les lupanars de Malqua. ... Et il y avait une quantité de valets et de porteurs d'eau, haves, jaunis par les fièvres et touts sales de vermine, écume de la plèbe carthaginoise qui s'attachait aux Barbares. (*Salammbô*, pp. 700–701)

However, the forms in this scene reveal even greater exoticism and dissonance than the ones in the passage in *L'Education sentimentale.*

Romantic Stereotypes: Meaningful Images, or Empty *Clichés?*

> Les stéréotypes sont les symptomes d'une répétition dégradée, d'un fétichisme des emblèmes et des formules. Ce sont les éléments d'une stratégie de l'écriture: par leur statut même de figures ou de tournures figés, ils contribuent à l'indétermination du texte, des images et de l'énonciation. (Anne Herscheberg-Pierrot)[66]

Our analysis has shown how Flaubert uses stereotypical elements consisting of ironic displacement of ready-made literary figures drawn from a diffuse corpus of other texts. These images furnish the points in which the convention self-consciously identifies itself as convention by focusing on particular literary origins and not on a specific message. "The modernity of Flaubert lies in his underdoing of the cliché through a process of systematic exacerbation, whereby it finally becomes its opposite, a form of literary *délire.*"[67] If, on the one hand, quotation and repetition of literary stereotypes express authority; on the other hand, stereotypical imagery represents a certain distance between the narrator and the enunciation, opening up the possibility of ironic negation. Thus, an attentive reader may consider the description of the dancers at the masked ball at Rosanette's as a series of Romantic stereotypes that reveal the narrator's ironic scrutiny:

> La Polonaise, qui s'abandonnait d'une façon langoureuse, lui inspirait l'envie de la tenir contre son coeur, en filant tous les deux dans un traîneau sur une plaine couverte de neige. Des horizons de volupté tranquille, au bord d'un lac, dans un chalet, se déroulaient sous les pas de la Suissesse, qui valsait le torse droit et les paupières baissées. Puis, tout à coup, la Bacchante, penchant en arrière sa tête brune, le faisait rêver à des caresses dévoratrices, dans des bois de lauriers-roses, par un temps d'orage, au bruit confus des tambourins. La Poissarde, que la mesure trop rapide essoufflait, poussait des rires; et il aurait voulu, buvant avec elle aux Porcherons, chiffonner à pleines mains son fichu, comme au bon vieux temps. Mais la Débardeuse, dont les orteils légers effleuraient à peine le parquet, semblait recéler dans la souplesse de ses membres et le sérieux de son visage tous les raffinements de l'amour moderne, qui a la justesse d'une science et la mobilité d'un oiseau.
> (p. 121)

In this lengthy description of beauties, the insistence on the cliché reveals the literariness of the images, for the cliché is nothing more than a socially-defined category of the 'real': *La Polonaise, qui s'abandonnait d'une façon langoureuse, la Bacchante, penchant en arrière sa tête brune.*[68] As Jonathan Culler indicates:

The reiteration of literary stereotypes trivializes the images, and the unnecessary commas, which seem to fragment Frédéric's vision into their elements, can help to make the particularizing descriptions weapons of irony, which gives his reveries an air of misplaced concreteness.[69]

Nevertheless, one may consider the cliché in its literality, as a representation of the deceiving pleasures of the Parisian society:

> Le bal masqué est le résumé de cette fécondité mensongère et instructive à la fois. Paris produit perpétuellement des illusions. ... La valse des femmes masquées développe dans l'imagination de Frédéric tout un arc-en-ciel de possibilités de plaisir incluant les diverses parties de la ville et du monde.[70]

Brombert associates the ball at Rosanette's with the motif of prostitution, one of the main themes of the novel.[71] The entire passage is a projection of Frédéric's desires, as he looks at the masquerading women in troubled bewilderment and various parts of the their bodies reflect his desire for immediate sensual satisfaction: *La Polonaise, qui s'abandonnait d'une façon langoureuse, lui inspirait l'envie de la tenir contre son coeur. ... Des horizons de volupté tranquille, au bord d'un lac, dans un chalet, se déroulaient sous les pas de la Suissesse.*

Another display of beauties that fluctuates between a symbolic integration and the artificiality of the images is the description of the women at the Dambreuses':

> Mais la décence des figures tempérait la provocation du costume; plusieurs même avaient une placidité presque bestiale, et ce ressemblement de femmes demi-nues faisait songer à un intérieur d'harem; il vint à l'esprit du jeune homme une comparaison plus grossière. En effet, toutes sortes de beautés se trouvaient là: des Anglaises à profil de keepsake, une Italienne dont les yeux noirs fulguraient comme un Vésuve, trois soeurs habillées de bleu, trois Normandes, fraîches comme des pommiers d'avril, une grande rousse avec une parure d'améthystes;—et les blanches scintillations des diamants qui tremblaient en aigrettes dans les chevelures, les taches lumineuses des pierreries étalées sur les poitrines, et l'éclat doux des perles accompagnant les visages se mêlaient au miroitement des anneaux d'or, aux dentelles, à la poudre, aux plumes, au vermillon des petites bouches, à la nacre des dents. (pp. 160–161)

If the components in this passage reflect Frédéric's sensual desires, a critical reader may view them as ironic repetitions of literary stereotypes that show their conventional substance by exceeding the category of the plausible. Additionally, the description contains an enumeration of stones that are detached from the entity that they should represent: *les taches lumineuses des pierreries étalées sur les poitrines, et l'éclat doux des perles accompagnant les visages.*[72]

The portrayal of the male guests at the Dambreuses is another instance of cliché that wavers between a regular thematic meaning and the undermining of a mimetic sense:

> La foule des hommes qui se tenaient debout sur le parquet, avec leur chapeau à la main, faisait de loin une seule masse noire, où les rubans des boutonnières mettaient des points rouges çà et là et que rendait plus sombre la monotone blancheur des cravates. Sauf de petits jeunes gens à barbe naissante, tous paraissaient s'ennuyer; quelques dandies, d'un air maussade, se balançaient sur leurs talons. Les têtes grises, les perruques étaient nombreuses; de place en place, un crâne chauve luisait; et les visages, ou empourprés ou très blêmes, laissaient voir dans leur flétrissure la trace d'immenses fatigues. (p. 158)

One may interpret the passage as a parody of the Parisian bourgeoisie, or as a generalized quotation that refers to—and parodies—an inherited corpus of narrative texts, showing its own means of fabrication.[73] This description is a sterile repetition of other Flaubertian novels, such as *Madame Bovary:*

> Leurs habits, mieux faits, semblaient d'un drap plus souple, et leurs cheveux, ramenés en boucles vers les tempes, lustrés par des pommades plus fines. Ils avaient le teint de la richesse, ce teint blanc que rehaussent la pâleur des porcelaines, les moires de satin, le vernis des beaux meubles, et qu'entretient dans sa santé un régime discret de nourritures esquises. Leur cou tournait à l''aise sur des cravates basses; leurs favoris longs tournaient sur des cols rabattus. (*Madame Bovary*, p. 85)

The paradox of Flauberts's art is that the ironic emphasis on the stereotypes in *L'Education sentimentale* does not prevent the possibility of accepting these images in their pure literality—in part, this is how the novelist fools and disorients the reader.

Clothing, *Décor,* and the Impediment of Vision in Portraits

Ce mouvement qui pousse l'artiste réaliste et le critique à tourner le
modèle, la statue, la toile ou le texte pour s'assurer de son dessous, de
son intérieur, conduit à un échec-à l'Echec; ... derrière la toile
imaginée il n'y a encore que sa surface, le gribouillis de lignes,
l'écriture abstraite, indéchiffrable, le chef-d'oeuvre inconnu
(inconnaissable) auquel le peintre génial aboutit et qui est le signal
même de sa mort. (Roland Barthes)[74]

In the nineteenth-century novel, physical descriptions of characters are
traditionally informative about mental states and attitudes.[75] This view is
followed by the Romantics and the Realists, and apparently it is observed by
Flaubert, as well. Notwithstanding, if many portraits in *L'Education
sentimentale* reach a totality of meaning, numerous descriptions of women
(Madame Arnoux, Madame Dambreuse, Rosanette) present an excessive
emphasis on clothes and exterior ornaments that fail to offer an identifiable
image.

Frequently, Flaubert gives thematically readable portraits that highlight the
less-accessible ones. For instance, one may thematically interpret this portrayal
of Mlle Vatnaz:

Et elle lui faisait la moue, en avançant ses grosses lèvres, presque
sanguinolentes à force d'être rouges. Mais elle avait d'admirables yeux,
fauves avec des points d'or dans les prunelles, tout pleins d'esprit,
d'amour et de sensualité. Ils éclairaient, comme des lampes, le teint un
peu jaune de sa figure maigre. (p. 72)

In this description, the detail represents the whole person by connoting Mlle
Vatnaz's sensuality, emphasized by the narrator himself: *tout pleins d'esprit,
d'amour et de sensualité.*

In a similar fashion, this portrait of Martinon has readable signs:

Sa grosse face couleur de cire emplissait convenablement son collier,
lequel était une merveille, tant les poils noirs se trouvaient bien
égalisés; et, gardant un juste milieu entre l'élégance voulue par son âge
et la dignité qui réclamait sa profession, il accrochait son pouce dans
son aisselle suivant l'usage des beaux, puis mettait son bras dans son
gilet à la façon des doctrinaires. Bien qu'il eût des bottes extra-vernies,
il portait les tempes rasées, pour se faire un front de penseur. (p. 159)

The reader identifies various key features—*à la façon des doctrinaires, un front de penseur*—that connote a wise mixture of enlightened conservatism and liberalism, as Pierre Cogny states:

> C'est le conformisme qui est, en la personne de Martinon, tourné en dérision et on sait qu'il sera payé de sa fidélité aux traditions. ... Martinon est resté enfermé dans un passé que ses amis espéraient révolu, et l'affectation de ses termes en témoigne autant que son silence.[76]

Also, a thematic reading is acceptable in this portrait of Sénécal:

> Ce garçon déplut à Frédéric. Son front était rehaussé par la coupe de ses cheveux taillés en brosse. Quelque chose de dur et de froid perçait dans ses yeux gris; et sa longue redingote noire, tout son costume sentait le pédagogue et l'ecclésiastique. (p. 51)

As the descriptive components in the passage accentuate Sénécal's hybrid combination of politics and religion, the portrait anticipates what this individual will later reveal himself to be—an ensemble of contradictory theories.[77]

Further, the portrait of Cisy contains clear symbolic notations that connote his snobbish attitude:

> Depuis que le deuil de sa grand-mère était fini, il réalisait son idéal, parvenait à avoir du cachet. Gilet écossais, habit court, larges bouffettes sur l'escarpin et carte d'entrée dans la ganse du chapeau, rien ne manquait effectivement à ce qu'il appelait lui-même son 'chic', un chic anglomane et mousquetaire. (p. 206)

In the following portrait of Rosanette, the details indicate the vulgar sensuality of the *coquette,* who seduces men for physical pleasure:

> Cette lumière blanche pénétrait sa peau de tons nacrés, mettait du rose à ses paupières, faisait briller les globes de ses yeux; la rougeur du fruit se confondait avec la pourpre de ses lèvres, ses narines minces battaient; et toute sa personne avait quelque chose d'insolent, d'ivre et de noyé qui exaspérait Frédéric, et pourtant lui jetait au coeur des désirs fous. (p. 213)

The narrator supplies an interpretative principle: *toute sa personne avait quelque chose d'insolent, d'ivre et de noyé qui exaspérait Frédéric, et, pourtant lui jetait au coeur des désirs fous.* In this sense, Rosanette's portrait represents Frédéric's quest for sexual love, in contrast with the pure love incarnated by the sacred image of Madame Arnoux.

This description of M. Dambreuse leads to thematic interpretation, primarily emphasizing the stereotypical coldness of a business man:

> De loin, à cause de sa taille mince, il pouvait sembler jeune encore. Mais ses rares cheveux blancs, ses membres débiles, et surtout la pâleur extraordinaire de son visage, accusaient un tempérament délabré. Une énergie impitoyable reposait dans ses yeux glauques, plus froids que des yeux de verre. Il avait les pommettes saillantes, et des mains à articulations noueuses. (p. 20)

The portrait of Louise Roque connotes Louise's country ways:

> Elle avait cru coquet de s'habiller tout en vert, couleur qui jurait grossièrement avec le ton de ses cheveux rouges. Sa boucle de ceinture était trop haute, sa collerette l'engonçait; ce peu d'élégance avait contribué sans doute au froid abord de Frédéric. (p. 345)

Madame Arnoux. Several descriptions of Madame Arnoux waver between a transparency and a resistance to thematic or mimetic integration. Seen from Frédéric's point of view, she represents the Romantic heroine who incarnates pure love. Thus, in this first portrait, she is primarily a catalyst for Frédéric's dreams and all his subsequent thoughts and actions:

> Ce fut comme une apparition: Elle était assise, au milieu du banc, toute seule; ou du moins il ne distingua personne, dans l'éblouissement que lui envoyèrent ses yeux. ... Elle avait un large chapeau de paille, avec des rubans roses, qui palpitaient au vent, derrière elle. Ses bandeaux noirs, contournant la pointe de ses grands sourcils, descendaient très bas et semblaient presser amouresement l'ovale de sa figure. Sa robe de mousseline claire, tachetée de petits pois, se répandait à plis nombreux. Elle était en train de broder quelque chose. (p. 6)

Frédéric looks upon Madame Arnoux with the gaze of someone contemplating an artistic creation. Seen from his unique perspective, she assumes a purely subjective existence.[78] This portrait expresses his desire for beauty and perfection, and the exhilaration he experiences with a new sense of direction he feels his life will now take because of his discovery of a woman to idealize. Throughout the course of the novel, rather than submitting her image to the scrutiny of reality, Frédéric withdraws into an imaginary world that he has created in order to escape the limits of everyday life: Madame Arnoux is an apparition and "her role as Madonna is brought out by a number of scenes in which she is shown together with her children in the tranquil majesty of a maternal pose."[79] In this portrait she appears as an angel, or a projection of Frédéric's yearning for pure love:

> Jamais elle ne lui avait paru si captivante, si profondément belle. De temps à autre une aspiration soulevait sa poitrine: ses deux yeux fixes semblaient dilatés par une vision intérieure, et sa bouche demeurait entre-close comme pour donner son âme. (p. 169)[80]

The use of the dark color that characterizes most of Madame Arnoux's *toilette* connotes seriousness and austerity, and the choice of these colors refers to a certain *bienséance,* since the dark was reserved at that time for the married women of the high bourgeoisie, and the light color to the aristocratic ladies:[81]

> Comme elle se trouvait enveloppée d'ombre, il ne distingua d'abord que sa tête. Elle avait une robe de velours noir et, dans les cheveux, une longue bourse algérienne en filet de soie rouge qui, s'entortillant à son peigne, lui tombait sur l'épaule gauche. (p. 45)

> Elle portait une robe de barège noir, un cercle d'or au poignet, et, comme le premier jour où il avait dîné chez elle, quelque chose de rouge dans les cheveux, une branche de fuchsia entortillée à son chignon. (p. 344)

> Elle portait une robe de soie brune, de la couleur d'un vin d'Espagne, avec un paletot de velours noir, bordé de martre; cette fourrure donnait envie de passer les mains dessus, et ses longs bandeaux, bien lissés, attiraient les lèvres. (p. 187)

> Pendant toute la saison, elle porta une robe de chambre en soie brune, bordée de velours pareil, vêtement large convenant à la noblesse de ses attitudes et à sa physionomie sérieuse. (p. 273)

Several critics have explored the meaning of Madame Arnoux's clothes.[82] In most instances, the dress in her portraits is frequently black and it covers the body and indicates distance and the impossibility of physical possession; instead, Rosanette's *toilette,* with its light colors, constitutes a continuous offer. Madame Arnoux's image is strengthened by the repeated contrast with Frédéric and Rosanette.

Additionally, the young man views Madame Arnoux's *vêtements* as fetish objects, or substitutes for an inaccessible identity. Thus, the glove and the shoes have a relevant sexual connotation, and they function as a projection of Frédéric's desires:

Comme elle descendait les marches, il aperçut son pied. Elle avait de petites chaussures découvertes, en peau mordorée, avec trois pattes transversales, ce qui dessinait sur ses bas un grillage d'or. (p. 80)[83]

As Richard notes:

Le vêtement devenant comme l'affleurement de cette ombre sacrée, le fétichisme vestimentaire apparaît comme l'une des conséquences les plus normales de l'amour interdit: Marie Arnoux, qui refuse toute sa personne, donne à Frédéric un gant, la semaine d'après un mouchoir; Léon, dans *Madame Bovary,* dérobe lui aussi un gant d'Emma. Tout se passe comme si le désir essayait de se contenter en collectionant des signes de ce qu'il lui est défendu d'atteindre. Faute de se laisser absorber par son objet, il se recueille dans la contemplation de ses étoffes, qui sont comme une enveloppe solide grâce à laquelle la chair anonyme devient un corps individuel.[84]

All of these interpretations are possible, and the text apparently offers enough basis for the readability of Madame Arnoux's features and clothes. Nonetheless, in these portraits various components contrast with the model of the mimetic realist portrait. For Prendergast, Marie Arnoux is nothing more than a stereotyped model who is adored not so much for what she is, as for what she resembles:

Madame Arnoux is never there as an immediate, fully present object of desire, because within the dialectic of desire she is herself as substitute; she is the image of what is already an image *(un visage de femme),* a face which belongs to no one, whose origins are essentially literary, and whose appearance in Frédéric's consciousness long precedes the arrival of Madame Arnoux in the scene of his life.[85]

The fetish, which should be a substitute for the whole person, becomes instead a partial object that cannot replace a totality of representation. Furthermore, though the description of clothing is a common practice in realist fiction, in Flaubert's novel this process is accentuated to the detriment of physical or moral details. Thus, Madame Arnoux remains on the surface and her true identity is concealed.

Frédéric's only certainty about this mysterious woman is found in her activities and external appearance. He holds on to the memory of *un large chapeau de paille avec des rubans roses, une robe de mousseline claire à petits pois—elle était en train de broder quelque chose.* In most of Madame Arnoux's descriptions the emphasis is on material details: *son châle de dentelle noire, une robe de velours noir, une longue bourse algérienne, un large chapeau de paille* etc. When Frédéric visits her at Creil, she is in a dressing-gown, but she quickly disappears, to return *correctement habillée.* (p. 195) Frequently, Madame Arnoux's dress becomes a barrier to the possibility of knowing her. Paradoxically, each detail in the portraits is concrete, while the true character remains abstract.[86]

A similar process emerged in Salammbô's portraits, in which the excessive emphasis on the stones and the jewels prevented the reader and the characters from the possibility of perceiving a total image:

> Des tresses de perles attachées à ses tempes descendaient jusqu'au coin de sa bouche. ... Il y avait sur sa poitrine un assemblage de pierres lumineuses, imitant par leur bigarrure les écailles d'une murène. Ses bras, garnis de diamants, sortaient nus de sa tunique sans manches, étoilée de fleurs rouges sur un fond tout noir. (*Salammbô*, p. 696)

Instead, compared with *L'Education sentimentale*, *Madame Bovary* minimizes the description of the exterior clothes.[87]

Madame Arnoux is often described in the darkness, and Frédéric's perception of her is partial, unsatisfactory, and enveloped in shadows: *Comme elle se trouvait enveloppée d'ombre, il ne distingua d'abord que sa tête.* (p. 45)[88] Although he looks imploringly at her several times during the interminable tour of the pottery works at Creuil, the reader is not told what Frédéric sees. Madame Arnoux's *profil dur se découpait en pâleur au milieu de l'ombre.* (p. 200) And: *cette robe, se confondant avec les ténèbres, lui paraissait démesurée, infinie, insoulevable.* (p. 200) Her clothes and her shadows now combine forces, and the barrier becomes explicit. The final picture of Marie Arnoux, when she visits Frédéric after seventeen years, is more of an absence than a person: *Dans la pénombre du crépuscule, il n'apercevait que ses yeux sous la voilette de dentelle noire qui masquait sa figure.* (p. 420) In this connection, it is worth mentioning Maurice Blanchot's explanation of visual fascination:

> Quiconque est fasciné, ce qu'il voit, il ne le voit pas à proprement parler, mais cela le touche dans une proximité immédiate, cela le saisit et l'accapare, bien que cela le laisse absolument à distance. La fascination est fondamentalement liée à la présence neutre, impersonnelle, le ON indéterminé, l'immense quelqu'un sans figure. Elle est la relation elle-même neutre et impersonelle, avec la profondeur sans regard et sans contour, l'absence qu'on voit parce qu'aveuglante.[89]

Rosanette. If the way Rosanette is dressed the first time Frédéric sees her has a thematic significance and suggests her teasing nature, on the other hand, nothing much is said of her costume: *Une jeune femme, en costume de dragon de Louis XV, la traversait (l'antichambre) en ce moment-là. C'était Mlle Rose-Annette Bron, la maîtresse du lieu.* (p. 115) In the scene of the masqued ball Rosanette is confused among the lights, the velvet, the silk, and the whirl of the dance—above all, she is masked, so that Frédéric is not able to discover her actual identity:

> Frédéric fut d'abord ébloui par les lumières, il n'aperçut que de la soie, du velours, des épaules nues, une masse de couleurs qui se balançaient aux sons d'un orchestre caché par des verdures, entre des murailles tendues de soie jaune. ... Frédéric, s'étant rangé contre le mur, regarda le quadrille devant lui. Un vieux beau, vêtu comme un doge vénitien, d'une longue simarre de soie pourpre, dansait avec Madame Rosanette, qui portait un habit vert, une culotte de tricot et des bottes molles à éperons d'or. (pp. 116–117)

Rather than perceiving her as an individualized representation, Frédéric compares Rosanette to the *décor* surrounding her. Instead of physical details, the reader is given many details about her behavior and how she is dressed. The reader has a strong impression of her attractiveness when Frédéric realizes that he will become her lover, even though in this scene her appearance is not described:

> Son chapeau de paille nacrée avait une garniture de dentelle noire. Le capuchon de son burnous flottait au vent; et elle s'abritait au soleil, sous une ombrelle de satin lilas, pointu par le haut comme une pagode. (p. 204)

> Aux angles, sur des piédouches, des vases de bronze contenaient des touffes de fleurs qui alourdissaient l'atmosphère. Rosanette parut, habillée d'une veste de satin rose, avec un pantalon de cachemire blanc, un collier de piastre, et une calotte rouge entourée d'une branche de jasmin. (p. 258)

Instead of representing an identifiable figure, these images stress the woman's *toilette*, and her integration into the surroundings. However, due to the ambivalence of Flaubert's style, the descriptions could have a thematic appropriateness in their emphasis on the passionate *coquette: Elle s'abritait au soleil, sous une ombrelle de satin lilas, Rosanette parut, habillée d'une veste de satin rose, avec un pantalon de cachemire blanc.* In this sense, Rosanette's portraits may represent Frédéric's quest for sexual love.

In contrast, the following description of the young woman in the Fontainebleau episode provides a greater number of physical details:

> Il contemplait son petit nez fin et blanc, ses lèvres retroussées, ses yeux clairs, ses bandeaux châtains qui bouffaient, sa jolie figure ovale. Sa robe de foulard écru collait à ses épaules un peu tombantes; et, sortant de leur manchettes tout unies, ses deux mains découpaient, versaient à boire, s'avançaient sur la nappe. (p. 329)

The portrayal suggests a purer, non-sexual, idealized beauty: for the first time her dress is natural, and it contrasts with the suggestive costumes she wore previously.

Madame Dambreuse. Madame Damabreuse's portraits may leave the reader undecided between traditional interpretations, and the undermining of them:

> Frédéric l'observait. La peau mate de son visage paraissait tendue, et d'une fraîcheur sans éclat, comme celle d'un fruit conservé. Mais ses cheveux, tirebouchonnés à l'anglaise, étaient plus fins que de la soie, ses yeux d'un azur brillant, tous ses gestes délicats. Assise au fond, sur la causeuse, elle caressait les floches rouges d'un écran japonais, pour faire valoir ses mains, sans doute, de longues mains étroites, un peu maigres, avec des doigts retroussés par le bout. Elle portait une robe de moire grise, à corsage montant, comme une puritaine. (pp. 131–132)

> Il distingua des habits noirs, puis une table ronde éclairée par un grand abat-jour, sept ou huit femmes en toilettes d'été, et, un peu plus loin, Madame Dambreuse dans un fauteil à bascule. Sa robe de taffetas lilas avait des manches à crevés, d'où s'échappaient des bouillons de mousseline, le ton doux de l'étoffe se mariant à la nuance de ses cheveux; et elle se tenait quelque peu renversée en arrière, avec le bout de son pied sur un coussin,—tranquille comme une oeuvre d'art pleine de délicatesse, une fleur de haute culture. (p. 236)

These descriptions offer a framework for meaning: Frédéric views Madame Dambreuse as a symbol of financial ambition and luxury—an image of success—and her presence is a testimony and reflection of his social triumph. Flaubert creates the portrait of a woman who cannot replace Madame Arnoux in Frédéric's heart; nonetheless, she represents his social aspirations. For Sherrington, the descriptive details symbolize Dambreuse's unattainability.[90]

However, Frédéric sees nothing in Madame Dambreuse other than a vague picture of wealth and elegance: *Elle se tenait quelque peu renversée en arrière,*

avec le bout de son pied sur un coussin,—tranquille comme une oeuvre d'art,
pleine de délicatesse, une fleur d'haute culture. She is indistinguishable from
her surroundings: *il distingua des habits noirs, puis une table ronde éclairée par*
un grand abat-jour, sept ou huit femmes en toilettes d'été, et, un peu loin, Mme
Dambreuse dans un fauteil à bascule. Hence, the descriptions of Rosanette and
Madame Dambreuse reveal various forms of depersonalization which, indeed,
are in clear contrast with the pattern of the realist portrait.

    Disorder of Representation in Paintings. Flaubert's difficulty in describing
a feminine costume is evident in the description of the project of Rosanette's
painting that Frédéric decides to order from Pellerin:

> Elle aurait une robe de velours ponceau avec une ceinture d'orfèvrerie,
> et sa large manche doublée d'hermine laisserait voir son bras nu qui
> toucherait à la balustrade d'un escalier montant derrière elle. A sa
> gauche, une grande colonne irait jusqu'au haut de la toile rejoindre des
> architectures, décrivant un arc. On apercevrait en dessous, vaguement,
> des massifs d'orangers presque noirs, où se découperait un ciel bleu,
> rayé de nuages blancs. Sur le balustre couvert d'un tapis, il y aurait,
> dans un plat d'argent, un bouquet de fleurs, un chapelet d'ambre, un
> poignard et un coffret de vieil ivoire un peu jaune dégorgeant des
> séquins d'or; quelques-uns même, tombés par terre çà et là formeraient
> une suite d'éclaboussures brillantes, de manière à conduire l'oeil vers la
> pointe de son pied, car elle serait posée sur l'avant-dernière marche,
> dans un mouvement naturel et en pleine lumière. (p. 151)

    Instead of realistically portraying a woman of 1846 dressed in the fashion of
the contemporary time, Pellerin refers to the history of art: *"Eh bien, non!"*
s'écria-t-il. "Je reviens à mon idée! Je vous flanque en Vénitienne." The
description is a series of *idées reçues*, of literary and artistic models. In addition,
the portrait represents a certain disorder of vision, because all the reader sees is
an enumeration of odd and scattered details: *on apercevrait en dessous,*
vaguement, des massifs d'orangers presque noirs, des séquins d'or, tombés par
terre çà et là, formeraient une suite d'éclaboussures brillantes.

    The disorder of representation increases when finally the portrait is finished
by Pellerin:

> Le soir même, le tableau fut apporté. Il lui parut plus abominable
> encore que la première fois. Les demi-teintes et les ombres s'étaient
> plombées sous les retouches trop nombreuses, et elles semblaient
> obscurcies par rapport aux lumières, qui, demeurées brillantes çà et là,
> détonnaient dans l'ensemble. (p. 267)

Moreover, the description has a thematic value and it indicates Pellerin's bad art.

The portrait of Rosanette's and Frédéric's dead baby is a monstrous representation: *Le rouge, le jaune, le vert et l'indigo s'y heurtaient par taches violentes, en faisaient une chose hideuse, presque dérisoire.* (p. 408) Pellerins's portraits allow Flaubert to describe a mode of representation that is clichéd, exhausted, and no longer acceptable as a model for the writer:

> On remarquait en entrant chez lui deux grands tableaux, où les premiers tons, posés çà et là, faisaient sur la toile blanche des taches de brun, de rouge et de bleu. Un réseau de lignes à la craie s'étendait par-dessus, comme les mailles vingt fois reprises d'un filet; il était même possible d'y rien comprendre. (p. 37)

The painting is a confusion of colors and forms: *Il y était même impossible d'y rien comprendre.* The description recalls Balzac's *Chef-d'Oeuvre Inconnu:*

> "Je ne vois là que des couleurs confusément amassées et contenues par une multitude de lignes qui forment une muraille de peinture."
> "Nous nous trompons, voyez?" reprit Porbus.
> En s'approchant, ils aperçurent dans un coin de la toile le bout d'un pied nu qui sortait de ce chaos de couleurs, de tons, de nuances indécises, espèce de brouillard sans forme; mais pied délicieux, un pied vivant. Ils restèrent pétrifiés d'admiration devant ce fragment échappé à une lente et progressive destruction.[91]

In the analysis of descriptions in *L'Education sentimentale,* we have explored the means by which Flaubert subjects the conventions of the traditional realist text to critical analysis—the play and tension of meanings, the seamless weave of signs, and the wavering between transparency and various factors that may be linked to the problematic of opacity—all of these components disrupt the conception of the text as a consistent entity containing an univocal definite message. Therefore, *L'Education sentimentale* is a novel that conceals tensions and contradictions in the guise of a readable text, and it undermines the preconception that the narrative world is constructed in a linear, ordered structure and controlled by a unified narrative voice. Flaubert himself is aware of the difficulty of his literary enterprise:

> La foi en soi-même s'use avec les années, la flamme s'éteint, les forces s'épuisent. Ce qui me désole au fond, c'est la conviction où je suis de faire une chose inutile, c'est-à-dire contraire au but qui est l'exaltation vague. Or, avec les exigences scientifiques que l'on a maintenant et un sujet bourgeois, la chose me semble radicalement impossible; la beauté n'est pas compatible avec la vie moderne, aussi est-ce la dernière fois que je m'en mêle, j'en ai assez. (*Corr.* III, p. 440)

Notes

1. Gérard Genette, "Le travail de Flaubert," *Tel quel* 14 (1963):57.

2. See Duquette, *Flaubert ou larchitecture du vide* (Montréal: Presses de l'Université de Montréal, 1972), p. 61: "C'est le roman de la dépossession, de la déperdition des forces. C'est un roman d'apprentissage où personne n'apprend rien, c'est se résoudre à ne jamais rien savoir, c'est accepter de rien savoir."

3. Jefferson Humphries, "Flaubert's *L'Education sentimentale* and the Problem of Reading History," *Southwest Review* (1988):533.

4. This process appears neither in *Madame Bovary* nor in *Salammbô*.

5. Dennis Porter, "Flaubert and the Difficulty of Reading," *Nineteenth Century French Studies* 12 (Spring 1984):367.

6. An example of guided and explicit interpretation in description is constituted by the following passage from *Eugenie Grandet* by Balzac: "Il se trouve dans certaines villes de province des maisons dont la vue inspire une mélancolie égale à celle que provoquent les cloîtres les plus sombres, les landes les plus ternes ou les ruines les plus tristes. [...] Des habitations trois fois séculaires y sont encore solides quoique construites en bois, et leurs divers aspects contribuent à l'originalité que recommande cette partie de Saumur à l'attention des antiquaires et des artistes." (Honoré de Balzac, *Eugenie Grandet* (Paris: Garnier, 1965), p. 5.

7. See Barthes, *S/Z,* p. 10: "L'enjeu du travail littéraire (de la littérature comme travail), c'est de faire du lecteur non plus un consommateur, mais un producteur du texte."

8. Bernard Masson "L'eau et les rêves dans *L'Education sentimentale,*" *Europe* 485–87 (1969):83.

9. Gustave Flaubert, *L'Education sentimentale,* P. M. Wetherill ed. (Paris: Garnier, 1984).

10. Brombert, p. 141.

11. James H. Reid, *Narration and Description in the French Realist Novel* (Cambridge: Cambridge University Press, 1993), p. 67.

12. Ibid., p. 144.

13. See Thibaudet, p. 144. For the ambiguous connotation of the water imagery see also Bernard Masson, "L'eau et les rêves dans *L'Education sentimentale,*" *Europe* 12 (1969):96. "On y voit apparaître l'ambiguïté fondamentale de l'eau, tantôt énergie, tantôt inertie, ou mieux encore, énergie ascendante, puis énergie dégradée."

14. Reid, p. 74.

15. Marie-Claire Banquart, "L'espace urbain dans *L'Education sentimentale*," in *Flaubert, la femme, la ville* (Paris: Presses Universitaires de France, 1983), p. 146.

16. Similarly, Rouen paradoxically appears to represent Emma's dreams and disillusions in *Madame Bovary*.

17. The description recalls the ambiguity of the water imagery in *Madame Bovary:* "La terre, à un endroit, se trouvait effondrée par le pas des bestiaux; il fallut marcher sur de grosses pierres vertes, espacées dans la boue. Souvent, elle s'arrêtait une minute à regarder où poser la bottine, et, chancelant sur le caillou qui tremblait, les coudes en l'air, la taille penchée, l'oeil indécis, elle riait alors, de peur de tomber dans les flaques de l'eau." (p. 128)

18. Marie Banquart, "L'espace urbain dans *L'Education sentimentale*," in *Flaubert, la femme, la ville*, p. 156.

19. Honoré de Balzac, *Histoire des Treize* (Paris: George Barrie et fils, 1831), p. 11.

20. For Neefs, "Paris est dramatisé comme espace labyrinthique de recherches, de conflits, de pertes, de rencontres. La course pour retrouver Regimbart l'emblématise: l'espace urbain se défait en succession d'adresses, de faux reinsegnements, de noms confus." Jacques Neefs, "Descriptions de l'espace et espaces de socialité," in *Histoire et langage dans L'Education sentimentale* (Paris: Société des Etudes Romantiques, 1981), p. 116.

21. This scene recalls the episode of the cab in *Madame Bovary:* "Elle remonta le boulevard Bouvreil, parcourut le boulevard Cauchoise, puis tout le Mont-Riboudet jusqu'à la côte de Deville. [...] On la vit à Saint-Pol, à Lescure, au Mont Gargan, à la Rouge Mare et place du Gaillard-bois; rue Maladrerie, rue Dinanderie, devant Saint-Romain, Saint-Vivien, Saint-Maclou, Saint-Nicaise." (p. 269)

22. Sherrington, p. 305.

23. Brombert, p. 177.

24. See Pierre Cogny, *L'Education sentimentale de Flaubert: le monde en creux* (Paris: LaRousse, 1975), p. 250: "L'entrelacement des arbres a souvent évoqué un érotisme monstrueux, un coit universel. [...] L'univers devient méchant, presque satanique. Ces chênes appartiennent à un passé d'où il leur est impossible de sortir, et les imparfaits de narration marquent également le temps. Ils sont les contemporains des Titans auxquels il est fait référence. Ils évoquent à la fois les adversaires mythiques des dieux et l'adversaire de Dieu, tel qu'on le représentait dans l'imagerie médiévale, avec l'odeur du soufre et l'écho des pas des sourcières."

25. Peter Cortland, "The Forest and the Trees: the Fontainebleau Episode as a Crisis of Communication," in *The Sentimental Adventure* (The Hague, 1967), p. 89.

26. For an analysis of the way in which Flaubert uses literary clichés in this episode see Eric Le Calvez, "Génétique et hypotextes descriptifs; la forêt de Fontainebleau dans *L'education sentimentale*," *Neophilologus* 78 (April 1994):219–232.

27. Note how the image *les pins, symétriques comme des tuyaux d'orgue* is a Romantic cliché which assimilates the forest to the cathedral. According to Charles Prendergast: "The cliché is usually defined as a stereotyped expression expressing a popular thought or idea, that has lost its originality and impact by long overuse. Sometimes, in literature a mimetic sense can be undermined by the repetitive insistence on stereotyped *topoi* which belong to the romantic or realist fiction and which could appear to be artificial to the point of revealing their pure literariness. However, the expectation of irony created by our sense of cliché is reversed by the possibility of accepting the stereotypes in their pure literality." Charles Prendergast, "Flaubert and the Stupidity of Mimesis," in *The Order of Mimesis* (New York: Cambridge University Press, 1986), p. 185. See also the essay by Vaheed K. Ramazani, "Historical Cliché: Irony and the Sublime in *L'Education sentimentale*," *PMLA* 108 (Dec. 1992).

28. In *Salammbô* Flaubert had compared the arms used for Carthage's siege to animals: "Enfin apparurent les échafaudages des hautes machines: carrobalistes, onagres, catapultes et scorpions, oscillant sur des chariots tirés par des mulets et des quadriges de boeufs." (*Salammbô*, p. 725)

29. For Barthes: "La prouesse est de tenir la mimesis du langage (le langage s'imitant lui-même), source de grands plaisirs, d'une façon si radicalement ambigue. [...] que le texte ne tombe jamais sous la bonne conscience (et la mauvaise foi) de la parodie." Barthes, *Le Plaisir du texte*, p. 18. See also Shoshana Felman, "Thématique et rhétorique ou la folie du texte," in Claudine Gothot-Mersch ed., p. 26: "Folie de la rhétorique, son renvoi infini, indéfini d'un signe à l'autre. [...] La rhétorique suspend la logique: elle habite la contradiction thématique, fonctionnant selon une autre logique, celle de l'inconscient qui ignore la contradiction."

30. Pierre Bonnefis, "Flaubert: un déplacement du discours critique," *Littérature* 2 (1971):66.

31. This image of the city as reflecting and coming towards the beloved woman recalls the description of the Rouen cathedral, where Léon meets Emma, in *Madame Bovary:* "L'église, comme un boudoir gigantesque, se disposait autour d'elle; les voûtes s'inclinaient pour recueillir dans l'ombre la confession de son amour; les vitraux resplendissaient pour illuminer son visage, et les encensoirs allaient brûler pour qu'elle apparût comme un ange, dans la fumée des parfums." (*Madame Bovary*, p. 265)

32. See Hamon, *Introduction à l'analyse de descriptif*, p. 189: "C'est tout un système psychologique qui peut venir doubler et complexifier ces rôles de porte-regards dans un texte romanesque."

33. Honoré de Balzac, *Les Illusions perdues* (Paris: Garnier, 1956), p. 133.

34. Cortland, p. 72.

35. Richard, p. 180.

36. Robert Denommé, "Flaubert's Portrayal of Mood and Temperament in *L'Education sentimentale*," *Nineteenth Century French Studies* 7 (1978–79):64–65. See also Duquette, p. 46: "Tout appui solide se dérobe, dans ce monde qui tangue, et où Frédéric n'est jamais que spectateur étourdi."

37. See Culler, p. 94.

38. In this painting, the interplay of color and blotches (green, yellow, blue and black) creates the illusion of a crowd of people.

39. See Jacques Neefs, "Descriptions de l'espace et espaces de socialité," in *Histoire et Langage dans L'Education sentimentale,* p. 119.

40. Duquette, p. 49.

41. Pierre Cogny, *L'Education sentimentale de Flaubert: le monde en creux* (Paris: La Rousse, 1975), p. 145.

42. According to Barthes: "La seconde grande classe d'unités, de nature intégrative, comprend tous les indices, l'unité renvoie alors, non à un acte complémentaire et conséquent, mais à un concept plus ou moins diffus, nécessaire cependant au sens de l'histoire: indices caractériels concernant les personnages, informations relatives à leur identité, notations d'atmosphère, etc.; la relation de l'unité et de son corrélat n'est plus alors distributionelle, mais intégrative." Barthes, *Introduction à l'analyse structurale des récits,* p. 20.

43. Hamon states: "Souvent c'est ce coéfficient de schématisation variable dans la technique de la description du milieu qui, dans le texte classique, sert à indiquer le rang fonctionnel du personnage, son statut de 'principal' ou de secondaire." Hamon, *Introduction à l'analyse du descriptif,* p. 117.

44. Honoré de Balzac, *Le père Goriot* (Paris: Garnier, 1961), pp. 11–12.

45. The description of Le Père Rouault's objects in the farm, in *Madame Bovary,* reflects as well a sense of comfort and security: "Des vêtements humides séchaient dans l'intérieur de la cheminée. La pelle, les pincettes et le bec du soufflet brillaient comme de l'acier poli, tandis que le long des murs s'étendait une abondante batterie de cuisine, où miroitait inégalement la flamme claire du foyer, jointe aux premiers lueurs du soleil arrivant par les carreaux." (p. 48)

46. Danger, p. 164.

47. Danahy considers this description as a time device: "The description is set in parallel, as it were, to something else that is transpiring or elapsing, in this case, the crossing of the salons. Such descriptions help to convey a sense of the time involved in getting something done." Michael Danahy, "Flaubert Describes," *Kentucky Romance Quarterly* 26 (1979):366.

48. The description clearly contrasts with the exotic and grotesque enumeration of the food, during Mercenaries festin in *Salammbô*: "Tout

débordait de saumure, de truffes et d'assafoetida. Les pyramides des fruits s'éboulaient sur les gateaux de miel, et l'on n'avait pas oublié quelques-uns de ces petits chiens à gros ventre et à soies roses que l'on engrassait avec du marc d'olives." (*Salammbô*, p. 694)

49. Barthes, *Le Plaisir du texte*, pp. 44–45.

50. In these types of description, the lack of a controlling omniscient narrator does not provide the reader with a direction in interpretation.

51. Isabelle Daunais, "Flaubert et la résistance des objects," *Poétique* 24 (Feb. 1993):67–68.

52. Levaillant states: "D'un objet à l'autre, il y a une séquence continue, sans intervalle: un système clos, un ensemble comble. Tellement comble que l'effet de space, ce sentiment d'une étendue où l'air circule, le plus souvent disparait." J. Levaillant, "Flaubert et la matière,"*Europe* 485–487 (Sept. 1969):206.

53. The passage contrasts with the following description of la Mère Rollet's hovel in *Madame Bovary*, which is an example of realist style: "La chambre, au rez-de-chaussé, la seule du logis, avait au fond, contre la muraille, un large lit sans rideaux, tandis que le pétrin occupait le côté de la fenêtre, dont une vitre était raccommodée avec un soleil de papier bleu. Dans l'angle, derrière la porte, les brodequins à clous luisant étaient rangés sous la dalle du lavoir, près d'une bouteille pleine d'huile qui portait une plume à son goulot; un Mathieu Laensberg traînait sur la cheminée poudreuse, parmi des pierres à fusil, des bouts de chandelle et des morceaux d'amadou. Enfin la dernière superfluité de cet appartement était une Renommée soufflant dans des trompettes, image découpée sans doute à même quelque prospectus de parfumerie et que six pointes à sabot clouaient au mur." (p. 126)

54. See Barthes, *S/Z*, p. 36. This aesthetics of abundance was also emphasized in the description of the meal at La Vaubyessard in *Madame Bovary*.

55. One may view this other description of the Dambreuse's *salons* as a parody of language itself: "Enfin, il arrivait dans son boudoir, discret comme un tombeau, tiède comme une alcove, où l'on se heurtait aux capitons des meubles parmi toutes sortes d'objets çà et là: chiffonnières, écrans, coupes et plateaux en laque, en écaille, en ivoire, en malachite, bagatelles dispendieuses, souvent renouvelées. Il y en avait de simples: trois Galets d'Etretat pour servir de presse-papier, un bonnet de Frisonne suspendu à un paravent chinois; toutes ces choses s'harmonisaient cependant; on était même saisi par la noblesse de l'ensemble, ce qui tenait peut-être à la hauteur du plafond, à l'opulence des portières et aux longues crépines de soie, flottant sur les bâtons dorés des tabourets." (p. 367)

56. The passage recalls the following description of Hamilcar's riches in *Salammbô*, which evidences a greater decontextualization in the enumeration of objects: "Des écailles d'airain couvraient les-murs; au milieu, sur un piédistal de

granit, s'élevait la statue d'un Kabyre avec le nom d'Alètes. [...] Contre sa base, par terre, étaient disposés en croix de larges boucliers d'or et des vases d'argent monstrueux, à goulot fermé, d'une forme extravagante et qui ne pouvaient pas servir." (p. 737)

57. Particularly interesting for our analysis of strange and useless objects is also the description of M. Dambreuse's coat-of-arms in the death chamber: "L'écusson de M. Dambreuse, occupant un carré de velours, s'y répétait trois fois. Il était *de sable au sénestrochère d'or*, à poing fermé, ganté d'argent, avec couronne de comte, et cette devise: *Par toutes voies*." (p. 382) The passage recalls the odd representation of Emma's tomb, in *Madame Bovary:* "Un mausolée qui devait porter sur deux faces principales une génie tenant une torche éteinte. Quant à l'inscription, Homais ne trouvait rien de beau que *Sta Viator*, et il en restait là." (p. 363)

58. The description recalls the image of Homais' pharmacy in *Madame Bovary:* "L'enseigne, qui tient toute la largeur de la boutique, porte en lettres d'or: "Homais, pharmacien." Puis, au fond de la boutique, derrière les grandes balances scellées dans le comptoir, le mot 'laboratoire' se déroule au-dessus d'une porte vitrée qui, à moitié de sa hauteur, répète encore une fois Homais, en lettres d'or, sur un fond noir." (p. 108)

59. For a detailed study of realistic illusion and the effects of repetition, see Felman, *La Folie et la chose littéraire.*

60. Duquette, p. 176.

61. Jean-François Tétu, "Désir et révolution dans *L'Education sentimentale*," *Littérature* 15 (1974):94.

62. Flaubert himself had expressed this idea in his Carnet 2: "Le peuple est une expression de l'Humanité plus étroite que l'individu. [...] et la foule est tout ce qu'il y a de plus contraire à l'homme." Quoted by P. M. Wetherill ed. of *L'Education sentimentale* (Paris: Garnier, 1984), p. 483.

63. Flaubert's novel is considered a realist historical account by Jean Vidalenc: "Il insiste sur ce qu'on pourrait appeler les aspects mineurs de ces deux crises (février et juin) comme sur les détails révélateurs de la mentalité collective, sur les épisodes caractéristiques qui éclairent, souvent mieux que les discours solennels des grands protagonistes, la valeur profonde et le sens réel des mouvements de foule." In *Europe*, numéro spécial "Flaubert" (Sept.-Nov. 1969); quoted by Cogny, pp. 129–130.

64. See Anne Herschberg-Pierrot, "Le travail des stereotypes dans les brouillons de la "Prise des Tuileries" (*L'Education sentimentale*, III, 1), in *Histoire et Langage dans L'Education sentimentale* (Paris: Société des Etudes Romantiques, 1981), p. 60: "Les stereotypes sont les symptomes d'une répétition dégradée, d'un fétichisme des emblèmes et des formules." See also M. Girard, "Regard sur la Révolution ou Révolution du regard: A propòs de

Flaubert," in G. T. Harris, P. M. Wetherill ed., *Littérature et Révolutions en France* (Amsterdam: Rodopi, 1990).

65. See Thibaudet, p. 163.

66. Herscheberg, p. 60.

67. Christopher Prendergast, "Flaubert and the Stupidity of Mimesis," in *The Order of Mimesis: Balzac, Stendhal, Nerval, Flaubert* (New York: Cambridge University Press, 1986), pp. 183–185: "*Bêtise* is for Flaubert the source of the stereotypes through which a society furnishes itself with a stable economy of meaning."

68. See Francoise Gaillard, "L'ensignement du réel," in Gothot-Mersch ed., p. 207: "L'obsession vertigineuse de la désignation vide le mot de son sens, le discours de son rapport au reél."; Eric Calvez, "Description, stéréotype, interxtualité: une analyse génétique de *L'Education sentimentale*," *Romanic Review* 84 (Jan. 1993):2742.

69. Culler, p. 98. For the idea of parody of descriptive romantic discourse, see also Reid, pp. 86–91.

70. Butor, pp. 165–166.

71. See Brombert, p. 130: "The languorous Polish beauty, the placid and falsely modest Swiss siren, the avid Bacchante, the Carnival workwoman, all the refinements of modern love dance before him; as in the Taillefer orgy in Balzac's *La peau de chagrin,* we have the same display of available carnality, the same specter of disease and death, lascivious and macabre." See also Robert Benet, "Clé de lecture pour *L'Education sentimentale:* le Bal Masqué chez Rosanette," *L'Information littéraire* 45 (Mai-Juin 1993):15.

72. The description recalls the image of the women at la Vaubyessard in *Madame Bovary:* "Sur la ligne des femmes assises, les éventails peints s'agitaient, les bouquets cachaient à demi le sourire des visages et les flacons à bouchons d'or tournaient dans des mains entr'ouvertes dont les gants blancs marquaient la forme des ongles et serraient la chair au poignet. Les garnitures des dentelles, les broches de diamant les bracelets à médaillon frissonnaient aux corsages, scintillaient aux poitrines, bruissaient sur les bras nus." (p. 84)

73. According to Dominck La Capra: "One path to pure art or the book about nothing would be the book composed entirely of clichés cut off from referents in reality and ironically distanced from the voice of the author." La Capra, p. 112.

74. Barthes, *S/Z,* p. 129.

75. See Hamon, *Introduction à l'analyse du descriptif,* "p. 10: "Le portrait: description à la fois du physique et du moral du personnage."

76. Cogny, p. 136.

77. Sénécal changes from the extreme left to the extreme right: he will be among the National Guards during the *coup d'état,* and he will be the one to kill the faithful Dussardier.

78. For an interesting analysis of the male gaze in art see Juliana Starr, "Men Looking at Women Through Art: Male Gaze and Spectatorship in Three 19th Century French Novels," *Revue Fontenac* 10, 11 (1994):3–15.

79. Brombert, p. 144.

80. The same adoration emerges from this portrait: "Le soleil l'entourait; et sa figure ovale, ses longs sourcils, son châle de dentelle noire, moulant la forme de ses épaules, sa robe de soie gorge-de-pigeon, les bouquets de violettes au coin de sa capote, tout lui parut d'une splendeur extraordinaire." (pp. 260–261)

81. This corresponds to what Barthes calls the cultural code. See *S/Z*.

82. See Evelyne Woesteland, "Système de la mode dans *L'Education sentimentale*," *The French Review* 58 (Dec. 1984):244–254. Cogny, pp. 158–162. Duquette, p. 19: "Hors de deux occasions, nous ne la verrons jamais que vêtue de sombre, de robes dont les plis, l'ajustement, paraîssent infranchissables, comme une sorte de défense, de frontière. [...] Ses vêtements sont la couleur noire du respect, de l'éloignement."

83. See also the passage on p. 55: "Son peigne, ses gants, ses bagues, étaient pour lui des choses particulières, importantes comme des oeuvres d'art."

84. Richard, p. 184.

85. Prendergast, "Flaubert and the Stupidity of Mimesis," p. 197.

86. In his book, *Face Value: Physiognomical thought and the legible Body in Marivaux, Lavater, Balzac, Gautier, and Zola* (Madison: The University of Wisconsin Press, 1995), Rivers explores ideas about human physical appearance expressed in French novels of the eighteenth and nineteenth centuries, suggesting that the ways authors use physiognomical ideas (reading of the body as an index to spiritual, intellectual or moral qualities) to render the world meaningful pose fundamental questions about the nature of narrative itself.

87. See Chapter I: *Portraits and Meaning*.

88. On this subject see Deborah Lesko Baker's article, "*L'Education sentimentale:* Figural Dimensions of Madame Arnoux," *Symposium* 44 (Spring 1990):3–14.

89. Maurice Blanchot, *L'Espace Littéraire* (Paris: Gallimard, 1955), p. 27.

90. For Sherrington: "Frédéric has now discovered that Madame Dambreuse is unattainable not because of her exciting, elusive mystery, but because of her cold, empty surroundings." Sherrington, p. 258.

91. Balzac, *Comédie Humaine,* vol X, 1979, p. 436. Nonetheless, Balzac's image does not appear to be incoherent, as it claims to be, for the observers can identify something: "Ils aperçurent dans un coin de la toile le out d'un pied nu qui sortait de ce chaos de couleurs."

Conclusion

Flaubert remarked in his *Correspondance: La bêtise consiste à vouloir conclure.* The statement applies to this study of Flaubert's imagery. In fact, is it possible to draw conclusions if the main characteristic of his writing embodies a perpetual play of meanings and an endless undecidability vacillating between transparency and opacity? Nonetheless, if a conclusion is required, one could say that this analysis neither claims to state a new truth about Flaubert's texts, nor outlines a definite reading pattern; rather, it attempts to reveal the various contradictions and tensions of meaning inherent in his works. These chapters have shown how Flaubert's descriptive passages fluctuate between a possible traditional realist or symbolic reading, and the opacity of detail that may anticipate the techniques of the modern self-referential novel—that is, a writing that expresses only the means of its own construction.

Following Hamon's and Barthes' indications, this study has established relative distinctions between a readable description and an opaque text. Description naturally tends to create digressions and gratuitous accumulations that are disposed in fragmentary units that may break the narrative sequence.[1] However, in the classical realist text (Balzac's novels for instance), descriptive details should concur to express a homogeneous image that has a specific function in the narrative development. As Barthes suggests, narrative is defined according to a series of functions or units that the reader may process in two ways: the details may have either a distributional function along the horizontal axis in order to establish the basic 'story line'; or they could have an integrative function on the paradigmatic level, connoting a mood or adding to our understanding of the character, and thus giving the novel an appearance of coherence. Hamon notes:

> D'une part, en tant que taxinomie, en tant que déclinaison d'un paradigme latent de mots, la description est le focalisateur local d'un lexique. D'autre part la description, même si elle est le lieu d'un 'effet de vocabulaire' de la part du narrateur, entretient toujours des liens avec les structures narratives globales de l'énoncé. En particulier les liens entre description d'une part, personnage d'autre part, entre caractérisation et caractère, sujet (motif descriptif) et Sujet.[2]

Nevertheless, this study has identified examples in which description breaks away from the ideal pattern, and in these cases details manifest themselves as autonomous aesthetic units, rather than specific symbolic or representational contents. "Metonymic digressions may originate in the desire to tell all but they run the risk of creating a moment of silence in which the elaborate signifying machinery of the novel grinds to a halt."[3]

Contrary to what normative and thematic or structural criticism have stated, this study has considered most of Flaubert's descriptions as both transparent and opaque at the same time. Thus, while sufficient signs in various passages offer bases for realist or symbolic recuperation, a more critical reading identifies the presence of stylistic elements that disrupt a thematic integration—including excess of detail, vagueness and fluidity in landscapes, petrifying features that isolate the description from historical and temporal order, disorder of space, excessive literariness, confusion of forms, and excessive insistence on the ornamental to the detriment of the human traits.

Language invariably fails to sustain a stable semiology and a coherent rhetoric; instead, it is open to displacement and deferral of meaning that may disorient the reader who wonders *si l'on se fout de lui, oui ou non.* The critical process is suspended, because signification is never present in any one sign alone; instead, it is a continuous fluctuating of presence and absence together. By obliging the readers to engage in the processing of unfamiliar forms of fictional discourse, Flaubert has made available new demanding forms of textual experience, making of the reader an active participant in the production and interpretation of the literary text.[4]

Furthermore, while at times the narrator's intervention in the narrative text offers the reader an interpretative schema, other times the disappearance of a narrative controlling voice calls into question a whole set of realist and romantic conventions, as it was that voice in the text that gave the reader a structured vision of the fictional world. Flaubertian novels frequently disrupt the integrity of the reading by discouraging the reader's identification with a unified subject of the enunciation. What characterizes Flaubert's writing is the fact that the novelist invites a reading that is both naive and critical, at the same time. Regardless of the writer's conscious or unconscious intentions, the three novels carry a duplicity, and they provoke hesitation in the reader by conforming or breaking away from the model of the readable text. The analysis of various types of descriptions—landscapes, spaces, interiors, objects, crowds, scenes, and portraits—reveals that *Madame Bovary* is more 'readable' than *Salammbô* and *L'Education sentimentale,* and that Flaubert's progression of style follows a chronological sequence. In fact, with the passing of time his writing gradually tends to dissociate from the traditional patterns of the realist novel, to increasingly vacillate between transparency and opacity, and to progressively anticipate the self-referential techniques of the modern text.

The historical and geographical exotic dimension in *Salammbô* undermines the interpretative attempt, while the silent and immobile spaces stop the narrative progression. In *L'Education sentimentale,* numerous descriptions are marked by a de stabilization of space and/or by fluid and indefinite shapes that either encourage or suspend a thematic meaning. In the three novels, even though the innumerable endless enumerations of objects elicit thematic interpretations, they may exceed the limits of verisimilitude and lead to opacity. Finally, Flaubert's exaggeration of style lays bare the artificiality and self-referentiality of the imagery.

In his works, perhaps the ultimate challenge to the readers' power to synthesize is provided by *Bouvard et Pécuchet,* an unfinished work that sums up the anguish of Flaubertian realism, and of the impossible novel. Here the museum is presented in the form of endless repetition of details, of senseless and disordered fragments that only lead to "a multitude of contradictory fabulations."[5] The maniacal attention for detail—the pursuit of exhaustion—generally causes collapse and frustration. Thus, the description of the melons, planted by the two clerks in the garden, is presented as a comic displacement of monstrous forms, a cacophony of disparate elements that have no inherent functional coherence:

> En effet, comme il avait cultivé les uns près des autres des espèces différentes, les sucrins s'étaient confondus avec les maraîchers, le gros Portugal avec le grand Mongol, et le voisinage des pommes d'amour complétant l'anarchie, il en était résulté d'abominables mulets qui avaient le goût de citrouille.[6]

Several critics have extensively discussed the problematic of the emptiness that follows the maniacal desire of inclusion and integration of detail.[7] One may consider the majority of descriptions in *Bouvard et Pécuchet* as juxtapositions of scattered artifacts that escape a coherent system of representation and interpretation. These passages parody the linguistic enterprise, and they seem to mark a textual activity rather than producing a specific message.[8]

The common motif found in the descriptive passages ever challenges a whole set of expectations set up by the narrative conventions that allow readers to produce meaning. If the reading of Flaubert's works presents problems that do not exist in the art of his predecessors, it is because his text as a message to be communicatedcontains signs that make the reader hesitate between a regular metonymical or metaphorical integration into the narrative text, and the recognition of the descriptive passages as stylistic digressions.

It is extremely difficult to find a truth about Flaubert's texts, and one cannot rely on his *Correspondance,* which constitutes a series of contradictions and paradoxes. In fact, if several statements proclaim the subject's centrality in literary works, other judgements affirm the complete autonomy of style. The critic apparently finds justification for meaning in the novelist's imagery; yet, his/her attempt is threatened by the presence of signs that disturb the identification of definite themes related to either the narrative action, or to the characters' emotions. This approach has clearly rejected the dogmatism of ideological or structuralist criticism; instead, it has exposed Flaubert's literary work to various possibilities of meaning and 'non-meaning.'

This problematic leads to broader implications and reflections on the function of literature and language, in general. In fact, as Derrida claims, there is no ultimate signified, and language is never stable; rather, it is processed through a continuous deferring and dissemination of sense. Both the stability of meaning in fiction, and the entire critical process are called into question. Moreover, any apparent cohesion in the realist text is only an illusion when faced with the reversibility and plurality of certain codes of interpretation. As Nathaniel Wing states: "Literary texts question their own relations to mastery and to a desire for totalization, which is never fully renounced, yet always deflected and displaced and reiterated."[9]

The positive aspect of undecidability exists when readers become creative producers of the text, and no longer function as passive consumers of established meanings. In other words, instead of digesting meanings imparted by an authorial voice (readable texts), readers are invited to produce answers to the questions raised by the text (writerly texts):

> Le plaisir du texte (la jouissance du texte) est comme un effacement brusque de la valeur guerrière, une desquamation passagère des ergots de l'écrivain, un arrêt du coeur (du courage).[10]

Unable to arrive at the *mot juste,* the writer is invariably divided between a concept of an expressive art, and a conception of self-referential style; between the temptation of writing and the nihilistic desire of a 'book about nothing.' Flaubert feels that the words are part of his inner being, yet he senses the drama of language that is incapable of responding to his expectations:

> Pourquoi, à mesure qu'il me semble de me rapprocher des maîtres, l'art d'écrire, en soi-même, me paraît-il plus impracticable et suis-je de plus en plus dégoûté de tout ce que je produis? Le mot de Goethe: "J'eusse peut-être été un grand poète, si la langue ne se fut montrée indomptable!" Et c'était Goethe. (*Corr.* III, p. 214, *A Louise Colet,* I juin, 1853)

The artist is doomed to remain in a continuous state of desire, endlessly pursuing an entity that is unknowable by its very nature:

> Me tombera-t-il du ciel une idée en rapport avec mon tempérament? Pourrais-je faire un livre où je me donnerais tout entier? Il me semble, dans ces moments de vanité, que je commence à entrevoir ce que doit être un roman. (*Corr.* VI, p. 2)

Notes

1. See Hamon, *Introduction à l'analyse du descriptif,* p. 61: "Réticulation textuelle, réticulation du lexique, la description est d'abord réticulation d'un extra-texte déjà réticulé et rationalisé."

2. Ibid., p. 110.

3. Williams, "Flaubert, le premier des non-figuratifs du roman moderne?," p. 73.

4. For an analytical study of the reader's position in the open and writerly text see Terry Eagleton, *Literary Theory* (Minneapolis: University of Minnesota Press, 1983), p. 137: "The most intriguing texts for criticism are not those which can be read but those which are writable *(scriptible)*—texts which encourage the critic to carve them up, transpose them into different discourses, produce his or her semi-arbitrary play of meaning athwart the work itself."

5. Eugenio Donato, "The Museum Furnace: Notes Toward a Contextual Reading of *Bouvard et Pécuchet.*" In Josué V. Harary ed., *Textual Strategies: Perspectives in Post-Structuralist Criticism* (Ithaca: Cornell University Press, 1979), p. 228. *Bouvard et Pécuchet* was published in 1880, after Flaubert's death, and it reveals how, over time, his style has completely broken away from the traditional romantic or realist novel, approaching the ideal of the 'book about nothing.'

6. Gustave Flaubert, *Bouvard et Pécuchet* (Paris: Garnier Frères, 1965), p. 38.

7. See Wing, "Detail and Narrative Dalliance in Flaubert's *Bouvard et Pécuchet,*" *French Forum* 13 (Jan 1988); Marina Van-Zuylen, "From Horror to Vacui to the Reader's Boredom: *Bouvard et Pécuchet* and the Art of Difficulty," *Nineteenth Century French Studies* 22 (Fall-Winter, 1993–94):112–122.

8. In this description of Bouvard et Pécuchet's garden, for instance, the various elements are derealized in a landscape that juxtaposes some of the components of a traditional still life to the geometric forms of the abstract art: "C'était dans le crépuscule, quelque chose d'effrayant. Le rocher, comme une montagne, occupait le gazon, le tombeau faisait un cube au milieu des épinards, le pont vénitien un accent circonflexe par-dessus les haricots,—et la cabane, au delà, une grande tache noire, car ils avaient incendié son toit de paille pour la rendre plus poétique. Les ifs, en forme de cerfs ou de fauteuils, se suivaient jusqu'à l'arbre foudroyé, qui s'étendait transversalement de la charmille à la tonnelle, où des pommes d'amour pendaient comme des stalactites. Un tournesol, çà et là, étalait son disque jaune. La pagode chinoise, peinte en rouge, semblait un phare sur le vigneau. Les becs des paons, frappés par le soleil, se renvoyaient des feux, et derrière la claire-voie, débarassée de ses planches, la campagne toute plate terminait à l'horizon." (pp. 59–60)

9. Wing, *The Limits of Narrative*, p. 7.

10. Barthes, *Le Plaisir du texte*, p. 50.

Bibliography

Agosti, Stefano. "Tecniche della rappresentazione verbale in Flaubert." *Strumenti Critici: Rivista quadrimestrale di cultura e critica letteraria* 12 (1978):31–58.

Agulhan, M. *Histoire et language dans l'Education sentimentale de Flaubert. Actes du Colloque du Collège de France.* Paris: Seuil, 1981.

Albalat, Antoine. *Le Travail du style d'après les corrections des grands écrivains.* Paris: Armand Colin, 1903.

Attridge, Dereck. *Peculiar Language (Literature as Difference from the Renaissance to James Joyce).* Ithaca: Cornell University Press, 1994.

Auerbach, Erich. *Mimesis.* New York: Tr. W. Trask, 1957.

Baker, Deborah Lesko. "*L'Education sentimentale:* Figural Dimensions of Madame Arnoux." *Symposium* 44 (Spring 1990):3–14.

Bal, Miekie. "Fonction de la description romanesque; la description de Rouen dans *Madame Bovary.*" *Revue des langues vivantes* 40 (1974):132–149.

Balat, Michel; Deledalle Rhodes, Janice ed. *Signs of Humanity: L'homme et ses signes,* I–III. Berlin: Mouton de Gruyter, 1992.

Balzac, Honoré de. *Eugenie Grandet.* Paris: Garnier Frères, 1965.

_____. *Histoire des Treize.* Paris: George Barrie et fils, 1831.

_____. *La Peau de chagrin.* Paris: George Barrie et Fils, 1831.

_____. *Le Père Goriot.* Paris: Garnier Frères, 1961.

Balzac, l'invention du Roman: Colloque du 30 juin au 10 juillet 1980. Paris: Belfond, 1982.

Banquart, M. C. "L'Espace dans *Madame Bovary.*" *L'Information littéraire* 25 (1973):64–73.

Bart, Benjamin. *Flaubert's Landscape Descriptions.* Ann Arbor: University of Michigan Press, 1957.

Barthes, Roland. *Essais critiques.* Paris: Collection Tel Quel, 1964.

Barthes, Roland. *Introduction à l'analyse structurale des récits.* Paris: Seuil, 1977.

_____. *Le Degré zéro de l'écriture.* Paris: Seuil, 1953.

_____. *Le Plaisir du texte.* Paris: Seuil, 1980.

_____. *S/Z.* Paris: Seuil, 1970.

Bauer, Roger ed. *Proceedings of the XIIth Congress of the International Comparative Literature Association: Space and Boundaries of Literature.* Munich: Iudicium, 1990.

Behad, Ali. *Belated Travelers: Orientalism in the Age of Colonial Dissolution.* Durham: Duke University Press, 1994.

Belsey, Catherine. *Critical Practice.* London and New York: T. Hawkes, 1986.

Benet, Robert. "Clé de lecture pour *L'Education sentimentale:* le bal masqué chez Rosanette." *L'information littéraire* 45 (1993):13–22.

Bergounioux, Pierre. "Flaubert et l'autre." *Communications* 19 (1972):39–52.

Bernheimer, Charles. *Flaubert and Kafka: Studies in Psychopoetic Structure.* New Haven: Yale University Press, 1982.

_____. "Linguistic Realism in Flaubert's *Bouvard et Pécuchet.*" *Novel* 7 (1974):143–158.

Bersani, Leo. *A Future for Astyanax.* Boston-Toronto: Little Brown, 1976, pp. 89–105.

_____. "Flaubert and the Threats of Imagination." In *Balzac to Beckett: Center and Circumference in French Fiction.* New York, 1970, pp. 140–191.

Bertrand, Louis. *Gustave Flaubert.* Paris: Librairie Ollendorff, 1957.

Beuchat, G. *Histoire du Naturalisme Francais.* 2 vols. Paris: Corrêa, 1949.

Bevan. D. G., Wetherill P. M. ed. *Sur la génétique textuelle.* Amsterdam: Rodopi, 1990.

Blanchot, Maurice. *L'Entretien Infini.* Paris: Gallimard, 1969.

_____. *L'Espace littéraire.* Paris: Gallimard, 1955.

Blin, George. *Stendhal et les problèmes du roman.* Paris: J. Corti, 1953.

Bloom, Harold. *Emma Bovary.* Chelsea House, 1994.

Bollème, Geneviève. *La Leçon de Flaubert.* Paris: Gallimard, 1964.

_____. *Préface à la vie d'écrivain.* Paris: Seuil, 1963.

Bonnefis, Pierre. "Flaubert: un déplacement du discours critique." *Littérature* 2 (1971):63–70.

Booth, Wayne. *The Rhetoric of Fiction.* Chicago: University of Chicago Press, 1961.

Bottineau, Lionel. "La Représentation de l'espace dans *Salammbô.*" *Revue de lettres modernes* 703–706 (1984):79–104.

Bourneuf, Roland et Ouellet Réal. *L'Univers du roman.* Paris: Presses Universitaires de France, 1972.

Bowie, Malcolm. *Psychoanalisis and the Future of Theory.* Cambridge, Massachusetts: B. Blackwell, 1994.

Brady, Patrick. "Archetypes and the Historical Novel: the Case of *Salammbô.*" *Stanford French Review* 1 (Winter1977):313–324.

Breut, Michele. *Le haut et le bas: essai sur le grotesque dans Madame Bovary.* Amsterdam: Rodopi, 1994.

Brombert, Victor. Stendhal: *A Collection of Critical Essays.* New York: Prentice Hall, 1982.

_____. *The Novels of Flaubert: a Study of Themes and Techniques.* Princeton, N. J.: Princeton University Press, 1966.

Brooks, Peter. *The Melodramatic Imagination: Balzac, H. James, Melodrama, and the Mode of Excess.* New York: Columbia University Press, 1986.

Bruneau, Jean. *Les Débuts littéraires de G. Flaubert.* Paris: Armand Colin, 1960.

Brunot, Ferdinand. *Histoire de la langue francaise des origines à nos jours.* 13 vols. Paris: Armand Colin, 1972. Vol. 13: part 2, pp. 7–46.

Buck, Stratton. *Gustave Flaubert.* New York: Twayne Publishers, 1966.

Burgelin, Claude. "La Flaubertolatrie." *Littérature* 15 (Oct. 1974):5–16.

Butor, Michel. *Improvisations sur Flaubert.* Paris: Littérature-Editions de la Différence, 1984.

Campion, Pierre. "Le piège de l'ironie dans le système narratif de *Madame Bovary.*" *Revue d'Histoire Littéraire de la France* 92 (Sept. Oct. 1992):863–874.

Cancalon, Elaine & Sparcagna, Antoine ed. *Intertextuality in Literature and Film: Selected Papers from the 13th Annual Florida State University Conference on Literature and Film.* Tallahassie: University Press Florida, 1994.

Carlut, Charles eds. *Essais sur Flaubert: en l'honneur du professeur Demorest.* Paris: Nizet, 1979.

Carpenter, Scott. *Acts of Fiction: Resistance and Resolution from Sade to Baudelaire.* Philadelphia: Pennsylvania University Press, 1995.

Caws, Mary Ann. *Reading Frames in Modern Fiction.* Princeton: Princeton University Press, 1985.

Certeau, Michel de. *L'Ecriture de l'histoire.* Paris: Gallimard, 1975.

Chambers, Ross. *Meaning and Meaningfullness: Studies in the Analysis and Interpretation of Texts.* Lexington: French Forum, 1979.

_____. *Room for Maneuver: Reading (the) Oppositional (in) Narrative.* Chicago: University of Chicago Press, 1991.

_____. *The Writing of Melancholy: Modes of Opposition in Early French Modernism.* Chicago: The University of Chicago Press, 1993.

Cogny, Pierre. *L'Education sentimentale de Flaubert: le monde en creux.* Paris: La Rousse, 1975.

Cortland, Peter. *The Sentimental Adventure: an Examination of Flaubert's L'Education sentimentale.* Paris: Mouton and Company, 1967.

Christiansen, Hope. "Writing and Vagabondage: Renée Nere and Emma Bovary." *Symposium: a Quarterly Journal in Modern Foreign Literatures* 48 (Spring 1994):3–15.

Crouzet, Michel. "Le style épique dans *Madame Bovary.*" *Europe* 485–487 (Sept.-Nov. 1969):151–169.

Culler, Jonathan. *Flaubert: the Uses of Uncertainty.* Ithaca: Cornell University Press, 1974.

_____. *On Deconstruction: Theory and Criticism after Structuralism.* Ithaca, N.Y: Cornell University Press, 1982.

_____. *Structuralist Poetics.* London: Routledge and Kegan Paul, 1975.

Daemmrich, Ingrid. G. "Motif Inversion as Homage: Landscape and Wanderer-Shelter in the Works of Goethe and Flaubert." *Nineteenth-Century French Studies* 18 (Spring-Summer 1990):437–453.

Danaher, David. "Effacement of the Author and the Function of Sadism in Flaubert's *Salammbô.*" *Symposium* 461 (Spring 1992):3–23.

Danahy, Michael. "Flaubert Describes." *Kentucky Romance Quarterly* 26 (1979):359–376.

Danger, Pierre. *Sensations et objets dans le roman de Flaubert.* Paris: Seuil, 1973.

Dargan, E. P. *Studies in Balzac's Realism.* New York: Russel and Russel, 1967.

Daunais, Isabelle. "Flaubert et la résistance des objets." *Poétique* 24 (Feb. 1993):63–75.

_____. *Flaubert et la scenographie romanesque.* Paris: Nizet, 1993.

Debray-Génette, Raymonde ed. *Flaubert.* Paris: Didier, 1970.

_____. *Essais de critique génétique.* Paris: Flammarion, 1979.

_____. "Flaubert: Science et Ecriture." *Littérature* 15 (1974):41–51.

_____. "La Pièrre descriptive." *Revue de Théorie et d'Analyse Littéraires* 11.43 (1980):293–304.

Dellembach, Lucien. "Le Tout en morceaux." *Poétique* 11 (1980):156–169.

De Man, Paul. *Allegories of Reading.* New Haven: Yale University Press, 1979.

Demorest, D. L. *L'expression figurée et symbolique dans l'oeuvre de Gustave Flaubert.* Paris: Conard, 1931.

Denby, David. J. *Sentimental Narrative and the Social Order in France, 1760–1820.* (Cambridge Studies in French, N. 47) Cambridge: Cambridge University Press, 1994.

Denommé, Robert. "Flaubert's Portrayal of Mood and Temperament in *L'Education sentimentale.*" *Nineteenth Century French Studies* 7 (1978–79):59–75.

Derrida, Jacques. "An Idea of Flaubert's Plato's Letter." *Modern Language Notes* 99 (Sept. 1984):748–68.

_____. *L'écriture et la différence.* Paris: Seuil, 1967.

_____. *La Dissémination.* Paris: Seuil, 1972.

_____. "Linguistique et grammatologie." In *De la grammatologie.* Paris: Editions de Minuit, 1967.

Desan, Philippe. "Une Histoire contre l'histoire: *L'Education sentimentale* de Flaubert." *French Literature Series* 11 (1984):45–57.

Descharmes, René. *Autour de Bouvard et Pécuchet.* Paris: Librairie de France, 1921.

_____. *Autour de Flaubert.* Paris: Mercure de France, 1912.

Doyle, Natalie. "Flaubert's *L'Education sentimentale:* 1848 as Parody." *Australian Journal of French Studies* 28 (Jan.-Apr. 1991):39–49.

Donato, Eugenio. "A Mere Labyrinth of Letters— Flaubert and the Quest for Fiction—A Montage." *Modern Language Notes* 89 (1974):885–909.

_____. "The Museum's Furnace: Notes Toward a Contextual Reading of *Bouvard and Pécuchet.*" In Harary, Josué V. ed. *Textual Strategies: Perspectives in Post-structuralist Criticism.* Ithaca: Cornell University Press, 1979, pp. 213–238.

Douthwaite, Julia. "The Uses of History in Toqueville's Souvenirs and Flaubert's *L'education sentimentale.*" *Romance Languages Annual* 4 (1992):40–46.

Duchet, Claude. "Roman et objets." *Europe* 12 (1969):172–199.

Duncan, W. *Romanticism: a Critical Reader.* Oxford; Cambridge, Massachusetts: B. Blackwell, 1995.

Duquette, Jean-Pierre. *Flaubert ou l'architecture du vide: une lecture de l'Education sentimentale.* Montréal: Presses de l'université de Montréal, 1972.

———. "Flaubert, l'histoire et le roman historique." *Revue d'histoire littéraire de la France* 75 (1975):344–352.

Duquette, Jean-Pierre. "La Structure de *l'Education sentimentale.*" *Etudes Francaises* 6 (May 1970):159–180.

Dusmenil, René. *Le Réalisme et le Naturalisme* Paris: Del Duca de Gigord, 1955.

Eagleton, Terry. *Literary Theory.* Minneapolis: University of Minnesota Press, 1983.

Eco, Umberto. *A Theory of Semiotics.* Bloomington: Indiana university Press, 1976.

Edwards, Peter. "Flaubert and the Transposition of Reality into Romance." *Modern Language Association* 64 (June 1983):104–109.

Faguet, Emile. *Gustave Flaubert.* Paris: Hachette, 1906.

Fairlie, Alison. "Flaubert et la coscience du réel." *Essays in French Literature* 4 (1967):1–12.

Falconer, Graham. "L'Effet parodie chez Flaubert." *Etudes Littéraires* 19 (Spring-Summer, 1986):103–124.

Felman, Shoshana. *La Folie et la chose littéraire.* Paris: Seuil, 1978.

Ferrere, E. L. *L'esthétique de G. Flaubert.* Paris: Conard, 1913.

Flaubert et le comble de l'art: nouvelles recherches sur Bouvard et Pécuchet. Paris: Société d'édition d'enseignement supérieur, 1981.

Finley, John. *Hermetic Light: Essays on the Gnostic Spirit in Modern Literature and Thought.* Santa Barbara: J. Daniel, 1994.

Fladenmuller, Frederic. *Caractérisation et les modes de la narration dans le roman moderne: théorie de la narratologie caractérologique.* New York: Peter Lang Publishing, 1994.

Flaubert, Gustave. *Bouvard et Pécuchet.* Paris: Editions Garnier, 1965.

———. *Correspondance.* Paris: Edition Conard, 1910–1954.

———. *L'Education sentimentale.* Paris: Editions Garnier, 1984.

———. *La Première et la deuxième Tentation de Saint Antoine.* Paris: Club de l'Honnête Homme, 1973. Tome 9.

———. *Madame Bovary.* Paris: Garnier-Flammarion, 1966.

———. *Mémoires d'un fou.* Paris: Club de l'Honnête Homme, 1973.

———. *Salammbô.* In *Oeuvres Complètes.* Masson, Bernard ed. Paris: Editions du Seuil-L'Intégrale, 1964.

Forrest-Thompson, Veronica. "The Ritual of Reading *Salammbô.*" *Modern Language Review* 67 (Oct. 1972):787–798.

Frank, Joseph. "La Forme spatiale dans la littérature moderne." *Poétique* 10 (1972):244–266.

Freeman, Henry G. ed. *Discontinuity and Fragmentation.* Amsterdam: Rodopi, 1994.

Friedman, Norman. *Form and Meaning in Fiction.* Athens: The University of Georgia Press, 1975.

Frier-Wantiez, Martine. *Sémiotique du fantastique: analyse textuelle de Salammbô.* (Eurh XXI, 51) Bern: Lang, 1979.

Galliard, Francoise. "The Great Illusion of Realism, or the Real as Representation." *Poetics Today* 5 (1984):753–766.

Gans, Eric. *Madame Bovary: The End of Romance.* Boston: Twayne Publishers, 1989.

Gasset, José Ortega Y. "The Dehumanization of art". In *The Dehumanization Of Art and other Writings on Art and Culture.* Garden City, New York: Double Day, 1956.

Génette, Gérard. *Figures III.* Paris: Seuil,1972.

_____. "Frontières du récit." In *Figures II.* Paris: Flammarion, 1979.

_____. "Le Travail de Flaubert." *Tel quel* 14 (1963):51–57.

_____. "Silences de Flaubert." In *Figures.* Paris: Seuil, 1966.

Ginsburg, Mikal. *Flaubert Writing: A Study in Narrative Strategies.* Los Angeles: Stanford University Press, 1986.

Giraud, René, ed. Flaubert: *A Collection of Critical Essays.* New York: Englewood Cliffs, 1964.

Gleize, Joelle. "Le Défaut de la ligne droite." *Littérature* 15 (1974):75–89.

Godfrey, Sima. "The Fabrication of *Salammbô:* the Surface of the Veil." *Modern Language Notes* 95 (1980):1005–1016.

Goodheart, Eugene. "Flaubert and the Powerlessness of Art." *The Centennial Review* 19 (1975):155–171.

Goodman, Paul. *The Structure of Literature.* Chicago: University of Chicago Press, 1954.

Gothot-Mersch, Claudine ed. *La production du sens chez Flaubert.* Actes du Colloque de Céricy. Paris: Seuil, 1975.

Graff, Gerald. *Literature Against Itself.* Chicago: University of Chicago Press, 1979.

Gray, Eugene F. "Flaubert's Esthetics and the Problem of Knowledge." *Nineteenth Century French Studies* 4 (Spring 1976):295–302.

Greimas, A. J. *Sémantique structurale.* Paris: Larousse, 1966.

Green, Anne. *Flaubert and the Historical Novel: Salammbô Reassessed.* Cambridge, England, 1982.

Haig, Stirling. "Madame Arnoux's Coffret: A Monumental Case." *Romanic Review* 75 (Nov. 1984):469–482.

Hamon, Philippe. *Introduction à l'analyse du descriptif.* Paris: Hachette, 1981.

_____. "Qu'est-ce qu'une description?" *Poétique* 12 (1972):465–485.

Harman, Geoffrey, ed. *Psychoanalisis and the Question of the Text.* Baltimore: John Hopkins University Press, 1978.

Harris, G. T. and Wetherill, P. M. ed. *Littérature et Révolutions en France.* Amsterdam: Rodopi, 1990.

Haskell, M., Block. "Theory of Language in Gustave Flaubert and James Joyce." *Revue de littérature comparée* 35 (1961):197–206.

Heath, Stephen. *Madame Bovary.* Cambridge: Cambridge University Press, 1992.

Hendrycks, Anne-Sophie. "Flaubert et le paysage oriental." *Revue d'histoire littéraire de la France* 94 (Nov.-Dec. 1994):996–1010.

Holdheim, William Wolfang. "Description and Cliché." In *The Hermeneutic Mode: Essays on Time and Literary Theory.* Ithaca, New York: Cornell University Press, 1984, pp. 132–147.

Humphries, Jefferson. "Flaubert's *L'Education sentimentale* and the Problem of Reading History." *Southwest Review* (1988):531–541.

_____. *Losing the Text: Readings in Literary Desire.* Athens and London: the University of Georgia Press, 1986.

Imbert, Patrick. "Sémiostyle: la description chez Balzac, Flaubert and Zola." *Littérature* 38 (1980):106–128.

Iser, Wolfang. "La Fiction en effet." *Poétique* 19 (1979):275–298.

Issacharoff, Michael, ed. *Langages de Flaubert: Actes du Colloque de London.* Paris: Lettres Modernes, 1976.

Jacobson, Roman. "Closing Statement: Linguistics and Poetics." In *Style in Language.* Cambridge: Massachusetts Institute of Technology, 1960.

Jameson, Fredric. *Postmodernism: or the Cultural Logic of Late Capitalism.* Durham: Duke University Press, 1991.

James, Henry. "Gustave Flaubert." In Edel, Leon ed. *The Future of the Novel.* New York, 1956, pp. 125–61.

Kadish, Doris Y. "Two Semiological Features of Four Functions of Description." *Romanic Review* 70 (1979):278–279.

Kaplan, Louise J. *Female Perversions: the Temptations of Emma Bovary.* New York: Doubleday, 1991.

Kennard, Lindsay. "The Ideology of Violence in Flaubert's *Salammbô*." *Trivium* 13 (1986):53–61.

Kenner, Hugh. *The Stoic Comedians: Flaubert, Joyce and Beckett.* Berkeley: University of California Press, 1962.

Kermode, Frank. *The Sense of an Ending, Studies in the Theory of Fiction.* London: Oxford University Press, 1966.

Kittay, Jeffrey ed. *Towards a Theory of Description.* New Haven: Yale French Studies, 1980.

Kowieska, Elzbieta. "Madame Bovary et Thérèse Desqueyroux: l'évasion impossible." *Roczniki Humanistyczne: Annales de Lettres et Sciences Humaines* 41 (1993):57–92.

Kropp, Sonia-Dams. "The Paradox of Representation in Flaubert's *Salammbô:* Mimesis or Desire for Pure Language." *Platte-Valley Review* 22 (Winter 1994):115–124.

La Capra, Dominick. *Madame Bovary on Trial.* Ithaca and London: Cornell University Press, 1974.

La Forge, Francois. *"Salammbô:* les mythes et et la révolution." *Revue d'Histoire littéraire de la France* 25 (1985):26–40.

Lacan, Jacques. *Ecrits.* Paris: Seuil, 1966.

Larnoux, Armand, Introd. *Flaubert, la femme, la ville.* Journée d'études organisée par l'Institut de Francais de l'Université de Paris X. Paris: Presses Universitaires de France, 1983.

Larthomas, Pierre. "Yonville et Rouen: deux descriptions de Flaubert". In *Mélanges de littérature: du Moyen Age au XX siècle.* 2 vols. Paris: Ecole Normale Supérieure de Jeunes Filles, 1978.

Le Calvez, Eric. "Description, stéréotype, interxtualité: une analyse génétique de *L'Education sentimentale." Romanic Review* 84 (Jan. 1993):27–42.

_____. "De la note documentaire à la description: quelques remarques génétiques à propos de*l 'Education sentimentale." Revue d'Histoire Littéraire de la France* 92 (Mars-Avril 1992):210–223.

_____. "Génétique et hypotextes descriptifs: la fôret de Fontainebleau dans *L'Education sentimentale." Neophilologus* 78 (April 1994):219–232.

Le-Hir, Marie-Pierre. "Landscapes of Britanny in Chateaubriand, Balzac, and Flaubert." *West Virginia University Philological Papers* 37 (1991):20–31.

Levaillant, Jean. "Flaubert et la matière." *Europe* 485–87 (Sept. 1969):202–209.

Littérature et Réalité. Collection Point. Paris: Seuil, 1982.

Lodge, David. "Types pf Description." In *The Modes of Modern Writing.* London: Edward Arnold, 1977.

Lowe, Catherine. *"Salammbô* ou la question de l'autre de la parole." *L'Arc* 58 (1974):83–88.

Lowe, Lisa. "Nationalism and Exoticism: Nineteenth-Century Others in Flaubert's *Salammbô* and *L'Education sentimentale."* In Arac, Jonathan-Ritvo, Harriet ed. *Micropolitics of Nineteenth-Century Literature: Nationalism, Exoticism, Imperialism.* Philadelphia: University of Pennsilvania Press, 1991.

_____. *Critical Terrains: French and British Orientalisms.* Ithaca: Cornell Univerisity Press, 1994.

Lowric, Joyce O. "Let Them Eat the Cake: the Irony of *la pièce montée* in *Madame Bovary." Romanic Review* 82 (Nov. 1990):425–437.

Lukacher, Maryline F. "Flaubert's Pharmacy." *Nineteenth Century French Studies* 14 (Fall-Winter 1985–86):37–50.

Lukàs, Georg. "Narrate or Describe?" In *Writer and Critic, and Other Essays.* New York: Grosset and Dunlap, 1970.

_____. *The Historical Novel.* London: Merlin Press, 1962.

Lund, Hans Peter. "*Salammbô* de Flaubert: Art et Mythe." *Revue Romane* 28 (1993):59–74.

Lydon, Mary. *Skirting the Issue: Essays in Literary Theory.* Madison: University of Wisconsin Press, 1995.

Mac Namara, Matthew. "Description, Rhetoric and Realism in *Bouvard et Pécuchet.*" *Nottingham French Studies* 22 (1983):9–19.

Macheray, Pierre. *Théorie de la littérature.* Paris: Maspéro, 1966.

_____. *The Object of Literature.* Translated by David Macey. New York: Cambridge University Press, 1995.

Martinez Bonati, Félix. (Translated by Philip W. Silver) *Fictive Discourse and the Structures of Literature.* Ithaca: Cornell University Press, 1994.

Masson, Bernard. "L'Eau et les rêves dans *L'Education sentimentale.*" *Europe* 485–87 (1969):82–100.

_____. "*Salammbô* ou la barbarie à visage humain." *Revue d'Histoire Littéraire de la France* 81 (1981):585–596.

Matignon, R. "Flaubert et la sensibilité moderne." *Tel Quel* 1(Printemps, 1960):83–89.

Maupassant, Guy de. "Gustave Flaubert." In *Oeuvres Complètes. Etudes, Chroniques et Correspondance.* Paris: Librairie de France, 1938.

McCarthy, Susan. *Balzac and the Reader: A Study of the Creation of Meaning in La Comédie Humaine.* Springfield: Columbia University of Missoury Press, 1982.

Mosher, Harold. "Description and Descriptized Narration: Balzac and Flaubert." In Martin, Gregorio C. ed. *Selected Proceedings of the Pennsylvania Foreign Language Conference.* Pittsburg: Departement of Modern Languages, Duquesne University, 1988–89.

Mossman, Carol. "Salammbô: Seeing the Moon Through the Veil." *Neophilologus* 73 (Jan. 1989):36–45.

Mouchard, Claude et Neefs, Jacques. *Flaubert.* Paris: Balland, 1986.

Naaman, Antoine. *Les débuts de G. Flaubert et sa technique de la description.* Sherbrooke: Naaman, 1982.

Nadeau, Maurice. *Gustave Flaubert écrivain.* Paris: Denoel, 1969.

Natoli, Joseph & Hutcheon Linda ed. *Post-Modern Reader.* New York: State University New York Press, 1993.

Neefs, Jacques. "La figuration réaliste." *Poétique* 16 (1973):466–476.

_____. "*Salammbô,* Textes critiques." *Littérature* 15 (Oct. 1974):52–64.

Olsen, Stein. *The End of Literary Theory.* Cambridge: Cambridge University Press, 1987.

Paulson, William. *Sentimental Education: the Complexity of Disenchantment.* MacMillan, 1992.

Pierce, Charles. *Ecrits sur le signe.* Paris: Seuil, 1978.

Petrey, Sandy. *Realism and Revolution: Balzac, Stendhal, Zola and the Performances of History.* Ithaca: Cornell University Press, 1988.

Porter, Dennis. "Aestheticism Versus the Novel: The Example of *Salammbô.*" *Novel* 4 (Winter, 1971).

_____. "Flaubert and the Difficulty of Reading". *Nineteenth Century French Studies* 12 (Spring, 1984):366–378.

Porter, Laurence ed. *Critical Essays on Gustave Flaubert.* Boston: Hall, 1986.

Poulet, George. "Flaubert." In *Les Métamorphoses du cercle.* Paris: Plon, 1961.

Prendergast, Christopher. "Flaubert: the Stupidity of Mimesis." In *The Order of Mimesis: Balzac, Stendhal, Nerval, Flaubert.* New York: Cambridge University Press, 1986.

_____. "Flaubert: Writing and Negativity." *Novel* 9 (1975):197–213.

Prévost, Jean. *Problèmes du roman.* Paris: Confluences, 1943.

Proust, Jacques. "Structure et sens de *l'Education sentimentale.*" *Revue des Sciences Humaines* 125 (1967):67–100.

Proust, Marcel. "A propos du style de Flaubert." In Debray-Genette, Raymonde ed. *Flaubert.* Paris: Firmin-Didier, 1970.

Ramazani, Vaheed. "Historical Cliché: Irony and the Sublime in *L'Education sentimentale.*" *PMLA* 108 (Jan. 1993):121–135.

Reichler, Claude. "Pars Pro Toto: Flaubert et le fétichisme." *Studi Francesi* 29 (Jan.-Apr. 1985):77–83.

Revue d'histoire littéraire de la France. Numéro consacré à Flaubert. (juillet-octobre 1981).

Reid, James H. *Narration and Description in the French Realist Novel: The Temporality of Lying and Forgetting.* Cambridge: Cambridge University Press, 1993.

Reynaud, Patricia. *Fiction et Failite: Economie et Métaphores dans Madame Bovary.* New York: Peter Lang Publishing, 1994.

Reiss, Timothy J. *The Uncertainty of Analysis.* Ithaca: Cornell University Press, 1988.

Ricardou, Jean. "De Natura Fictionis." In *Pour une théorie du Nouveau Roman.* Paris: Seuil, 1971.

Rice, Mary Teresa. "The Failure of Methaphor as an Historical Paradigm." *Modern Language Studies* 20 (Winter 1990):94–99.

Richard, Jean Pierre. "La Création de la forme chez Flaubert." In *Littérature et sensation.* Paris: Seuil, 1954.

_____. "Variations d'un paysage." *Poétique* 12 (Sept. 1982):345–358.

Riffaterre, Michael. "Système d'un genre descriptif." *Poétique* 9 (1972):15–30.

Riggs, Larry W. *Resistance to Culture in Molière, Laclos, Flaubert and Camus: a Post-Modernist Approach* (*Studies in French Literature,* vol. 13). Mellen, 1992.

Rivers, Christopher. *Face Value: Physiognomical Thought and the Legible Body in Marivaux, Lavater, Balzac, Gautier and Zola.* Madison: The University of Wisconsin Press, 1995.

Robbe-Grillet, Alain. *La jalousie.* Paris: Editions de Minuit, 1957.

Rollins, Yvonne. "*Madame Bovary* and *Effi Briest:* du symbole au mythe." *Stanford French Review* 5 (1981):107–119.

Ronen, Ruth. *Possible Worlds in Literary Theory.* Cambridge: Cambridge University Press, 1994.

Rousset, Jean. "*Madame Bovary* ou le livre sur rien." In *Forme et signification.* Paris: Seuil, 1962.

_____. "Positions, Distances, Perspectives dans *Salammbô.*" *Poétique* 6 (1971):145–154.

Ryan, Marie Laure. *Possible Worlds, Artificial Intelligence and Narrative Theory.* Bloomington: Indiana University Press, 1991.

Sachs, Murray. "The Legacy of Flaubert." In McLendon, Will ed. *L'hénorme siècle: A Miscellany of Essays on Nineteenth-Century French Literature.* Heidelberg: Carl Winter Uniersitatsverl, 1984.

Sarraute, Nathalie. "Flaubert, the Precursor." Translated by Maria Jolas. *Partisan Review* 23 (Spring, 1966):3–11.

Sartre, Jean-Paul. *L'Idiot de la famille.* 2 vols. Paris: Gallimard, 1971.

Schlossman, Beryl. *The Orient of Style: Modernist Allegories of Conversion.* Durham and London, 1991.

Schor, Naomi and Majeski, Henry eds. *Flaubert and Post-Modernism.* Lincoln: University of Nebraska Press, 1984.

Schor, Naomi. *Breaking the Chain: Women, Theory, and French Realist Fiction.* New York: Columbia University Press, 1985.

_____. "Details and Decadence: End-Troping in *Madame Bovary.*" *Substance* 26 (1980):27–33.

_____. "Pour une thématique restreinte: écriture, parole et différence dans *Madame Bovary.*" *Littérature* 22 (1975):30–46.

_____. *Reading in Detail.* New York and London: Methuen, 1987.

Ségalen, Victor. *Essais sur l'exotisme.* Paris: Le Livre de Poche-Fata Morgana, 1978.

Seiler, Christiane. "Representations of the loving, Hateful and Fearful Wife in Flaubert's *Madame Bovary,* Fontane's *Effi Briest,* and Tolstoy's *Anna Karenina.*" *Germanic Notes and Reviews* 25 (Fall 1994):3–7.

Sherrington, R. J. *Three Novels by Flaubert: A Study of Techniques.* Oxford: Clarendon Press, 1970.

Shroder, Maurice Z. "On Reading *Salammbô.*" *L'Esprit Créateur* 10 (Spring 1970):24–35.

Shroder, Maurice. "Balzac's Theory of the Novel." *L'Esprit Créateur* 8 (1967):3–10.

Slama, Béatrice. "Une Lecture de *L'Education sentimentale.*" *Littérature* 2 (1971):19–38.

Stanley, Robert. "That Obscure Object of (Oriental) Desire: Flaubert's Kuchuk-Hanem." *French Literature Series* 13 (1986):148–155.

Starr, Juliana. "Men Looking at Women Through Art: Male Gaze and Spectatorship in Three 19th Century Novels." *Revue Fontenac* 10–11 (1994):3–15.

Steele, H. Meili. *Realism and the Drama of Reference: Strategies of Representation in Balzac, Flaubert, and James.* University Park: Pennsylvania State University Press, 1988.

Stendhal. *La Chartreuse de Parme.* Paris: Calmann-Levy, 1927.

_____. *Le Rouge et le noir.* Paris: Calmann-Levy, 1927.

Stirling, Haig. "*Madame Bovary*'s Blues." *Romanic Review* LXI, I, (1970): 27–34.

Tanner, Tony. "Flaubert's *Madame Bovary*." In *Adultery in the Novel: Contract and Transgression.* Baltimore: John Hopkins University Press, 1979.

Tetu, Jean-Francois. "Désir et révolution dans *L'Education sentimentale*." *Littérature* 15 (1974):88–94.

Thibaudet, Albert. *Gustave Flaubert.* Paris: Gallimard, 1935.

Thorlby, Anthony. *Gustave Flaubert and the Art of Realism.* London: Bowes and Bowes, 1956.

Tipper, Paul Andrew. *The Dream-Machine: Avian Imagery in Madame Bovary.* Durham: Durham University Press, 1994.

Troyat, Henry. *Flaubert.* Paris: Flammarion, 1988.

Turnell, Martin. *The Rise of the French Novel.* New York: Directions Books, 1978.

Ulman, Stephen. *Style in the French Novel.* New York: Cambridge University Press, 1958.

Van Rossum-Guyon, Françoise. *Critique du roman.* Paris: Gallimard, 1970.

_____. "Aspects et fonctions de la description chez Balzac." *Année Balzacienne* (1980):111–36.

Van-Zuylen, Marina. "From Horror to Vacui to the Reader's Boredom: *Bouvard et Pécuchet* and the Art of Difficulty." *Nineteenth Century French Studies* 22 (Fall-Winter 1993, 1994):112–122.

Vial, André. *Guy de Maupaussant et l'art du roman.* Paris: Librairie Nizet, 1954.

Warning, Rainer. "Reading Irony in Flaubert." *Style* 19 (Fall, 1985):304–316.

Wellek, René. "The Concept of Realism in Literary Scholarship." In *Concepts of Criticism.* New Haven: Yale University Press, 1963.

Wetherill, P. M. ed. *Flaubert: la dimension du texte.* Manchester: Manchester University Press, 1982.

_____. *Flaubert et la création littéraire.* Paris: Nizet, 1964.

_____. "Flaubert et les distorsions de la critique moderne." *Symposium* 25 (Fall 1971):271–278.

_____. "*Madame Bovary*'s Blind Man: Symbolism in Flaubert." *Romanic Review* LXII (Feb. 1971):35–42.

White, Hayden. "The Problem of Style in Realistic Representation: Marx and Flaubert." In Lang, Berel ed. *The Concept of Style.* Philadelphia: The University of Pennsylvania Press, 1979, pp. 213–229.

Williams, David Anthony ed. "G. Flaubert: Le premier des non-figuratifs du roman moderne?" *Orbis Litterarum: International Review of Literary Studies* 34 (1979):66–86.

_____. "Sacred and Profane in *L'Education sentimentale.*" *Modern Language Review* 73 (1978):786–798.

_____. *The Monster in the Mirror: Studies in Nineteenth Century Realism.* New York: Oxford University Press, 1978.

_____. "Water Imagery in *Madame Bovary.*" *Forum for Modern Language Studies* 13 (1977):70–84.

Wing, Nathaniel. "Detail and Narrative Dalliance in Flaubert's *Bouvard et Pécuchet.*" *French Forum* 13 (Jan. 1988).

_____. *Limits of Narrative: Baudelaire, Flaubert, Rimbaud, Mallarmé.* New York: Cambridge University Press, 1986.

Woestelandt, Evelyne. "Système de la mode dans *l'Education sentimentale.*" *The French Review* 58 (Dec. 1984):244–254.

Yeatman, Rannveig. "Le Chateaû de la Vaubyessard: l'enchantement d'Emma Bovary." *Dalhousie-French Studies* 29 (Winter 1994):169–180.

Zola, Emile. *Le Roman expérimental.* Paris: E. Fasquelle, 1923.

Index

absence, 5–7, 25, 29, 31, 38, 84, 96, 115–116, 118, 121, 147, 160, 174
accumulation of detail, 4
aesthetic value, 76
Albalat, Antoine, 6
annihilation, 44, 99–100
aporia, 6
appetite, 45–46, 100, 103, 104
aristocratic, 21, 46–47, 143, 158
artificiality, 44, 153, 174
authorial discourse, 11
autonomy of style, 8, 175
Bal, Miekie, 33
Balzac, Honoré de, xi, 2, 3–5, 22, 38, 43–44, 49, 115–116, 121, 123, 131, 137, 138, 164, 173
Banquart, Marie-Claire, 121, 123
Barbarity, 63, 70, 77, 92, 101
Bart, Benjamin, 10
Barthes, Roland, 1–3, 5, 11, 18, 30, 48, 129, 142, 155, 173
battles, 62, 99–100, 104
Bernheimer, Charles, 10
Bersani, Leo, 10
Bertrand, Louis, 65, 80, 101
bêtise, 5, 40, 48, 50, 146, 173
bigarrure, 70, 85, 93–94, 135, 160
Blanchot, Maurice, 99, 160
body, 47–50, 83, 95–97, 148, 158
Bollème, Geneviève, 10, 102
Bonnefis, Pierre, 129
boredom, 18, 22–23, 50, 117, 119, 132
Bottineau, Louis, 63, 67, 70, 73, 93
bourgeois, 9, 17, 41–42, 50, 62, 89, 122, 125, 150–151, 164
Brombert, Victor, 10, 12, 18, 40, 45, 99, 127, 153
Brooks, Peter, 2
brutality, 99, 101
Butor, Michel, 86
catalyses, 2

Civilization, 63, 70, 81, 101
clichés, 90, 92, 152
clothes, 135, 155, 158–160
Cogny, Pierre, 137, 156
confusion of forms, xi, 70, 119, 174
contours, 27–29, 34, 49, 66, 69–70, 76–77, 116, 118, 121, 135
Cortland, Peter, 127, 133
Crouzet, Michel, 48
Culler, Jonathan, 10–11, 32, 85, 135, 152
cultural code, 1, 140, 143
Danaher, David, 61, 102
Danger, Pierre, 10, 21, 40, 50, 63, 79
de stabilization of sites, 121
Debray-Génette, Raymonde, 35
decay, 20, 22, 52, 119, 145, 149
decontextualized, 12, 80, 86, 90, 92
décor, 1, 26, 104, 139, 142, 155, 161
deferral of meaning, 174
degeneration, 42, 97–98, 149
degradation, 20, 27–28
dehumanization, 47, 72, 102
demarcating function, 1, 19, 67, 87
Demorest, D.L., 10, 18, 24, 89
Denommé, Robert, 136
Derrida, Jacques, 11, 26, 63, 175
desire, 8–13, 17, 23–24, 28–29, 33–36, 40, 42–49
despair, 12, 20, 22, 131
destruction, 9, 10, 28, 38, 63, 74, 77, 88, 99, 101–104, 164
difference, 11, 90, 117
disintegration, 27
disorder, xi, 2, 3, 33, 39, 70, 72, 87, 89–90, 116, 122, 124–126, 130, 133, 149–150, 163, 175
disorder of space, 35, 75, 174
disorder, 101
disorientation, 5, 28, 123

Currents in Comparative Romance Languages and Literatures

This series was founded in 1987, and actively solicits book-length manuscripts (approximately 200–400 pages) which treat aspects of Romance Languages and Literatures. Originally established for works dealing with two or more Romance literatures, the series has broadened its horizons and now includes studies on themes within a single literature or between different literatures, civilizations, art, music, film and social movements, as well as comparative linguistics. Studies on individual writers with an influence on other literatures/civilizations are also welcome. We entertain a variety of approaches and formats, provided the scholarship and methodology are appropriate.

For additional information about the series or for the submission of manuscripts, please contact:

Tamara Alvarez-Detrell and Michael G. Paulson
c/o Dr. Heidi Burns
Peter Lang Publishing, Inc.
516 N. Charles St.
2nd Floor
Baltimore, MD 21201

the exact nature of the changes made in the system when it came under colonial rule.

DENHAM, (Major), and (Captain) CLAPPERTON, 1826, *Travels and Discoveries in Northern and Central Africa*. London: Murray, 2 vols.

A very good account of life in Bornu at the beginning of the nineteenth century just as the second dynasty was taking power.

PALMER, R. H., 1928, *Sudanese Memoirs*. Lagos, Nigeria: Government Printer, 3 vols.

These volumes contain most of the writings that have survived of the Imam, Ahmed Ibn Fartua, a scribe in the court of the sixteenth century monarch, Idris Alooma. They depict the military life primarily but provide invaluable insights into the social and political life of this early period.

————, 1936, *The Bornu, Sahara, and Sudan*. London: Murray.

This is a strange, erudite book that goes over Kanuri history in detail and attempts to tie it into the classical world and that of ancient Egypt.

LANDEROIN (Capitaine), 1911, "Du Tchad au Niger: Notes Historiques," *in Documentes Scientifiques de la Mission Tilbo 1906–1909*. Paris: Librarie Larose, 3 vols.

One of the best accounts of the events of nineteenth century Bornu political history, especially the take-over of the kingdom by Rabeh in 1893.

ROSMAN, A., 1959, "Social Structure and Acculturation among the Kanuri of Bornu Province, Northern Nigeria," *Transactions of the New York Academy of Sciences*, Ser. II, Vol. 21, 620–630.

A summary of Dr. Rosman's work in Bornu on the problem of social stratification and differential culture change.

URVOY, Y., 1949, *Histoire de l'Empire du Bornou*. Memoires de l'Instut Francais d'Afrique Noire, Vol. 7, Paris: Librarie Larose.

The most complete account of Bornu history available, although the author's ideas about the origin of the kingdom and the nature of its development need revision in the light of social anthropological research.